破解因残致贫的中国方案

残疾人扶贫典型案例

中国残疾人联合会 编

華夏出版社
HUAXIA PUBLISHING HOUSE

图书在版编目（CIP）数据

破解因残致贫的中国方案：残疾人扶贫典型案例 / 中国残疾人联合会编. -- 北京：华夏出版社有限公司，2021.1

ISBN 978-7-5080-9982-8

Ⅰ. ①破… Ⅱ. ①中… Ⅲ. ①残疾人－扶贫－案例－中国 Ⅳ. ① D669.69

中国版本图书馆 CIP 数据核字 (2020) 第 183092 号

破解因残致贫的中国方案：残疾人扶贫典型案例

编　　者　中国残疾人联合会
责任编辑　李春燕
特约编辑　张和勇　李　樱　杨　乐　白　帆
　　　　　魏　红　禹玲玲　王雨萌　闫双燕
美术设计　殷丽云　黄　婷（特约）
责任印制　周　然

出版发行　华夏出版社有限公司
经　　销　新华书店
印　　刷　北京华宇信诺印刷有限公司
装　　订　三河市少明印务有限公司
版　　次　2021 年 1 月北京第 1 版　2021 年 1 月北京第 1 次印刷
开　　本　720×1030　1/16
印　　张　19.5
字　　数　255千字
定　　价　128.00 元

华夏出版社有限公司 网址：www.hxph.com.cn 地址：北京市东直门外香河园北里 4 号 邮编：100028
若发现本版图书有印装质量问题，请与我社营销中心联系调换。电话：（010）64663331（转）

前 言

习近平总书记指出，全面建成小康社会，残疾人一个也不能少。贫困是制约广大残疾人如期实现全面小康目标的最大障碍，脱贫解困是贫困残疾人及其亲属的强烈期盼。党的十八大以来，习近平总书记对扶贫工作作出一系列重要论述，创造性地提出精准扶贫精准脱贫基本方略，这一方略是习近平新时代中国特色社会主义思想的重要组成部分，是马克思主义反贫困理论中国化的新贡献，是中国特色社会主义道路的又一重大实践，是打赢脱贫攻坚战的重要理论指引和思想指南。

“精准”是这一方略的鲜明特征和价值导向。脱贫攻坚，难在精准，贵在精准，重在精准，成败之举在于精准。“因残致贫”问题的提出和“因残施策”一系列政策措施的制定实施，真实地验证着精准扶贫精准脱贫方略思想的力量，指导着如何破解“因残致贫”的中国探索。

2016 年 4 月 24 日，习近平总书记深入安徽金寨贫困村贫困户考察精准扶贫时指出：“因病致贫、因残致贫问题时有发生，扶贫机制要进一步完善兜底措施。”习近平总书记在此明确提出“因残致贫”问题的存在和扶贫机制需完善的方向，开启了贫困残疾人精准脱贫的新阶段，具有重大的理论和现实意义。2017 年 6 月 23 日，习近平总书记在太原主持召开深度贫困地区脱贫攻坚座谈会时强调：“我们必须看到，我国脱贫攻坚面临的任务仍然十分艰巨。”“越往后脱贫成本越高、难度越大。从结构上看，现有贫困大都是自然条件差、经济基础弱、贫困程度深的地区和群众，是越来越难啃的硬骨头。在群体分布上，主要是残疾人、孤寡老人、长期患病者等‘无业可扶、无力脱贫’的贫困人口以及部分教育文化水平低、缺乏技能的贫困群众。”习近平总书记进一步把“精准”的指向明确到了深度贫困地区和特殊贫困群体，并且结合深入的调查研究，把“残疾人”与“长期患病者”区别开来分别强调，体现了对残疾人的“格外关心、格外关注”，也进一步明确了“因残致贫”的客观性和普遍性。

长期以来，在传统生物医学模式观念影响下，“残疾”与“疾病”被划上等号，然而导致残疾人常常与贫困同源等弱势后果的原因，不仅仅是残疾人身心的某种损伤或缺失，更多的是来自环境的障碍和人们的态度。不断消除包括歧视、漠视与偏见在内的有形无形的环境与态度障碍，并以平等的机会赋能于他们，残疾人同样可以摆脱贫困，甚至创造脱贫的奇迹。习近平总书记指出：“残疾人是社会大家庭的平等成员，是人类文明发展的一支重要力量，是坚持和发展中国特色社会主义的一支重要力量。”他同时强调：“残疾人是一个特殊困难的群体，需要格外关心、格外关注。让广大残疾人安居乐业、衣食无忧，过上幸福美好的生活，是我们党全心全意为人民服务宗旨的重要体现，是我国社会主义制度的必然要求。”这些重要论述不仅深刻揭示了人类社会普遍性与多样性统一共生的客观现实，而且辩证唯物地表明了中国共产党人和社会主义制度对待残疾人应有的态度以及如何评价残疾人的价值和社会地位等基本观点，成为破解“因残致贫”问题和发展残疾人事业的根本遵循。

在农村低保和残疾人“两项补贴”等制度建立之前，贫困残疾人数量多，扶贫办法单一，农村残疾人几乎没有稳定的收入来源。没有文化，缺少技能，为残疾所困，难以外出务工，也无法加入以工代赈的队伍；收入少，受困多，相当多的农村残疾人因困致病、因病致残，又因残致贫，大多沦为深度贫困者。精准扶贫精准脱贫基本方略为贫困残疾人扶贫脱贫带来了希望，提供了难得的机遇。精准扶贫精准脱贫以来，贫困残疾人扶贫纳入大局更加深入，贫困残疾人底数更加清晰，贫困残疾人精准脱贫成效更加显著，据统计，我国现行标准下的贫困残疾人数量从建档立卡之初的700多万已减少到2019年底的不到50万人，仅2019年就净减少120万人。

在看到已取得阶段性成效的同时，我们更要清醒地认识“因残致贫”的长期性和复杂性，以及解决“因残致贫”问题的艰巨性。

由于生产力发展和社会保障水平的制约、残疾人受教育和劳动技能程度以及收入的有限，贫困标准会随着经济社会进步不断提高，即使解决了绝对贫困，相对贫困仍将长期存在，“因残致贫”问题作为一个复杂的矛盾体在相当一段时间内都会存在。我国“因残致贫”贫困人口数量多、占比高，脱贫难度大，现有建档立卡贫困户中有相当一部分是“老、病、残”等特殊贫困群体，越往后这些特困群体的比例越高，扶持难度越大，“因残致贫”家庭的困境将更加凸显。目前，我国乡村为残疾人服务的能力仍有很多缺漏，加之部分地方对解决“因残致贫”问题特殊性和艰巨性的认识仍需提高，这使得部分贫困残疾人的获得感不强，家庭生活质量亟待提高，美好生活对他们而言仍十分遥远。

基于此，解决“因残致贫”问题必须综合施策，得“下足绣花功夫”。由于致残原因、残疾形态和残疾等级的差异，每一类型和等级的残疾人的特点、实际困难和需求都不尽相同，加上城乡、区域、年龄、性别和受教育程度、健康状况、家庭结构等多种因素影响，解决“因残致贫”和“因残扶贫脱贫”将是一个十分庞杂、需要精准再精准的综合施策过程。因此，要解决“因残致贫”和“因残返贫”问题，必须坚持党中央确定的脱贫攻坚目标和扶贫标准，必须坚持精准扶贫精准脱贫基本方略，必须坚持聚焦深度贫困地区和特殊困难群体，确保不漏一村、不落一人。

要提高政治站位，认真学习贯彻习近平总书记关于扶贫开发和残疾人事业的重要论述。习近平总书记关于解决“因残致贫”问题的重要指示，是习近平总书记关于扶贫开发重要论述的重要内容，是加强党对脱贫攻坚领导、坚持精准扶贫精准脱贫、构建起大扶贫格局和激发内生动力等重要论述的题中应有之义。习近平总书记科学分析了贫困残疾人等特殊贫困群体的现实状况，反复强调了攻坚期精准聚焦的方向，明确提出了贫困残疾人脱贫的具体要求，为当前和今后贫困残疾人脱贫攻坚指明了方向。

要坚持问题导向，继续夯实精准的基础。要充分利用好各种统计调查数据，建立政府部门和专业机构贫困残疾人扶贫脱贫数据比对协同机制。要建立贫困残疾人扶贫脱贫的有效工作机制，紧跟党委、政府打好打赢脱贫攻坚战的步伐，始终做到心中有穷人，心中有责任，心中有数据，行动不掉队。

要夯实政策措施，强化对“因残致贫”家庭的综合兜底保障措施。通过完善贫困残疾人健康扶贫、低保兜底、特困人员供养等保障性政策，加强贫困残疾人保障性扶贫政策研究。全面落实困难残疾人生活补贴制度和重度残疾人护理补贴制度，并随着物价和实际支出情况建立动态调整机制。在易地扶贫搬迁、农村危房改造工作中做到同规划、同设计，推进农村贫困重度残疾人家庭无障碍改造，进一步提高贫困残疾人家庭危房改造补贴标准。

要加大精准帮扶力度，推动各项“惠残”政策措施落地。要根据贫困残疾人准确数据，采取有针对性的差异化综合帮扶措施。要落实教育扶贫政策，逐一解决贫困家庭未入学适龄残疾儿童少年义务教育问题，根据残疾儿童少年的实际情况和未入学原因，逐一制定教育安置方案，逐个做好适龄残疾儿童少年义务教育安置工作，加大对贫困残疾学生的资助力度，确保每一名家庭经济困难的残疾儿童少年和贫困残疾人家庭子女都能有学上，并上好学。要加快解决贫困残疾人的康复需求，落实残疾儿童康复救助制度，推进以减少出生缺陷为重点的农村残疾预防，因人施策适配辅助器具，提高康复服务保障水平，不断加强康复人才培养和康复设施建设并发挥好作用。要让贫困残疾人更好地享受资产收益扶贫政策，在确定财政专项扶贫资金和涉农资金形成的设施农业、光伏、水电、乡村旅游项目等资产收益以及土地流转、宅基地使用、资源开发形成的资产收益分配过程中，优先配置因残致贫家庭，并适当提高折股量化和资产收益配置比例。要充分发挥各类残疾人扶贫基地辐射带动增收作用，提高贫困残疾人家庭参与产业扶贫的组织化程度和利益链接保障水平。要加大职业教育和实用技术培训力度，提高残疾人劳动技能和增收脱贫能力，实施乡村振兴和政府购买服务中，优先安排符合条件的贫困残疾人和家庭成员从事公益性岗位和社会服务类岗位。最关键的是要充分发挥基层党组织的作用，落实“帮包带扶”机制，为贫困残疾人及家庭选好得力的帮扶责任人，提高帮扶的针对性和有效性。

要聚焦难点，合力推动贫困重度残疾人托养照护服务。“给钱给物不如给个好照顾”已成为贫困重度残疾人及其亲属脱贫解困的最大期盼，要借助开展服务型社会救助试点，充分利用乡村养老机构、福利设施、医疗机构、农村集体闲置资源，通过政府补贴、购买服务、设置公益性岗位等综合措施，为有需求的贫困重度残疾人提供集中托养；要利用村集体用房或乡村闲置农房，设置重残照护公益岗位开展本村贫困重度残疾人的日间照料，缓解贫困重残家庭一天两餐和个人卫生及基本医疗压力；要大力弘扬敦亲睦邻、守望相助的中华乡土文明传统，通过开发照护性公益岗位，引入竞争和利益链接机制，广泛开展邻里照护服务，降低家庭照料护理支出成本，释放家庭劳动力，改善其基本公共服务状况和生活质量。

“弱鸟先飞，至贫有望先富。”贫困残疾人有摆脱贫困的强烈愿望，有自强不息的坚强毅力，也有脱贫增收的无限潜能，同样是脱贫攻坚的重要力量。残疾人成为脱贫解困的楷模，往往能够起到常人起不到的感召和带动示范作用。要深入挖掘各地区贫困残疾人脱贫典型人物和感人案例，通过经常性的及时推介、加大宣传推广，不断激发贫困残疾人及其亲属主动脱贫和勇于面对困难生活挑战的内生动力。

“因残致贫”问题是全球减贫事业共同面对的挑战。解决“因残致贫”问题必须在政治、经济、文化、教育、统计、社会动员和残疾人组织作用发挥等方面共同用力、综合施策，才有望找到有效途径。中国正在并已经探索出一些解决“因残致贫”的有效经验：通过“基层党组织助残扶贫”“康复扶贫”“居家无障碍改造扶贫”“特殊教育扶贫”“助盲就业脱贫”“资产收益助残扶贫”“助残扶贫基地辐射带动扶贫”“贫困重度残疾人扶养照护扶贫”“自强脱贫典型示范带动”等等方面有效探索，丰富了精准扶贫精准脱贫的实践，极大改善了贫困残疾人及家庭的生产生活条件，有力促进了贫困残疾人脱贫解困的进程。

脱贫摘帽不是终点，而是新生活新奋斗的起点。随着脱贫攻坚战进入收官阶段，建立完善贫困残疾人稳定脱贫与解决相对贫困的长效机制，成为下一个阶段的重要任务。我们在总结推广好各地成功案例的同时，继续围绕残疾人的实际需求精准施策，同向发力，在巩固贫困残疾人脱贫攻坚成果的同时，着眼残疾人相对贫困问题的解决，为全球减贫事业继续贡献中国智慧和中国方案。

（摘编自中国残联副主席程凯同志《坚持精准扶贫精准脱贫基本方略，着力解决因残致贫问题》一文，原载2018年8月28日“光明网”，个别文字有所增删。）

目 录

The book *China's Way of Alleviating Poverty Caused by Disability: Typical Cases of Poverty Alleviation for Persons with Disabilities* follows the central government's guiding principles and strategies for poverty alleviation of persons with disabilities since the 18th National Congress of the Communist Party of China. Focusing on the key tasks of poverty alleviation for persons with disabilities and adopting a problem-oriented approach, the book concentrates on problems commonly encountered in the practice of poverty alleviation from ten aspects, i.e. role of Party organizations at the primary level in poverty alleviation, rehabilitation services, housing accessibility adaption, education, employment, industry, east-west collaboration, basic livelihood security, social participation, and exemplary models. Taking a pragmatic perspective, extracting working experience in various places and selecting 46 typical cases, the book provides national experience on poverty alleviation for persons with disabilities and is expected to benefit persons with disabilities and people working on disability issues.

Contents

第一章

政治引领 帮包带扶

农村基层党组织是党在农村全部工作和战斗力的基础，是贯彻落实党的扶贫开发工作部署的战斗堡垒。抓好党建促扶贫，是贫困地区脱贫增收的重要经验。要把扶贫开发同基层组织建设有机结合起来，抓好以村党组织为核心的村级组织配套建设，把基层党组织建设成为带领乡亲们脱贫增收、维护农村稳定的坚强领导核心，发展经济、改善民生，建设服务型党支部，寓管理于服务之中，真正发挥战斗堡垒作用。

——2012 年 12 月 29 日至 30 日习近平在河北省阜平县考察扶贫开发工作时的讲话（《做焦裕禄式的县委书记》，中央文献出版社 2015 年版，第 21–22 页）

一 农村基层党组织如何开展助残扶贫工作

背 景

驻马店市、县、乡、村四级党组织开展残疾人文化进社区活动，加强对残疾人的精神帮扶。

由于残疾、劳动能力受限、受教育程度低等原因，农村贫困残疾人已成为贫困程度最深、扶持难度最大、脱贫成果最难巩固的特困群体，是打赢脱贫攻坚战的难中之难、困中之困、坚中之坚。

2012 年初，中央组织部、中国残联共同印发了《农村基层党组织助残扶贫工程实施方案》，提出了“十二五”期间全国农村基层党组织帮扶10万户贫困残疾人家庭的任务目标。“十二五”期间，基层党组织和党员干部结对共帮扶36.6万农村贫困残疾人，通过落实各项扶持政策和帮扶措施，帮助贫困残疾人家庭实现脱贫增收，得到广大贫困残疾人和贫困地区干部群众的高度认可和赞许，密切了基层党组织、党员干部与困难群众的血肉联系，成为社会各界广泛好评的“民心工程”“德政工程”，成为各级党员干部转变工作作风、密切联系群众、促进基层服务型党组织建设的重要举措。

党的“十八大”以来，全国各地各级党组织主动担当抓党建促脱贫，各地普遍通过“一帮一”“多帮一”“帮包带扶”等形式，让有帮带能力的党员干部与贫困残疾人家庭结成帮扶对子。2016年，由中国残联等26部门和单位印发的《贫困残疾人脱贫攻坚行动计划（2016-2020年）》中的“基层党组织助残扶贫行动”，明确要求组织动员基层党组织和党员干部结对帮扶建档立卡残疾人贫困户，确保每一个建档立卡残疾人贫困户都有帮扶人、帮扶措施、帮扶资金，发挥驻村工作队、村“第一书记”、大学生村官的指导带动作用。

各地基层党组织和党员干部以建档立卡贫困残疾人为帮扶对象，以提高社会保障能力和增强贫困残疾人自我发展能力为目标，引导社会各界关心关爱贫困残疾人，给予贫困残疾人及其家庭更多精神上的关怀和援助，引领培育扶残助残良好习惯和文明乡风，带动贫困残疾人及其家庭脱贫解困。

案例 1

精准结对 助残同行

——广西壮族自治区基层党组织助残扶贫实践

做 法

广西壮族自治区地处我国西部，作为少数民族聚居区、边境省区，农村贫困残疾人口数量大，特性突出。广西有持证残疾人 135.3 万人，符合条件纳入建档立卡的贫困残疾人 42.7 万人。早在 2010 年，广西壮族自治区党委组织部、财政厅和残联共同启动了农村基层党组织助残扶贫工程——“扶残温暖同行”项目，要求每个村党支部扶持 1 户以上贫困残疾人家庭，动员党员干部与 1 户以上贫困残疾人家庭进行“一对一”精准结对帮扶，采取“一户一策、一人一法”的措施，助力贫困残疾人脱贫增收。与此同时，为每户贫困残疾人家庭补助项目扶持资金 1000 元以上，按照因地制宜、一户一策、持续发展的原则，由结对的基层党支部和党员帮助贫困残疾人家庭分析致贫原因、精选发展路子、制定脱贫方案，助推他们如期实现脱贫。

把握基本前提 做到因人施策

开展农村基层党组织助残扶贫需要对工作的基本原则准确把握。**首先要与扶贫工作重点任务相统一**。在农村基层党组织开展助残扶贫，其核心任务是通过基层党组织“一对一”帮扶建档立卡贫困残疾人家庭实现脱贫，每个阶段的工作内容随着扶贫工作的变化而变化。例如帮扶对象的确定，在广西就经历了从劳动能力较强、有脱贫增收愿望的贫困残疾人户，到农村行政村家庭年纯收入低于国家扶贫标准的残疾人家庭，

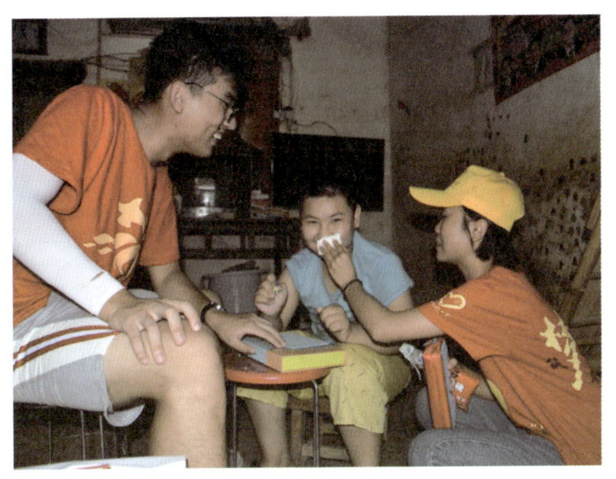

2018年7月19日至20日，广西民族大学“阳光·助残”志愿服务队——“筑梦青春”实践小队来到隆安县南圩镇古信社区开展主题为“奉献点滴爱心 共享一片蓝天”实践活动。本次走访对象大多为残疾儿童家庭。队员们针对残疾儿童心理、学习、生活等情况进行采访调查，并送去慰问品及队员们的问候与关心。

再到建档立卡贫困户中的残疾人户的调整过程。帮扶内容也从通过劳动就业稳定解决贫困问题，到围绕生活、住房、医疗等保障方面帮扶贫困残疾人脱贫不断调整、不断完善。

其次，帮扶内容与农村工作实际相契合。广西各地的经济条件、收入水平不尽相同，以村为单位实施项目，效果明显。在扶贫工作中，基层党组织通过结对帮扶一到两户贫困残疾人，根据各村资源条件、市场需求等发掘脱贫项目，宜种则种、宜养则养，因人制宜采取不同帮扶措施，有较强的可操作性。

再是“到户到人”。残疾人由于自身的生理心理障碍，贫困原因千差万别，采取“一户一策、一人一法”的措施帮扶成效突出。对有劳动能力的残疾人家庭，实施技能培训、扶助就业等开发式扶贫，激励其依靠自己的劳动增收脱贫；对重度残疾、一户多残、老残一体等特殊贫困家庭，则要加大社会保障和救助力度。

发挥引领作用 落实帮扶举措

在产业扶贫中，通过强化基层党组织和党员干部在产业扶贫中的领导作用和主心骨作用，建立“以村党支部为领导、以脱贫为目的、以产

广西壮族自治区桂林市南源村党支部通过党员结对帮扶贫困残疾人，引导他们脱贫增收。

业为依托、以市场为导向、以专业合作社为载体”的产业扶贫机制，因地制宜、量体裁衣，发展壮大村级集体经济，增强脱贫增收服务带动力。对山地资源丰富的村，鼓励村“两委”整合集体山林、养殖水面等资源，建设特色产业基地，通过分红获取村集体经济收入；对产业特色明显的村，通过成立产业合作社，提供产前、产中、产后服务，在服务中获取集体经济收入；对经济基础较好的村，鼓励发展生产、加工、培训、经营、服务等产业。依托发展壮大的村集体经济实体，倾斜安置残疾人就业或辐射带动残疾人发展生产，促进贫困残疾人从事产业项目增收脱贫。此外，充分发挥阳光助残扶贫基地、残疾人实用技术培训等残疾人扶贫项目的作用，为贫困残疾人提供产业技能培训，扶持残疾人贫困户因地制宜发展种养业和手工业，落实对残疾人贫困户培训后的就业创业服务与扶持政策措施。

在教育扶贫中，基层党组织和党员干部应成为帮助贫困残疾人家庭的孩子获得良好教育的重要帮扶力量。基层党组织要联合教育、残联等部门做好未入学适龄残疾儿童少年调查登记、统计录入、建档造册、家访和入学动员等工作。全面掌握本村义务教育适龄残疾儿童少年的数量和残疾情况，了解残疾儿童少年的实际情况和未入学原因，注意做好残疾儿童家庭的思想动员工作，逐一落实适龄残疾儿童少年的入学安置工作，确保每一名家庭经济困难的残疾儿童少年都能入学。认真落实脱贫攻坚教育帮扶和对困难学生帮扶的相关政策，加大对贫困残疾学生的资助力度。基层党组织和党员干部要对本地贫困残疾学生给予更多关心和帮助，及时帮助有需要的残疾学生申请学前、义务、中高等教育资助，确保符合条件的贫困残疾学生优先获得助学金和助学贷款。

贫困残疾人实现自我发展是扶贫的根本，要把扶贫与扶志、扶智相结合，激发内生发展动力。在持续激发内生动力过程中，扶志、扶智的工作要依靠基层党组织和党员干部的经常和持续的激发鼓励，只有注重加强贫困残疾人的思想引领、励志教育、政策宣讲和技能培训，找准贫困残疾人的思想症结和培养信心，才能燃起他们内心想脱贫的斗志。同时要注重挖掘、培养和树立残疾人脱贫增收先进典型，加大脱贫典型宣传力度。

加强基层组织 关注特殊困难

在开展农村基层党组织助残扶贫过程中，必须强化基层党组织的重要作用。**首先要把扶贫开发同基层组织建设有机结合起来**，抓好以村党组织为核心的村级组织配套建设，选优配强农村基层党支部领导班子。加大培训力度，提高村党支部书记致富、带富能力，建设一支“留得住、用得上、有文化、懂技术、会经营”的基层党组织建设带头人队伍。

其次要充分发挥“第一书记”和驻村工作队的作用。农村基层党组织通过联合各级党组织派驻的“第一书记”、驻村扶贫工作队开展扶残助残，力促脱贫攻坚工作；还要充分发挥社会各界各类党组织的作用，探索贫困村同城镇居委会、企业、社会组织结对共建的模式。

再是，要加强村（居）残疾人协会建设，推动以党建引领村（社区）残协建设。村（社区）残协要坚持党的领导，在村（社区）党组织的领导下，履职尽责、开展工作，切实加强各项建设，以党建引领残协正确发展方向。充分发挥村（社区）内残疾人党员先锋模范作用，积极宣传党和政府的

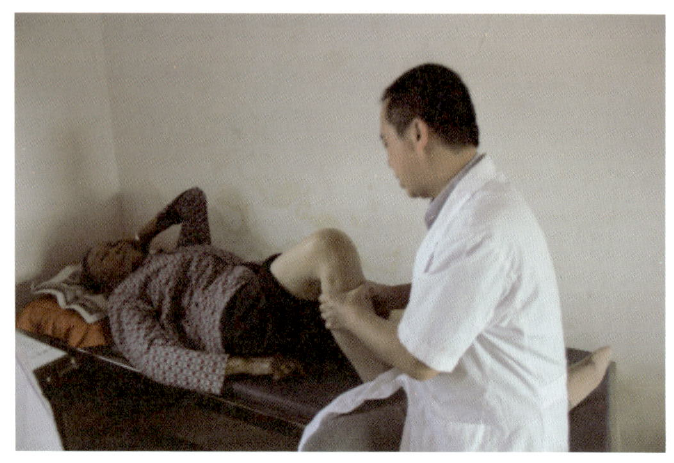

2016年10月11日，柳州市残联深入柳江县里高镇三合村，为党员“一对一”结对帮扶对象进行免费评残鉴定。

惠残政策，带动残疾人群众积极参与残协活动。加强残协活动与村（社区）党组织活动的有效联动，推动扶残助残工作融入党建活动中。

第四，要以深度贫困地区深度贫困残疾人为工作重点。基层党组织和党员干部要定期走访，掌握已脱贫、未脱贫和返贫的建档立卡贫困残疾人情况，及时将有关情况反馈至各级党委、政府和有关部门，为制定更为精准的脱贫政策提供依据。各级党委、政府和有关部门在制定实施扶贫政策时，向深度贫困地区深度贫困残疾人倾斜，做到有的放矢。农村基层党组织也要通过助残扶贫工程，在资金、政策、措施上向深度贫困地区深度贫困残疾人倾斜。

第五，要通过实施特殊的帮扶方式兜底脱贫。加强对基层党组织和党员干部的培训，通过培训，党员干部掌握各类帮扶政策清单、流程和标准，以贫困残疾人需求和真实状况为导向，实施有针对性的帮扶措施，使得扶贫资源供给与扶贫对象需求有效衔接。关注建档立卡贫困残疾人，重点做好因残致贫等特困人群的帮扶工作。对符合条件但未纳入相关政策保障范围的，如未纳入低保的、未享受困难残疾人生活补贴和重度残疾人护理补贴的、未获得过精准康复服务的贫困残疾人，要逐一落实相关的扶贫政策，实行特殊的帮扶方式进行兜底脱贫。

成 效

从 2010 年广西实施农村基层党组织助残扶贫工程以来，广西已组织农村基层党组织 1.43 万个、党员干部约 8 万多人次，积极投入农村基层党组织助残扶贫工程，把工程作为开展“两学一做”学习教育常态化制度化、党的群众路线教育实践活动等实践载体，以“党建 + 精准扶贫”的模式推动农村贫困残疾人脱贫奔小康，丰富了基层党建的内涵。以农村贫困残疾人作为党员干部重点帮扶对象，增强了党员干部服务弱势群众意识，也有利于党员干部转变思想和工作作风。在实践中充分发挥了基层党组织的战斗堡垒和党员干部的先锋模范作用，进一步增强了基层党组织的凝聚力、号召力和战斗力。基层党组织、党员干部的“一对一”帮扶还有利于调动残疾人的积极性、主动性和创造性，激发贫困残疾人脱贫摘帽的内生动力。

自 2010 年至 2019 年，广西投入专项扶持资金实施“党员扶残温暖同行”项目，近 15 万户残疾人家庭得到实实在在的利益，数万名残疾人接受培训掌握了 1 到 2 门农村实用技术，增强了自我发展能力和创业增收能力。多数残疾人家庭接受扶持后，通过扩大种养规模、增添生产设备、改善经营模式，实现增产增收，住上新房、新购了家电家具和交通工具，生产、生活状况得到较大改善。截至 2019 年底，广西全区 1251 个乡镇（街道）均成立基层残联、15738 个村（社区）均成立残疾人协会。广西建档立卡残疾人已脱贫 38.7 万人，贫困残疾人脱贫率为 90.6%。全区建档立卡残疾儿童少年接受义务教育率、建档立卡贫困残疾人参加基本医疗保险率、贫困残疾人家庭存量危房改造率均达 100%，26.68 万残疾人得到兜底保障。

二 发挥“第一书记”带头作用

背 景

打赢脱贫攻坚战，基层是主战场，加强基层党组织建设，“第一书记”是“第一责任人”。多年来，各级机关积极选派优秀年轻干部、后备干部，国有企业、事业单位的优秀人员到村任职“第一书记”，抓党建、促扶贫、推发展，取得了明显成效。选派“第一书记”驻村工作已成为推进脱贫攻坚、夯实基层发展基础的有效机制，成为“三个精准”的重要保障。

截至2020年3月，全国共派出25.5万个驻村工作队、累计选派290多万名县级以上党政机关和国有企事业单位干部到贫困村和软弱涣散村担任“第一书记”或驻村干部，在岗91.8万，驻村工作使党员干部特别是青年干部了解了基层，学会了做群众工作，在实践锻炼中快速成长。

贫困残疾人脱贫攻坚仍面临着人口数量多、贫困程度深、致贫原因复杂、脱贫难度大等突出困难和问题，任务艰巨，形势严峻，是打赢脱贫攻坚战的重点和难点所在。“第一书记”在驻村工作中，也深刻感受到残疾人脱贫是难上加难。他们不断积累经验，与实践相结合，探索新路子，帮助贫困村和贫困残疾人发展产业、改善生活、改变精神面貌，展现了“第一书记”们的使命担当。

案例 2

建强组织聚人心促脱贫

——中国残联驻河北省南皮县“第一书记”驻村扶贫工作

做 法

河北省南皮县地处滨渤海的平原地区，土壤盐碱化严重，加之区域内资源匮乏，贫困成为阻碍南皮当地发展的最大障碍，也成为南皮县委县政府面临的首要课题。截至 2019 年底，南皮县有持证残疾人约 12000 人，其中建档立卡残疾人 953 人。在南皮县全力推进脱贫攻坚过程中，从中央到地方各级党委政府都给予了关心和支持，中国残联作为南皮县在中央国家机关的定点帮扶单位，更为南皮的脱贫“摘帽”出谋划策。自 2003 年中央确定南皮县为中国残联定点扶贫的国家级贫困县至今，中国残联始终把定点帮扶工作作为重要的政治任务，坚持不懈地支持南皮县脱贫攻坚和经济社会发展，为当地贫困群众，特别是贫困残疾人送去实实在在的福祉。从 2015 年起，中国残联派出多名“第一书记”前往河北省南皮县开展扶贫工作，帮助贫困村和贫困群众发展产业、改善生活、改变精神面貌。

在“第一书记”驻村工作期间，南皮县严格按照《河北省精准脱贫驻村干部选派管理办法》对“第一书记”和驻村工作组进行指导和管理，使“第一书记”在全面宣传党和国家脱贫攻坚各项方针政策的同时，重点做好制定脱贫攻坚规划，引导发展“一村一品”增收产业，帮助贫困户掌握增收技能，统筹推进改水、改路、改房等美丽乡村建设工作。

为加强对“第一书记”和驻村工作队的监督管理，南皮县明确了驻村干部的驻村考勤制度、学习培训制度、请销假制度、社情调研制度等十项管理制度，并要求驻村干部做到“五不准”：不准擅自离开工作岗位，不准收受群众财物，不准接受基层单位宴请，不准在所驻村报销应由个人或者派出单位支付的任何费用，不准挪用帮扶资金。同时，驻村干部考核由南皮县党委具体组织实施，重点考核精准脱贫成效和驻村工作表现。每年年底，由县委组织部门和扶贫工作部门研究制定考核方案，明确考核内容、标准和办法，派出专门考核组逐村进行考核。各级驻村干部管理办公室也采取明察暗访、实地走访等方式，对驻村干部在岗和履职情况进行检查，相关情况作为驻村干部年度考核的重要依据，从而督促驻村干部当好脱贫攻坚战场上的“突击队”。

发展基础设施 解决出行难

陈森斌所在的王三家村地处南皮县与邻县交界处，发展相对滞后，公共设施匮乏。因为没有路，许多残疾人、老年人出行极为不便，有的老人甚至一辈子没有到过县城。为弥补基础设施落后的短板，陈森斌与村“两委”齐心协力，争取各项资金200余万元，发展基础设施，新建村两室、老年人活动室、农家书屋和文体广场，新建入村道路4公里，开辟了出村第二通道，引自来水进村入户，安装太阳能路灯实现全村亮化，基本实现了全村的硬化、亮化，使王三家村的村容村貌焕然一新，夯实了长远发展的基础，村里的老年人、残疾人也实现了无障碍出行的愿望。

推动土地流转 解决种地难

王三家村全村土地大部分属于基本农田，难以发展工业，村民地块分散，种植收入少，许多年纪较大、因病致贫、因残致贫的贫困户因缺乏劳力将耕地租给邻居耕种，租金微薄，脱贫困难。针对这一村情特点，陈森斌争取资金40多万元将连片田的田间道路全面硬化，以方便机械

2015 年 7 月至 2017 年 7 月，中国残联康复部干部陈森斌（左）被派驻到南皮县刘八里乡王三家村，担任驻村“第一书记”暨扶贫工作队队长。

耕种，提高土地使用价值。同时，陈森斌主动与南皮保民粮棉公司达成土地流转协议，流转土地 1000 余亩，发展高效农业、实现多种经营。通过土地流转，当地租金亩均增加 700 元，地租成为许多贫困户脱贫的一项主要收入。土地流转以后，村民从土地中解放出来，外出务工，提高收入水平。

开展产业扶贫 解决打工难

王三家村产业基础薄弱，要增加贫困户收入，发展适合残疾人的产业势在必行。在河北省、沧州市、南皮县扶贫办的大力支持下，陈森斌在王三家村建立了兴源养殖专业合作社，投入扶贫资金 72 万元作为全体贫困户入股合作社的股金，入股的贫困户不仅每年可以获得 600 元以上的分红，还可以在合作社学习养殖技术，并在鸡苗购入、防疫管理和销售环节得到便利。养殖合作社同时为多位残疾人、多个贫困户提供了就业岗位，增加了家庭收入。

为帮助弱势群体就业，在南皮县残联的支持下，王三家村与南皮宏霞手工公司合作发展来料加工，由公司派师傅上门手把手教授编织技术，

2015年陈森斌到王三家村的时候，妻子刚刚怀孕，拍摄这张照片时他的孩子跟图中抱起来的村民的孩子差不多大小，抱起她，或许陈书记就想起了自己的孩子。

并负责上门送货、收货，家庭妇女、残疾人、贫困户足不出户就解决了就业难题，人均每月可增收600元。

争取助残政策 解决康复难

残疾人是王三家村贫困人口中贫困程度最深的人群。然而，部分残疾人由于不了解扶残政策，没有办理残疾人证，无法享受政策的帮扶。陈森斌积极与南皮县残联联系，邀请县残联及县医院的工作人员和医生到村宣讲政策、帮助全村48位符合条件的村民办理了残疾人证。随后，在县民政、残联的帮扶下，全村18人得到困难残疾人生活补贴和重度残疾人护理补贴，一年可获得补贴1.38万元。同时在村里建立了残疾人社区康复点，方便残疾人就近就便康复，并通过争取资金为所在村残疾人提供辅助器具，实现了全村辅助器具的全覆盖。

坚持党的领导 强化组织保障

“第一书记”的首要工作是抓好驻地的基层党建工作。赵博飞所在的车官屯村共有党员54名，驻村工作期间，赵博飞按照冯家口镇党委要求，每月至少组织党员活动1次，定期开办党员夜校，带领党员重温入党誓词，学习习近平总书记系列讲话，研读党的十九大报告等。同时，利用中国残联党办拨付的7.8万元工作经费，为车官屯村重新装修党员活动室和农村党支部办公室，带领30余名党员和村民代表到革命圣地西柏坡参观学习，在开拓他们眼界的同时，增强了车官屯村党组织的凝聚力和战斗力。

掌握一手信息 精准开展工作

要开展好驻村工作必须掌握第一手信息，到车官屯村第二天，赵博飞便主动在村中走访了解村民情况，并针对收集到的信息，与村"两委"班子谈心谈话，核实相关情况，进而为之后的工作确定方向。了解车官屯村情况后，赵博飞与南皮县市场监督局驻村工作队、车官屯村"两委"开展了贫困户的登记识别帮扶工作，最终识别贫困户10户25人，其中持有残疾人证的贫困户5户6人，所识别的贫困户通过村民代表大会和

2017年7月至2019年7月，中国残联就业指导中心干部赵博飞（中）被派驻到南皮县冯家口镇车官屯村，担任驻村"第一书记"暨扶贫工作队队长。

村里公示，得到村民认可。

精准识别后，赵博飞与驻村工作队在全村落实扶贫普惠政策，包括住房、医疗、补充商业保险、就业培训、基本教育救助等，确保不落一户、每户应享尽享扶贫政策。同时，针对车官屯村贫困户居住环境差的情况，赵博飞利用驻村项目经费，为 7 户贫困户家庭吊顶，安装铝合金门窗、刮白、铺院子等，为全部贫困户安装电暖气，改善居住环境。

利用多方资源 改善村容村貌

驻村工作期间，赵博飞联合驻村工作队为车官屯村村内建设引进项目资金超过 600 余万元。例如，通过对接中国残联相关部门，为车官屯小学捐赠电脑、图书，并建设残疾人自强健身示范点，为冯家口镇 1100 余名小学生开展了脊柱侧弯筛查。赵博飞还积极对接县政府直属有关部门，为车官屯村主干道实施道路硬化工程、高标农田项目、村庄美化粉刷项目、农田灌溉水道建设项目等，并协调乡镇部门争取麦种、杨树苗等农用物资。与此同时，赵博飞还依托村“两委”班子，落实好镇政府相关工作，利用“护城河工程”建立全村人口数据档案，并联系组织北京市的中日友好医院、河北省的沧州中西医结合医院、南皮县人民医院开展义诊活动，使当地村民受益。

成 效

作为中国残联派出的对口扶贫干部，赵博飞、陈森斌两位“第一书记”在驻村扶贫期间通过积极争取扶贫政策和扶贫资金，完善了所在村的基础设施，夯实了所驻村长远发展的基础，并通过扶持村民发展肉鸡、蛋鸡养殖、五金、光伏以及电商扶贫等产业项目，动员当地贫困残疾人入股合作社学习技术，为残疾人、贫困户提供了就业岗位，增加了家庭收入。与此同时，他们还通过为所在村实施家庭无障碍改造，争取资金为残疾人提供辅助器具服务，解决了残疾人出行难、康复难等问题。

在做好本村工作的同时，两位“第一书记”还努力做好联络员，在中国残联的支持下，帮助南皮县争取到残疾人托养中心、残疾人流动服务车、全国残疾人特殊文化艺术推介、长江新里程项目基层辅具站建设等重点项目，落实项目资金1000余万元；协调资源，帮助南皮县实现了人工耳蜗、儿童康复、辅助器具、技术人员培训全覆盖，推动并帮助制定沧州市残疾人“两项补贴”政策和南皮县残疾人辅助器具购置补贴政策；协调中国残联系统向南皮县捐赠电动轮椅、衣物等价值300多万元的物资，帮助争取环保部南水北调农村环境综合治理项目资金1000万元，助力南皮县的脱贫攻坚。

南皮县车官屯村贫困户张淑同，一家四口，孩子刚步入社会，母亲80多岁，妻子重度残疾，生活不能自理，两人都需要张淑同来照顾。根据这户情况，“第一书记”赵博飞制定了针对性的帮扶措施，为他妻子申请了轮椅，办理了慢性病补贴、困难残疾人生活补贴；并在村里为张淑同找一些力所能及的零活，增加家庭收入；驻村工作队队员经过积极联系，将其儿子安置到当地五金工厂学习数控铣技术。张淑同通过打零工每月有近2000元的收入，他的儿子也已经在当地工厂就业，一家人顺利脱贫。

南皮县王三家村村民高凤霞是一位三级肢体残疾人，因患重度风湿无法劳动，家庭生活十分困难。陈森斌驻村工作期间帮助她家办理了低保、困难残疾人生活补贴，并为她实施了家庭无障碍改造、提供了辅助器具适配服务，又帮助她的丈夫在县城工厂找到工作。同时在高凤霞的儿子考上大学后，驻村工作队帮助他办理了贫困生免费入学和贫困生生活补助，又联系县爱心协会和县残联，给予高凤霞一家4000元的补助，化解了高凤霞一家的后顾之忧。

案例 3

因户施策，分阶段帮扶

——青海省民和县隆治乡桥头村“第一书记”李玉兰助残扶贫工作

做 法

民和县隆治乡桥头村是青海省海东市的一个贫困村，全村 424 户 1605 人，2015 年有建档立卡贫困户 26 户 81 人，不同程度残疾人家庭 10 户，占贫困户的 38.46%。

2015 年 10 月，年近六旬的青海省海东市民和回族土族自治县农牧局干部李玉兰开始担任隆治乡桥头村“第一书记”，在党的精准扶贫政策支持下，“第一书记”李玉兰与村“两委”班子携手，团结带领全村群众撸起袖子加油干，2016 年桥头村顺利摘去了贫困村的“帽子”，2018 年李玉兰获得全国脱贫攻坚贡献奖。

明确职责，督促工作开展

围绕中央和青海省委的工作安排，海东市民和县制定了 21 个行业扶贫专项方案，明确“第一书记”在加强基层组织、推动精准扶贫、落实惠民制度等方面工作目标；实行以乡镇党委管理为主、选派单位管理为辅的“双向通道”管理办法，对“第一书记”到岗履职情况进行不定期巡回督查。对“第一书记”和驻村工作队成员的考勤，每月由乡镇党委报县委组织部门和选派单位进行备案，每季度由县委组织部进行汇总通报。

通过制定《民和县精准扶贫工作责任追究暂行办法》，明确乡镇党委、村“两委”、选派单位和“第一书记”及驻村工作队成员工作责任；针对“第一书记”无所作为、工作进度慢、作用发挥不明显的问题，通过“给压力、亮通报、先提报、敢召回”四项措施，倒逼“第一书记”积极作为，推动脱贫攻坚持续深入。

民和县委县政府把扶贫工作当作头等大事来抓，尤其是把残疾人脱贫工作放在扶贫工作的重要位置，扶贫工作有困难，扶贫干部可以向县委书记一站式随时汇报工作，县委书记、县长现场办公，当即解决、回复问题。

精准识别，入户调查致贫原因

“第一书记”李玉兰上任伊始就严格按照国家新一轮扶贫开发和精准识别的要求，对全村再一次进行了全面的多层次多角度摸底调查。她在村务公开栏空白处留下自己的电话号码，接受群众反映的问题，再逐户摸底走访全村 424 户农户，发现村干部对精准扶贫政策、评定标准掌握不准，群众对精准扶贫政策知晓率不高等问题。

她主动与村“两委”班子成员沟通，先后多次召开村支部会、村“两委”会和党员大会等，集中学习了精准扶贫政策，宣讲了党的惠农政策，进一步统一村干部的思想认识。通过“三会一课”、“固定党日”、村民代表大会、群众问题解答会等形式，为党员群众答疑解惑，取得了党

民和县隆治乡桥头村“第一书记”李玉兰（左）鼓励贫困残疾人家庭发展产业，解决家庭药费支出高的难题，促进脱贫成果巩固提升。

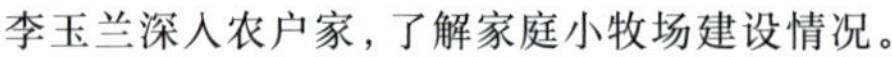
李玉兰深入农户家，了解家庭小牧场建设情况。

李玉兰为村民讲解村级换届的知识，为群众答疑解惑，取得了群众的理解与支持。

员和群众的理解与支持。

同时，再次对全村 424 户农户进行走访调查，按照评定标准要求，实行“三议一表决”，最终确定贫困户的具体户数及人数，并建档立卡、张榜公示。数据摸清了，思想打通了，李玉兰才坚定地迈开了带领村民脱贫增收的步子。

到村后，李玉兰还深入每个残疾人家庭，分析出造成该村残疾人贫困的主要原因来自四个方面，一是因身体的残疾无法外出务工；二是因学（孩子上大学）支出，负担较重；三是长期吃药，药费支出；四是身体的残疾制约了发展生产，自家的承包地很难耕种。

扶贫先扶志，因户施策精准扶持

李玉兰的儿子是聋人，她感同身受残疾带给一个家庭的痛苦，更深知贫困带给残疾人家庭的困难。扶贫先扶志，她不断从思想上鼓励残疾人要有“一定要站起来”的决心，勉励残疾人“注定终生要勤劳”，需要不断努力和奋斗；在了解了每位残疾人的困难和需求以及愿望，她再采取因户施策的方法，分阶段完成帮扶计划，引导残疾人自己“站”起来。

首先，她通过流转土地，破解贫困残疾人耕种难题。针对残疾人就业难、外出务工难、耕种自家土地难的问题，李玉兰带领桥头村吸引社会资金，发展产业，请外出务工的本村村民回村发展，成立了农民种植专业合作社，流转贫困残疾人家庭的土地，根据残疾人身体状况安排有劳动能力的在合作社务工拿薪金，没有劳动能力的，使其流转土地拿租金。

针对当地盛产的软梨果品销售难的问题，李玉兰发挥“第一书记”的作用，争取领导的支持，协调投资480万元项目资金修建了果品冷藏库，引进社会资金2400万元，建成了果品饮料厂、酒厂，订单收购贫困家庭的果品，使农民的收入有了保障，并安排有意愿的贫困户在酒厂务工。

其次，她落实贫困残疾人家庭申请国务院扶贫开发领导小组办公室实施的“雨露计划”助学贷款，符合条件的残疾人家庭纳入低保兜底，享受民政低保，并为有劳动能力的残疾人安排公益性岗位，从村集体经济中拿出50%给他们发放工资，按照身体状况安排保洁员、绿化员、护路工等岗位，破解贫困残疾人家庭孩子上学难的问题。

再是，她鼓励贫困残疾人家庭发展产业，解决残疾人药费支出高的难题。残疾人赵小莲患有严重的腰椎结核病，因无钱治疗，一拖再拖，到最后在床上爬不起来才到处借钱。赵小莲于2012年手术治疗，2015年欠下外债12万元，家里住房是危房。针对这一情况，李玉兰为赵小莲家做规划，发展养殖业，享受2.16万元的产业资金帮扶，并帮助其申请贫困户专项贷5万元，再申请村里互助金2万元用于其家庭发展养殖业。

在李玉兰带领下，桥头村2017年近800亩“荒山、荒沟、荒丘、荒滩”开荒种葵花，当年产值达132万元，2018年种植1500亩，产值翻番。

成 效

青海省海东市民和县隆治乡桥头村争取项目资金1800万元，其中新建了村级综合办公服务中心；投资52.4万元，新建了桥头村村级幼儿园，解决了近30名幼儿上学难问题；协调县交通局，投资507万元硬化村道13公里，解决了全村424户群众出行难问题；投资4.86万元，建成家庭小牧场4户，引导贫困群众发展产业；投资200多万元，修建了800平方米的冷藏库一个，解决了桥头村600多亩软梨成熟后无法储存的困难；投资16万元发放软梨等果树苗848株，为产业发展奠定了基础。2016年组织成立光林种植合作社，2017年近800亩“荒山、荒沟、荒丘、荒滩”开荒种葵花，当年产值达132万元；2018年种植1500亩，产值翻番。全村24户贫困户全部实施了危房改造，住进了明亮的新房。

残疾人赵德英患有严重的类风湿性关节炎，失去劳动能力，孩子考上大学，家里非常贫困，靠妻子微薄的工资收入只能维持生活，孩子上大学难上加难。精准扶贫工作开展以来，他们家被纳入了低保兜底范围，享受民政低保和危房改建政策，其妻李英枝走上保洁员公益岗位，孩子上大学每年享受“雨露计划”5000元助学贷款，一家人有了脱贫信心，有了富裕希望。李英枝参加所有的实用技术培训班（种植、养殖、科技明白人、农产品经纪人等等），掌握了多门实用技术，2019年在家里养了10头猪，收入3万元。

赵小莲家2019年的养殖业收入达到15万元。2016年获得危房改造项目款，临街修建了新房，依托临街的优势，家里开起了小超市，年收入达到2万元，还承接了猪、羊、鸡饲料的代售，年收入3万元左右。2019年元月时，他家还清了所有贷款和外债，还余有存款。

案例 4

五走访送温暖 把准助残脱贫关键点

——山西省长治市平顺县北耽车乡实会村“第一书记”向阳扶贫工作

做 法

山西平顺，地处太行山腹地，地理环境不平又不顺，到处沟壑纵横，山大沟深、石厚土薄，是典型的国家级深度贫困县。北耽车乡实会村地处平顺、潞城区两县交界，距县城 30 公里，全村总人口 235 户 637 人，建档立卡贫困户有 72 户 210 人，其中因残致贫的有 25 户 34 人，占到贫困户的三分之一。

2015 年 8 月，经中国人民银行平顺县支行党组推荐，向阳被山西省长治市平顺县委组织部派驻到实会村，担任村党支部第一书记，参加脱贫攻坚工作。2019 年，经中国残联、国务院扶贫办、共青团中央、全国妇联遴选，他获得全国助残先进典型荣誉。

以党建引领脱贫攻坚 凝聚合力

2015 年，山西省委选派 9395 名机关优秀干部到村任“第一书记”，山西省委组织部、省委农工办、省扶贫办下发文件，把选派“第一书记”工作与整顿软弱涣散党组织、扶贫开发工作有机结合、统筹安排，要求对全省 9896 个建档立卡贫困村和党组织软弱涣散村，实现选派“第一书记”全覆盖。各地采取建立选派台账、加强教育培训、健全管理办法、完善考核机制等措施，进一步健全完善对“第一书记”的管理考核。

平顺县制定了《平顺县驻村第一书记管理办法》《关于实施“6+6”工作法，进一步强化脱贫帮扶工作职责和纪律的通知》，实现 12 项工

“第一书记”向阳把加强党组织建设与助残脱贫工作相结合。

作制度，定期组织开展“领头雁”“劳务技能”“农村电子商务”“生态旅游”等培训，强化对第一书记、驻村工作队履职情况巡回督查和交叉检查，调整工作不胜任者，通报不尽责者；并通过制定《关于试行从脱贫攻坚一线优秀年轻干部中选拔乡镇领导班子成员的实施方案》，激励干部担当作为、干事创业。

精准识别 落实普惠政策

驻村后，向阳就开启了“进东家、访西家”的模式，主动登门对全村 72 户贫困户家庭进行登记造册。他按照“六个精准，五个一批”要求，因人因地施策，因贫困原因施策，落实普惠政策，为符合条件的贫困户申请和协助办理健康扶贫签约、慢性病认定、低保、困难生活补贴、重度残疾人护理补贴等手续，确保做到精准滴灌、靶向治疗。

年仅30岁的实会村村民赵记萍因车祸致残，完全丧失劳动能力，丈夫张建增为了照顾她辞去了工作，从此一家三口仅靠家中一亩薄田勉强度日。2015年，向阳驻村后第一时间了解到情况，帮赵记萍家申请为低保户；2017年帮赵记萍家申请了危房改造，对土窑洞进行了维修；2018年4月，积极同县残联沟通协调，帮助张建增联系农业公司、引进技术，扶助他发展特色蔬菜种植10余亩，同年又帮助张建增申请扶贫补贴资金3000元。

五走访送温暖 万事民为先

向阳对实会村25户残疾贫困家庭的基本情况了然于胸，并把残疾人家庭有困难要走访、家庭成员生病要走访、逢年过节要走访、子女上学要走访、结婚生育要走访的“五走访”作为助残工作的重心。同时，他利用单位扶贫的优势，每年的六一儿童节，都会向单位申请帮扶资金，为残疾人家庭上学的子女置办学习用品。每有残疾人生病，他总是跑前跑后。

2018年6月，残疾人申恩玲、马开红在乡卫生院就诊期间，向阳每天拉着他俩到卫生院，来回20公里管接管送，直至两人出院。精神病患者耿丽伟，常年需药物调理，向阳经常帮其从县城带药品，而且从来没收过她的药钱。87岁高龄的靳雨梅患有白内障，和脑瘫儿子相依为命，2019年4月，获悉平顺县医院特邀北京专家到平顺县为贫困户患者免费做白内障手术的消息后，向阳开车全程陪同其联系医生、做检查、手术，全程精心护理。术后，他又小心翼翼地为老人点眼药水。贫困户

驻村后，向阳就开启了“进东家、访西家”的模式，主动登门对全村72户贫困户家庭进行登记造册，落实普惠政策。

的柴米油盐，在“第一书记”眼里都不是小事情。

调整产业结构　户户有产业

向阳所在的中国人民银行平顺县支行党组与乡党委、政府、支村两委多次召开座谈会，共谋脱贫产业，带动群众增收入，实现村村有项目，户户有产业。

第一，通过调整产业结构，优化农业种植项目，发展特色种植产业，并发展多种养殖业。2018年，帮助40户贫困家庭与平顺县今和农业有限公司签订50亩线椒种植合同；2019年，帮助57户贫困户与平顺县大云农业种植专业合作社签订130亩红薯种植合同，争取到产业扶持资金5万元，用于为贫困户发放化肥、秧苗、耕地、奖补等。3户贫困户养羊100只，1户贫困户养猪5头，1户贫困户养鸡35只。

第二，发展光伏产业。2018年建设一座290千瓦光伏发电站，年收益按分配方案用于公益性岗位、困难贫困户救助、小型公益性事业、奖励性补助、励志超市等，壮大村集体收入来源。

第三，发展农副产品深加工，增加农产品附加值。2018年11月建成红薯加工厂1个，对收购农产品进行深加工，解决贫困劳动力就业10

余人，向村集体上缴承包费 1 万元。

第四，招商引资上项目，创造就业新机会。2017 年 6 月引进山东投资商，成立平顺县普惠民生服饰有限公司，在实会村建设 1 个扶贫车间，解决闲置贫困劳动力就业 24 人，帮助困难群众实现“在家能就业、四季有收益”目标。

第五，实施金融扶贫。发挥央行职能，发放小额信贷，提高贫困户的收入。截至 2019 年 5 月，实会村共办理资产性收益贷款 34 户，另外有 3 户贫困户办理自用小额信贷用于发展增收产业，其中为残疾人办理扶贫小额信贷合作收益 12 户。

通过上述产业的带动，实现了贫困户户户有产业，家家有增收。

成 效

实会村贫困发生率逐年下降，2019 年，实现贫困户全部脱贫。集体经济不断壮大。2018 年建设一座光伏发电站，年收益 22.3 万元，为贫困村、贫困户稳定脱贫，提供了有力保障。同时产业有了长足发展。通过线椒种植、红薯种植、扶贫车间，每户平均增收 2500 元。红薯深加工厂年加工能力达 40 万公斤，实现产值 90 万元，带动 72 户贫困户 210 人增收。基础设施全面提升，共争取帮扶资金 300 多万元，实施帮扶项目 10 余个，涉及文化场所修缮、街巷道硬化铺油、路灯安装、安全饮水、主街道排水排污等工程，带动贫困劳动力就业 300 多人次，人均增收 3000 元。

案例 5

量身定制项目 打造品牌促脱贫

——辽宁省锦州市义县城关街道后杨村“第一书记”陶中志助残脱贫工作

做 法

锦州市义县城关街道后杨村有 551 户 1463 人，其中残疾人 50 人，22 人享受低保，建档立卡贫困户 3 户 8 人，其中有 3 名残疾人，截至 2020 年 10 月，已全面脱贫。

陶中志是辽宁省市县三级选派到义县乡村任职的 559 名驻村干部中的唯一一名残疾人。2018 年 3 月，他接到下派驻村通知，担任义县城关街道后杨村“第一书记”，顶着夫妻双方父母手术住院、大姐重度残疾须长期照顾和爱人怀孕生子等家庭困难，开始奋战在驻村的工作岗位上。他吃住在村上，全程参与村里的各项工作。截至 2020 年 9 月底，出勤达 890 天，远超组织部门对驻村干部在岗每月达到 20 天的要求。2019 年，陶中志荣获团辽宁省委评选的“辽宁最美驻村第一书记”称号。

落实工作制度 强化问责机制

2018 年，辽宁省委办公厅印发《大规模选派干部到乡镇和村工作推动乡村振兴实施方案》、省委组织部印发《辽宁省选派干部到乡村工作管理办法（试行）》、锦州市委办公厅印发《锦州市选派干部到乡村工作管理办法（试行）》，明确村“第一书记”的四项主要职责：帮助抓好村“两委”班子和党员队伍建设，提升农村基层党组织的组织力；帮助研究制定村发展规划，推进农业产业结构调整，大力发展壮大村级集体经济；帮助落实党内法规和村规民约，执行“四议一审两公开”制度，提升乡村治理水平；帮助落实强农惠农政策，打通联系服务群众“最后一公里”等。

管理办法围绕职责，制定12条工作制度，特别强化问责机制。在要求建立集体经济薄弱村摘帽制度的同时，对于一年内无发展思路、二年内无增收渠道、三年内未摘掉薄弱处帽子的“第一书记”选派干部，要及时约谈、召回调换并记录在案。

量身定制帮扶项目 一帮到底赢民心

陶中志初到后杨村，因为他的身体状况，村民对其工作能力抱有疑虑。陶中志采取“用实际行动为村民办实事”的对策消除村民顾虑。他首先从帮村民选种开始。

后杨村地处辽宁西部义县城南坡岗地带，十年九旱，加之当地村民受教育程度普遍偏低，很难选好适宜的种子和肥料，加重了粮食减产程度。面对“一方水土养不起一方人”的难题，陶中志运用自身高级农艺师的所长，把选择优良种子和肥料作为提高粮食产量、促进农民增收的关键之举。他自己开着小面包车带着部分村民到沈阳的大型种业公司进行实地参观考察，为来年春播生产学习种植经验，选择适宜后杨村的种子和肥料。

他还自掏腰包1.84万元，连续三年给全村34名党员发放土豆种子，用于发展他们自家房前屋后经济；给村内原有三户建档立卡贫困户发放春耕物资，帮助其搞好生产、防止返贫。

除了充分发挥自身所长外，陶中志也注重发挥建档立卡贫困残疾人家庭的优势，为其量身定制项目，促进脱贫，精准帮扶。

52岁的郝洪江身患糖尿病综合征和尿毒症，生活不能自理，需要妻子景铁梅的长期照顾。景铁梅作为家里的唯一劳动力，因每天照顾病人，不能外出务工，仅靠政府的低保金勉强度日。夫妻俩成了村里的建档立

后杨村有蔬菜种植基地的基础，陶中志帮助村民们提高农产品质量后，参与到所在街道“城关菜小篮”电商品牌创建中，并引导本村村民向“为卖而生产”的思路转变。

陶中志给退伍军人家庭悬挂“光荣之家”牌匾。他还给村内肢体残疾人低保户送辅具配件，带领大学生为村内留守儿童进行心理成长辅导。经常走村入户的他，让“第一书记”走进了村民的心里。

卡贫困户。

当陶中志来到景铁梅家，得知她有养殖经验后，就鼓励她在照顾老郝的同时发展养殖业。经过多方联系，找到一家种鸡场免费给景铁梅提供鸡雏。小鸡长到出栏时，他又联系牧业公司帮助其销售。

“一帮到底”是陶中志的工作作风，他帮忙联系城关乡畜牧防疫站为景铁梅家的小鸡做检疫、开证明，联系小货车帮忙运送小鸡，销售过程发生问题时帮助调解矛盾。陶中志把村民的事当作自家事，赢得了村民信任。

他还通过残联的创业扶持政策，为村内贫困残疾人梁文华和刘爽争取创业扶持资金 1.8 万元，分别扶持其家庭开展种植业和养牛业；给 20 余位残疾人免费发放辅助器具，改善生活质量。他用实际行动赢得民心，村民把他当成“自己人”。

交流学习拓思路 打造线上菜篮品牌

除了带村民到种子公司选种，陶中志还参加了城关街道17个村的交流学习。城关街道一直有蔬菜种植传统，棚菜和水果种植面积很大、栽培基础较好，街道共有4.3万亩土地，其中棚菜和裸地菜占地1.2万亩，种植品种主要有西葫芦、茄子、辣椒、西红柿等十几个品种，年产量1.5亿公斤左右，产值达2.5亿元，蔬菜销往全国100余座城市，但由于受销售市场制约，产量虽高，却卖不出好价钱，造成种植户整体收入普遍偏低。他结合“农业丰产不丰收，农民勤劳不致富”这一现象，制定了提高农产品质量的发展思路。随后他多次自掏腰包，前往沈阳种苗公司为乡亲们考察口感型果蔬“苗和果”项目，普及最新的种植技术和品种，提高产品品质；去广州、深圳、珠海和东莞等经济发达地区学习先进理念，探索壮大村级集体经济新模式。他帮助村民充分认识通信、物流条件对传统农业的影响，引导村民向“为卖而生产”的思路转变。

2020年初，新冠肺炎疫情发生后，蔬菜外运受阻，导致种植户的产品滞销。陶中志了解情况后，立即开始寻找新的带货助销渠道。锦州义县城关街道借助脱贫攻坚和“三变”改革的契机，探索了“公司+合作社+电商+农户”模式，自主创立了“城关菜小篮”品牌，陶中志积极参与其中。

陶中志领着线上菜篮子平台的工作人员，每天从蔬菜生产基地采摘各类新鲜蔬菜，然后开着私人小面包车送到县内企事业单位的“后厨房”，最快半个小时就能送达，满足了市民对于新鲜、安全、快速、便宜生鲜食材的采购需求，又为种植户开辟了崭新的销售模式。

陶中志还争取到社会资金投入，在各个网格辖区内设立用户自提点，完成生鲜配送从“隔日送”到“每天早、中、晚及时达”的升级，让散户消费者可实现“下班前买菜，到家后烧菜”，进一步解决了疫情期间去生鲜超市人员聚集不好控制的难题。

同时，他也关注到老年群体和残疾人群体的“刚需”，每建立一个网格辖区自提点，都会把居住在区域的老年人、残疾人作为重要服务对象，主动帮助老年人用手机下单买菜、再到无接触货柜直接取菜。

电商平台同时对建档立卡贫困户、五保户、低保户和残疾人群实行价格优惠。困难群体在平台下单购物，乡村两级证实其身份后，平台全部返还利润给他们。少花钱就等于实现间接增收，他们在脱贫攻坚中探索了一条新路子。对出行不方便的重度残疾人，平台通过专人配送，不仅从经济上给其优惠，还在他们出行困难上给予帮助。

成 效

后杨村以党建为引领，积极推动乡村脱贫攻坚和振兴发展，共引进和培育致富项目 7 个、协助完成乡村基础设施和环境建设工程 8 个，涉及资金投入 10583.78 万元，截至 2020 年 10 月，已落实项目资金达 9082.58 万元。

项目工程主要包括推动德仁国际商务宾馆开发农业采摘住宿婚庆一条龙旅游项目、促进后杨村杨东服装加工厂扩建厂房工程、培育永田农机专业合作社流转土地进行机械种植、协商电力外网南环线建设为南山地块打深井抽水灌溉提供电力支持、新建村内水泥道路和过水桥方便百姓出行、维修自来水主管线解决部分山上村民冬季吃不上自来水的困难、招商引入辽宁利伟供应链管理有限公司和利示新零售电商平台。

后杨村原本是一个村容村貌脏乱差、集体经济一穷二白的后进村，通过发展设施农业、电商平台等方式，百姓实现了脱贫奔小康，精神头足了，村庄变美了。

 发挥党的群团组织作用

背 景

中国残疾人联合会成立于1988年，是经国务院批准和国家法律确认的残疾人自身代表性组织，是由中国各类残疾人代表、残疾人亲属和残疾人工作者组成的全国性残疾人事业团体，是中国共产党领导下的人民团体。

残疾人事业在改革开放中兴起。改革开放以来，中国共产党和中国政府实施了一系列发展残疾人事业、改善残疾人状况的重大举措，走出了一条具有中国特色的残疾人事业发展道路。随着全面建成小康社会进程的加速推进，残疾人脱贫攻坚工作得到了深入开展。

中共十八大以来，政府将贫困残疾人脱贫纳入国家脱贫攻坚战略布局，并作为脱贫攻坚重要内容，在制度设计、政策安排、项目实施上给予支持。中共中央、国务院2018年发布《关于打赢脱贫攻坚战三年行动的指导意见》，专节部署贫困残疾人脱贫行动，确保到2020年贫困残疾人同全国一道进入全面小康社会。国务院扶贫办、国家发展改革委、中国残联等26部门制定《贫困残疾人脱贫攻坚行动计划(2016-2020年)》，制定电子商务助残扶贫行动、产业扶持助残扶贫行动等一系列配套实施方案。实施精准扶贫战略以来，政府将700多万残疾人纳入贫困户建档立卡范围，截至2019年，建档立卡贫困残疾人人数已减少到48万。

农村贫困残疾人是国家脱贫攻坚战的重点和难点群体；孤寡残疾人、重度残疾人与其他群体的收入差距还有继续扩大的倾向；因残致贫、因贫致病仍是残疾人贫困的一个重要原因；残疾人就业和再就业还有重重障碍。各地残联依据《贫困残疾人脱贫攻坚行动计划（2016—2020年）》等文件，积极创造各种条件，激发、凝聚更多力量，助推残疾人贫困户脱贫增收。

案例 6

党员示范引领 推动助残扶贫常态化

——河南省驻马店市基层党组织助残扶贫实践

做 法

驻马店市位于河南省中南部，全市辖九县一区，各类残疾人 60.5 万人，建档立卡贫困残疾人有九万三千多人，截至 2019 年底，还有 8758 人未脱贫，2020 年底要实现全部脱贫。驻马店残联在市委市政府的领导下，充分发挥党的群团组织作用，有效运用深化基层党组织助残扶贫工程作为残疾人脱贫攻坚的有效载体，驻马店全市近万名党员干部参与助残扶贫，得到了残疾人群体的普遍赞誉。

担当作为 优先保障残疾人事业发展

驻马店市残联认真践行以残疾人为中心的发展思想，发挥残联组织的“代表、服务、管理”职能，以敢于人先的精神，积极主动作为，为

驻马店建立了 114 个重度残疾人托养中心，每个中心门口都悬挂着“党员助残志愿服务站”的牌匾，基层党组织助残扶贫工作成为驻马店残疾人扶贫工作的一个品牌工程。

驻马店市残联理事长（中）张银良工作有“四板斧”：“摸爬滚打”。到贫困残疾人家，他一定要撩开被子，摸摸他们的被褥棉花够不够；走遍驻马店市所有乡镇、办事处和村委、社区。在全市配齐乡镇残联理事长和残疾人专职委员，再是做残疾人工作必须有“死缠硬打”的精神。

残疾人争权益、谋利益。

每周一早晨7点，驻马店市残联理事长张银良都会准时出现在市委、市政府办公楼，第一个向领导汇报工作，这成为驻马店残联的工作习惯。正是残联工作者的敬业精神，让市委、市政府的历任领导坚持优先将残疾人事业纳入发展大局、优先完善法规政策、优先保障民生投入、优先健全组织队伍、优先破解发展难题，每年都将一至两项残疾人民生工作纳入政府重点民生实事和惠民工程，将残疾人工作纳入政府目标管理和干部考核体系，真正形成党委政府“真重视、真支持”、社会各界“真配合、真参与”、残联组织“真奉献、真能干”的良好工作格局。

率先实干 基层残联组织全覆盖

驻马店市残联在工作中，始终秉承“三个一”工作法：“一个目标干到底，在敢于担当中寻求突破；一根竿子插到底，把成效放到基层来检验；一种精神拼到底，让实干成为最硬的功夫”，率先垂范、务实苦干。

基层组织建设是做好残疾人工作的组织保障。没有人去干，再好的政策也难落地。2010年，在驻马店市残联的不懈努力下，驻马店实现了市、县、乡、村四级组织机构的全部建立和完善。全市残联行政编制由70余人增加到230人，197个乡镇、街道全部配齐了专职理事长，2871

个行政村（社区）配齐了专职委员，落实了待遇，实现了“横到边、纵到底”的基层残联组织网络体系，在河南省率先实现了残疾人组织全覆盖，有效解决了“残疾人有人管、残疾人工作有人干”的问题，为推动全市残疾人事业发展奠定了坚实的组织基础。

力求突破 创建助残扶贫品牌

围绕残疾人反映突出、诉求迫切的实际困难和残疾人事业发展中的瓶颈问题，驻马店市残联先行先试，创新发展，通过实施基层党组织助残扶贫，选择“党性强、本领强、执行强”的党员干部，实施“项目带动、技术带动、就业带动”，开展“三强三带”结对帮扶活动，通过创建农村残疾人扶贫示范基地辐射带动，安置就业残疾人近两千人。基层党组织助残扶贫工作成为驻马店残疾人扶贫工作的一个品牌工程。

驻马店市委市政府由此也将深化基层党组织助残扶贫工程作为残疾人脱贫攻坚的切入点和突破点，连续制定出台《驻马店市扶贫开发工作意见的通知》《关于切实做好农村残疾人扶贫开发工作的通知》等政策性文件，成立了农村基层党组织助残扶贫领导小组。市委组织部联合扶贫等部门连续下发《关于创新机制进一步做好基层党组织助残扶贫工程

驻马店全市建立省级产业集聚区基层党组织扶贫基地，通过示范基地辐射带动，安置残疾人就业。

的通知》《关于做好驻村第一书记帮扶贫困残疾人统计工作通知》等文件，开展党员干部结对帮扶，帮助贫困残疾人谋划扶贫增收项目，提供技术、市场信息等服务。全市、县、乡三级近万名驻村“第一书记”与1.5万残疾人结成帮扶对子，开展定期入户走访，把问题解决在残疾人家门口。

辐射带动 解决残疾人实际困难

在具体实践中，驻马店市积极探索帮扶贫困残疾人的有效途径。

——从扶持基地上下功夫，实施产业基地帮扶。驻马店市在全市建立省级产业集聚区基层党组织扶贫基地，省、市、县级农村残疾人扶贫示范基地，县级基层党组织助残扶贫示范基地等，通过示范基地辐射带动，安置就业残疾人。

——从教育引导上下功夫，实施扶贫先扶志。针对贫困残疾人长期存在的依赖、消极思想和脱贫信心不足的被动心态，驻马店市通过组织座谈会、邀请脱贫增收典型交流、制作脱贫微电影、举办助残脱贫先进典型表彰等宣传教育活动，逐步引导贫困残疾人提高认知水平、改善心态、增强信心。

——从精神帮扶上下功夫，实施文化助残。驻马店市、县、乡、村四级党组织广泛发动各方力量，通过建立爱心书屋，开展残疾人文化进社区、进农村文艺演出活动，加强对残疾人的精神帮扶。驻马店市通过实施“医教结合、融合教育、特教提升”的康复教育模式，为0–6岁残疾儿童实施免费康复训练，使困难残疾人学生及残疾人子女获得就学资助顺利完成学业。

健全机制 确保助残扶贫常态化

为使基层党组织助残扶贫工程常态化、长效化。驻马店市建立了由市委组织部牵头，残联、民政、财政、人社、住建、农业、卫生、扶贫等部门参加的联席会议制度，定期召开会议，落实各项帮扶措施。与此同时，驻马店市依托残疾人基本服务状况和需求信息数据动态管理系统建立残疾人需求台账，并建立了督导检查、跟踪问效和定期回访工作制度，通过定期不定期实地察看，了解工作开展情况，确保助残扶贫工作不走过场，落到实处。驻马店市还制定完善了评估考核办法，将农村基层党组织助残扶贫工程纳入基层组织建设和驻村工作考评内容，并将考核结果作为评优评先的重要依据。

成 效

驻马店市开展基层党组织助残扶贫工程以来，全市有近万名党员干部参与助残扶贫，累计帮扶残疾人 16 万人次，80% 以上被帮扶的农村贫困残疾人家庭基本实现稳定脱贫。

驻马店市结合残疾人的实际困难和个性化需求，将近 47 万残疾人纳入城乡医疗保险、新农合，38 万残疾人参加城乡社会养老保险；为各类残疾人提供精准康复服务 12 万余人次；围绕市场需要和个体需求，实名制培训残疾人 5.7 万多人，实现就业创业 4 万多人；对 2 万余名贫困重度残疾人家庭实施无障碍改造，为 7000 余户贫困残疾人进行危房改造；通过探索“互联网 + 分级诊疗 + 签约医生服务 + 贫困家庭重度残疾人集中托养”模式，建立 114 所重度残疾人集中托养中心，实现了全市托养中心全覆盖，入住贫困重度残疾人 2016 人，实现了“托养一人、解脱一家人、脱贫一户、温暖一方”的脱贫目标。

点评

农村基层党组织是农村工作的基础，是农村基层各项事业和经济活动的领导核心，在精准扶贫工作中有着重要的引领示范作用。广西壮族自治区通过开展农村基层党组织助残扶贫工程——扶残温暖同行项目，将党员群众紧密结合在一起，转变了当地贫困残疾人以往“等要靠”的思想，激发了贫困残疾人脱贫增收的积极性。与此同时，广西当地的农村基层党组织在参与助残扶贫过程中，既对贫困残疾人合理“输血”又通过不断“造血”，提高残疾人的创新创造能力，并依托现有的有利资源和优势，勇于承担发展风险，积极探索脱贫增收的新渠道和新途径，使基层党组织的旗帜作用充分体现。

常言道，“支部强不强，关键看头羊”，农村基层党组织带头人对于基层党组织作用的发挥具有重要的现实意义。案例中的驻村干部就在驻村帮扶过程中发挥了“领头羊”的作用，他们通过团结凝聚干部、强化服务意识、创新工作方法，推动了当地扶贫工作迈上新台阶、取得新变化，也使当地贫困残疾人在脱贫攻坚中心中有干劲、增收有信心。

第二章

康复助力 提升能力

要重视重点人群健康，保障妇幼健康，为老年人提供连续的健康管理服务和医疗服务，努力实现残疾人“人人享有康复服务”的目标，关注流动人口健康问题，深入实施健康扶贫工程。

——2016 年 8 月 19 日至 20 日习近平在全国卫生与健康大会上的重要讲话（新华社北京 2016 年 8 月 20 日电）

一 如何通过白内障复明康复项目助残扶贫

背 景

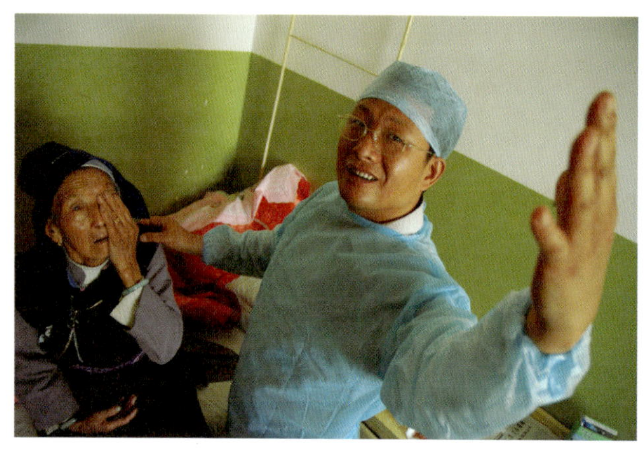

医生为患者检查术后视力恢复情况。

上世纪70年代，我国开展了大规模的眼病流行病学调查，在当时的视力残疾人中，白内障是第一位致盲原因。贫困白内障患者大多集中在经济、医疗条件较为落后地区。

1988年，中国残联牵头开始实施抢救性的“三项康复”行动（“三项康复”是指小儿麻痹后遗症矫正手术、聋儿听力语言康复和白内障复明手术），白内障复明手术是三项康复之一。此后，国家相关部门继续组织了大规模的白内障复明手术工作，活动项目有“视觉第一·中国行动”“集善工程·启明行动”“健康快车”“百万贫困白内障患者复明工程”等。此后，我国的防盲工作也由以项目的实施为主导，逐步向政府主导、整合资源、整体规划，以建立防盲治盲长效机制为目标的工作模式转变，持续推进防盲工作进程。

案例 7

光明之路

——“集善工程 · 启明行动”开展白内障复明手术项目

做 法

项目发展促使长效机制形成

实施白内障手术，一方面看医疗技术，一方面看医疗设备。技术上我国已经取得很大进步，设备上也在逐渐完善，从医疗显微镜到各种器械再到人工晶体的生产，基本上都没有问题，唯一的问题就是经费，尤其是偏远贫困地区，这个问题更加凸显。

2006年-2016年，中国残联和中国残疾人福利基金会共同启动了“集善工程 · 启明行动”项目，项目筹集善款近2亿元人民币，按照每例手术经费1000元的标准，在全国范围内开展白内障复明手术项目。

第一，“集善工程 · 启明行动”在全国开展建立针对白内障复明手术的长效工作机制。它包括健全省、市、县的三级手术复明网络，特别是在县医院设立眼科诊所或改善其眼科医疗设备，培训眼科医生和医护

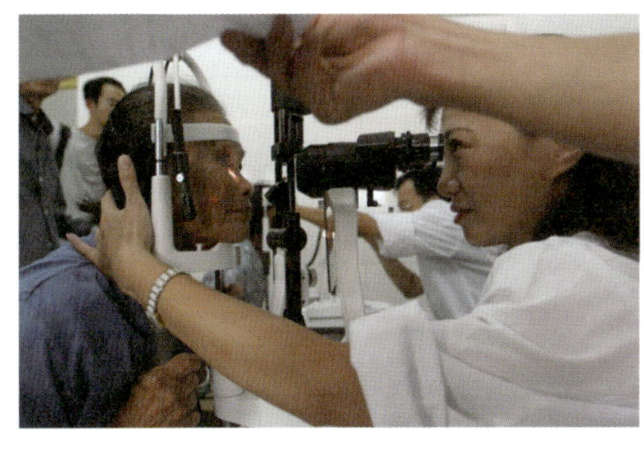

在定点医院做视力筛查工作。

医疗队赴农村基层做视力筛查工作。

助理；开通眼病防治数据库，实现全国联网；组派医疗队赴农村基层。工作机制还包括以西藏为示范创建白内障无障碍区，推动全国开展“集善工程·启明行动”的地方普遍创建白内障无障碍区工作。

第二，白内障无障碍区还培训了很多眼科医护人员，开展眼保健教育公众宣传，提高公众防盲意识，实现贫困白内障患者复查输送、认识知识、技术服务、经费保证和工作机制无障碍。

第三，通过各级残联40余万专职委员的工作网络强有力地组织实施，并进行严格规范的监管，白内障患者不需要自己申请，最大限度地满足他们的救治需要。

第四，“集善工程·启明行动”另一效应是推动建立针对白内障复明手术的社会保障制度。设立定点医院，制定扶贫手术优惠收费标准，将农村白内障复明手术纳入新型农村合作医疗单一病种报销，将城市白内障复明手术纳入医疗保险，将贫困白内障复明手术列入城乡医疗救助范围。

成效

2006年至2016年，“集善工程·启明行动”为近20万名贫困白内障患者的手术提供资助。白内障复明手术康复扶贫同时带动了医疗机构的发展，并促进了医疗手术效率的提高，“十三五”时期90%以上的县级医院都能够独立完成白内障复明手术。2000年，我国平均每百万人口手术量可以实施372例，10年后这个数字变成了800例，“十三五”时期，部分医疗资源充沛地区每百万人口手术量已经超过2000例。

1988年至2019年，累计使1000余万白内障患者复明。

 残疾儿童康复救助扶贫如何做

背 景

残疾儿童的康复救助对家庭的脱贫、防贫意义重大。党和政府历来高度重视残疾儿童康复救助工作，通过实施一系列重大康复工程项目，为无数残疾儿童及其家庭带去福音。2016年，《残疾人精准康复服务行动实施方案》的发布，让残疾儿童康复救助走上更精准、更专业化的道路。随着残疾人康复事业的发展，残疾儿童康复逐渐由“项目康复”过渡到“制度性康复”。在党中央国务院的高度重视和关怀下，2018年10月1日起，我国全面实施“残疾儿童康复救助制度”（以下简称“制度”），这是我国残疾人康复领域的第一个专项救助制度。“制度”的颁布实施，为残疾儿童康复救助，为有残疾儿童的家庭防贫、脱贫建立了长效机制。

“制度”颁布以后，各地党委政府高度重视，积极行动，通过建立各种工作机制，搭建信息平台，探索政策创新实践，让制度落到实处，让残疾儿童及其家庭真正受益。

案例 8

创新救助机制 提升康复效能

——四川省南充市开展残疾儿童康复救助工作实践

做 法

四川省南充市总人口 729 万，其中残疾人 55.18 万，有 0-12 岁残疾儿童 4603 人。南充以四川省残联“量体裁衣”式个性化服务为抓手，探索创新康复服务举措，推进康复机构建设和康复服务规范化管理，提升残疾儿童康复服务水平。

建立健全康复救助体系

首先，强化政府主导，完善组织管理体系。南充市建立市政府统一领导，各部门协调配合的工作机制，对市卫健委、市民政局、市人社局等有关部门进行明确分工，做到部门责任认定准确可行。各县（市、区）相关部门按照上述职责分工，也建立相应的协调配合工作机制。

脑瘫儿童在南充友爱康复医院西充分院运动治疗室进行 PT 康复训练。

孤独症儿童在南充儿童心理行为康复中心操场上进行社交互动训练。

其次，强化制度保障，争取政策措施支撑。南充市残联联系财政、民政、人社、卫健等部门出台了一系列促进残疾儿童康复的政策，陆续印发《贫困家庭脑瘫儿童康复救助工程实施办法》《0-6岁残疾儿童康复救助项目实施方案》。

再是建立协作指导体系，强化部门联动。由各级残联牵头，卫健委、中医药管理局等部门配合，依托两家市级三甲医院，成立由相关专家组成的技术指导组；卫生部门和残联共同筛选出条件较好的康复医院或社区卫生服务中心实施残疾儿童康复项目，并组织基层卫生站开展残疾儿童的筛查、预防工作；市民政局和教育局为残疾儿童获得康复救助提供相应保障。

整合利用社会康复资源

南充市整合利用现有医院、残联康复中心、社区卫生站和社会康复机构等资源实施残疾儿童康复救助工作，探索康复机构运行新模式。

首先采取定点委托或政府购买服务的方式确定康复机构。采取定点委托方式时，各县（市、区）残联自行选择符合要求的定点服务机构，与服务机构签订委托责任书，明确项目实施数量及经费标准，鼓励就近就地接受康复服务，并规范项目运作流程，严格审批，报市残联备案。采取政府购买社会服务方式时，县（市、区）残联为购买主体，坚持“公开、公平、公正”的原则，确定社会化服务机构作为承接主体。其次签订协议规范收费行为。2013 年，南充市残联印发了《关于进一步做好残疾人重点康复项目和规范管理康复机构的意见》，对各县（市、区）残联如何实施好重点康复项目、费用如何结算、康复机构如何操作以及康复效果等，进行了明确规定。

加强康复人才培训

首先南充市残联加强对康复工作管理人员的培训。从 2016 年至 2019 年，市残联每年都分批次组织相关管理人员参加中国残联、省残联业务培训、进修学习和学术研讨活动，组织康复机构负责人、技术骨干到中国残疾人康复中心、四川省八一康复中心等单位参观交流学习，外训人员累计达 120 余人次。

其次加强专业技术人员实用新技术、新方法的学习。市残联先后邀请中国社会服务指导中心等单位专家教授，为全市康复机构专业技术人员进行业务培训。2016 年至 2019 年，共举办培训 3 期，对 228 人次康复人员进行在职提升培训。再是普及重度残疾人护理技能和脑瘫、智障、孤独症儿童康复知识，帮助残疾人家庭掌握实用康复方法，为残疾人亲属开展残疾儿童康复训练和日常护理及营养配餐的培训。2016 年至 2019 年，共举办各类培训 20 余期，培训亲属 3000 人次（其中建档立卡贫困户 167 人次）。

脑瘫儿童在南充友爱康复医院感统室进行感觉统合训练。

提高康复救助效能

首先南充市残联自主研发推行康复软件管理，规范服务行为，全程监管残疾儿童康复救助。残疾儿童家属可在平台上查询服务情况。部分受助对象不能得到应有的康复项目服务而节约的康复资金，可以在软件平台上操作资金转移，增加其他患者的康复项目，让政府的救助资金效益最大化。

其次开展康复效果检查评估，规范监督行为。成立残疾儿童康复项目监督管理小组，明确每个机构具体监管责任人。市残联还在各康复机构设置意见箱，公布举报电话，定期收集家长的意见和建议。同时，成立康复救助质量监控与评估领导小组，对康复场地、设备、师资、管理、档案和家长满意度等多个项目进行打分评估。市、县两级残联建立的项目评估考核工作制度将评估结果、绩效考评情况与项目资金支付额度挂钩。

再是明确市县残联管理权限，优化运作流程。市残联将康复机构管理权下放到县（市、区）残联，市残联主要负责全市康复项目的总体安排、督查监管、评估考核和绩效评价，县（市、区）残联负责本级项目的组

南充阳光儿童康复中心的智力残疾儿童在市人民广场开展跳体能圈训练。

织实施，与定点机构直接签订康复项目委托责任书，报市残联审批备案。

最后严格监督执纪，严惩康复机构违规行为。对部分康复机构残疾儿童训练缺失、质量不达标、造假套取项目资金等进行严肃查处。通过开展专项督查，对问题较突出的个别机构进行通报批评，责令其限期整改，并请有关单位对已拨付的资金重新核查，查明有问题的资金使用，追回多拨付的训练经费。对整改不到位，再次发生违规违纪行为的康复机构，坚决取消其项目实施资格。

成 效

一是，南充市残疾儿童康复机构从无到有、从弱到强，脑瘫、智障、孤独症等康复机构快速发展，实现服务载体专业化，康复机构多元竞争。截至2020年5月，全市已建各类残疾儿童康复服务阵地22个，所辖9个县（市、区）实现康复机构全覆盖，康复机构面积由2010年的3300平方米扩展到10万平方米，每年能为1000余名残疾儿童提供56个项目的康复训练，确保为残疾儿童提供就近、方便的康复服务。

二是，资金补助配套化，康复投入稳定增长。市残联对康复服务内容、训练时间、经费标准等进行细化，并实行资金配套投入，经费以中国残联、省残联的补助为基础，不足部分由市、县两级残联各自配套50%解决。0-6岁贫困残疾儿童康复救助，省级补助资金15000元，市县残联补助康复训练每人每年不超过20000元，手术治疗每人不超过30000元，适配辅助器具每人不超过5000元，保障了残疾儿童接受康复服务的持续性。

三是，救助流程规范化，康复管理更加严格。全市统一规范实施残疾儿童康复项目，把握五个关键环节：年初由县（市、区）残联认真筛选定点机构；然后由康复对象及家长持相关手续到户籍所在地残联申请项目救助；接着定点机构为康复对象开展“一人一策”个性化康复训练；各康复机构及时将康复对象接受服务情况反馈给户籍所在地残联，年底提交当年康复救助实施绩效报告；救助结束后，残联和财政据实结算项目经费。所有实施流程清晰，职责分明，手续齐全，操作简便，记录完备，便于过程追踪，实现痕迹化管理。

四是，康复训练经常化，康复效果提升明显。由于残疾儿童康复具有长期性，南充市残联为提升康复效果，延长了脑瘫、智障和孤独症康复项目的实施时间，要求各机构将残疾儿童的康复训练时间延长到一年，确保残疾儿童康复效果，不断提升家长的满意度。

2016年至2020年7月，全市共有5548名残疾儿童获得康复救助（其中建档立卡贫困户家庭残疾儿童114人），有40%的残疾儿童通过实施康复救助进入特殊教育学校接受义务制教育，8%的残疾儿童进入普通学校随班就读，进行融合教育。项目实施有效率均在90%以上，家长满意度在98%以上。

 如何开展手术矫正健康扶贫项目

背 景

在我国8500万残疾人群中，肢体残疾人群所占数量约为2472万。而在众多的肢体残疾人中，有相当一部分是少年儿童。他们中的很多人原本是可以通过手术得到改善的，但手术费用太过昂贵，让那些偏远地区的贫困家庭不得不放弃给孩子治疗或错失治疗的时机。

以肢体矫治手术帮助残疾人，是党和国家帮扶残疾人脱贫解困的一项持之以恒的康复扶贫方式。《中国残疾人事业五年工作纲要(1988年—1992年)》就明确提出：应着重解决残疾人亟待解决的康复问题，力争在五年内进行30万人次的小儿麻痹后遗症矫治手术。矫治手术帮助贫困残疾人康复，从最初矫治小儿麻痹后遗症，如今已扩展到矫治骨髓炎、骨不连、四肢畸形、髋关节疾病、肢体短缩畸形等12种病症，帮助其恢复肢体功能，融入社会。

2013年5月，在民政部和中国残联的支持下，中国肢残人协会（以下简称“中国肢协”）发起了“重塑未来——贫困肢残儿童手术矫治康复”公益项目，应用先进骨科技术免费为贫困肢残患者进行肢体矫正的医疗救助。

该项目采用政府购买服务和社会化运作等多种模式筹集资金，发动社会各界力量加入，2013年到2019年，中国肢协共筹集1900多万元资金，免费医疗救助3至29周岁的贫困肢残青少年，项目覆盖宁夏回族自治区、陕西、云南、辽宁等多个省份。宁夏回族自治区贫困肢残青少年的受助率最高，下面以其为例，详述项目做法。

案例 9

重塑未来，助力贫困肢残青少年家庭脱贫

——中国肢残人协会开展贫困肢残儿童手术矫治康复公益项目

做 法

截至 2019 年 9 月，宁夏回族自治区共有 117134 肢体残疾人，其中建档立卡贫困肢体残疾人 26425 人。家境贫困的肢体残疾人因无力治疗，加重了贫困程度，影响生活生产。2014 年，经宁夏回族自治区残联（以下简称“宁夏残联”）积极对接争取，“重塑未来”慈善公益活动组委会将宁夏纳为项目实施省区。

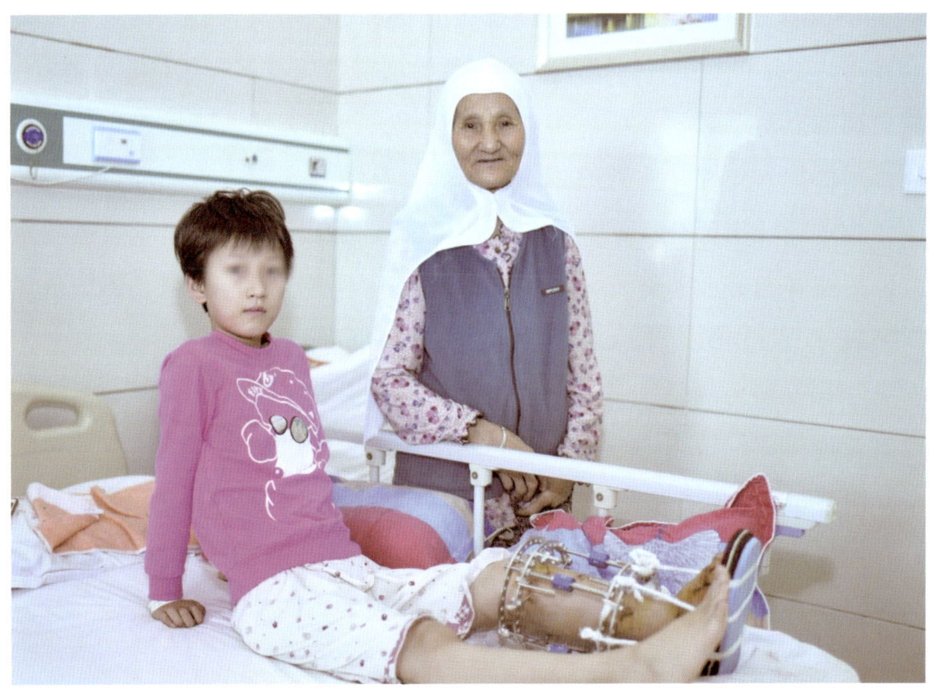

宁夏地区的部分贫困肢体残疾人在西安的定点医院分批次接受免费手术治疗。

宁夏的贫困肢体残疾少年儿童大多数来自宁夏西海固贫困地区，来北京接受手术治疗期间，中国肢协按照穆斯林的生活饮食习惯，为被救治孩子和家属解决饮食问题。

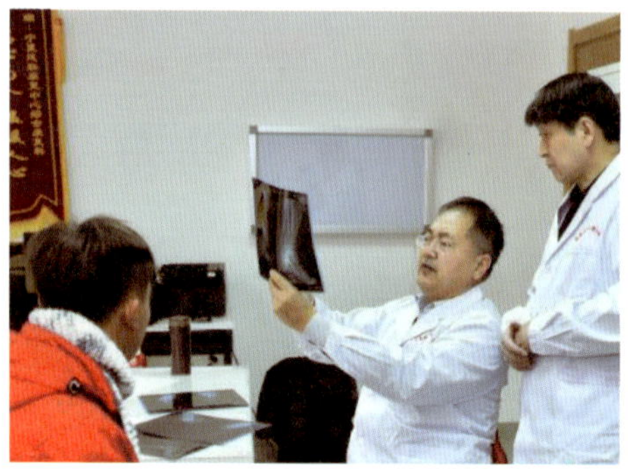

宁夏残疾人康复中心组织医生为受助的贫困肢体残疾青少年进行初步筛查。

把控风险 严格遵守管理流程

中国肢协按照民政部和中国残联的要求，严格执行法人治理模式规范要求，自成立之初就制定了比较完备的项目管理制度和项目工作流程：从受助地点的选择，与项目实施方签订相关协议文件，培训当地残联、肢协和医护人员等一系列的工作环节，都有项目实施方案和项目管理制度作为依托及规范；专门聘请律师事务所作为法律顾问，对项目进行全方位的监督和必要的管理，遵循项目规范，不更改工作流程，依法依规地完成每个具体的工作环节，避免过失和疏漏。

中国肢协为项目配备专业的技能管理及服务从业人员，建立系统的档案管理模式，做到“一人一档”，从选定救助患者到康复出院及后续康复阶段，每位患者都有保存完整、翔实的电子档案信息和影像资料（签订肖像权协议），既实现自我督查，也便于上级主管单位年度项目审查。为较好地开展“重塑未来”项目，宁夏残联同样遵循中国肢协各个时间节点的工作流程管理。

主动对接 全力做好保障服务工作

2013 年底，宁夏残联获悉“重塑未来”项目有关消息后，立即安排分管领导前往北京项目实施医院进行考察，明确一名副理事长主抓项目推进，制定发布了项目筛查培训、扶残助困、宣传工作方案，在资金困难的情况下，先后安排了 20 万元项目工作经费。宁夏残疾人康复中心作为项目实施单位，主动与“重塑未来”项目办公室对接，按照规定流程开展救助对象摸底筛查、培训教育、协议签订和前往医院护送等工作。宁夏残联始终关注活动进展情况，及时督导解决活动中存在的困难和问题。

广泛宣传 精准筛选受助对象

中国肢协在宁夏实施项目过程中，组建了与宁夏残联合作的运作模式与管理框架。

中国肢协提供项目实施方案，宁夏残联协调相关市、区县、街道等相关部门，统计与项目适应症匹配的残疾人数据，精准筛选受助对象，并组织当地具备专业骨科技术的医疗团队对符合条件（根据协会和项目的制度规范）的肢残患者进行患处外观初步筛查。

寻找到最适合的受助对象是最繁琐的工作，在此过程中，宁夏残联通过广泛宣传，共组织了 4 次集中式救助对象医学筛查工作。2014 年，宁夏回族自治区固原市彭阳县残联充分利用当地电视、手机短信等宣传媒介，加大宣传组织动员力度，全县共有 100 多名肢体残疾人报名接受筛查。2018 年筛查过程中，宁夏残疾人康复中心先期组织专业人员赴五个地级市开展初筛，然后通过开通服务热线、微信朋友圈推荐、宁夏残联和宁夏义工联微信公众号推送等方式加大宣传力度，全区五市共有 432 名肢体残疾人分批次到宁夏残疾人康复中心接受了医学筛查。通过

宁夏残联组织工作人员带队赴手术治疗地，帮助受助对象接受多次手术治疗。

宁夏固原市泾源县的芦瑞通过项目的帮助，走路步态已恢复正常，2017年顺利考入中国矿业大学银川学院。她重新拥有了美好的未来。

广泛宣传，自2014年以来，宁夏残联共筛查肢体残疾人1393名，确定救助适应症患者439名。

完善运作 对接康复确保疗效

医学筛查后，宁夏残联与中国肢协共同审定符合条件的贫困肢残患者，核实贫困肢残患者的翔实情况，并进行必要的入户走访，公示受助者名单，让捐赠募集的资金用在最匹配的受助对象身上。

为确保项目顺利实施和发挥康复在手术治疗后的重要作用，宁夏残联明确由宁夏残疾人康复中心负责项目的组织实施。宁夏残疾人康复服务中心组成专门工作团队，密切配合中国肢协开展工作。2014年至2020年8月，宁夏残疾人康复中心累计投入资金160万元，为135名接受“重塑未来”手术救治的残疾人提供了免费康复服务，平均每人得到3个月的康复服务，最长的得到了6个月的康复服务。宁夏残疾人康复中心还为剩下的其他救助对象提供了不同形式的居家康复指导服务，确保了项目实施效果。

跟踪服务 让受助者感受更多温暖

除常规开展贫困肢体残疾人免费救治工作外，中国肢协还从多个方面探索服务残疾人的途径，与地方残联共同研究制定《“重塑未来”慈善公益项目救助与帮扶贫困肢残人协议》，与救助对象签约。在救助对象接受救治康复返乡后，当地残联和肢协将依据协议，结合救助对象的劳动意愿和劳动能力，向其本人或家庭提供就业和扶贫开发、小额免息贷款等方面的政策扶持和服务。

宁夏残联分管领导、相关业务部室、宁夏残疾人康复中心多次就“重塑未来”项目救治对象手术治疗、术后康复、学习工作、就业创业、脱贫增收等方面情况开展调研和帮助，多次组织人员赴北京、西安等地手术治疗单位慰问救治对象，帮助60多名受助对象接受了多次手术治疗，并帮扶一些受助者发挥丝绫堆画技能特长，积极开展残疾人职业技能培训工作。他们还协调两名救治对象亲属参与“重塑未来”前期筛查和宁夏救治对象住院管理工作，增加其劳动收入，帮助其家庭摆脱贫困。他们还督导有关县（区）残联，优先给救治对象落实相关惠残政策，开展跟踪帮扶工作，改善救治对象的学习、工作、生活状况。

多元传播 凝聚社会力量助残

宁夏残联按照中国肢协的要求，制定了“重塑未来”项目的宣传工作方案，并切实抓好落实，争取宁夏电视台支持，在《百姓健康》栏目举办了“慈善未来”慈善公益活动中国行·关爱宁夏专访，协调宁夏电视台派记者随救助对象赴北京进行跟踪报道，制作并播报了两条电视消息，争取宁夏主流媒体支持，加大“重塑未来”慈善公益活动中国行·关爱宁夏捐赠仪式等重大活动的报道力度，在社会上引起了一定反响。在2016年“大爱无疆－重塑未来”大型公益慈善活动宁夏吴忠启动仪式上，现场有多名企业家以不同方式奉献出了爱心。

成 效

中国肢协发起的“重塑未来——贫困肢残儿童手术矫治康复”公益项目自2013年到2020年5月，在全国共救助517名贫困家庭青少年肢体残疾人，其中宁夏回族自治区有234名（305人次）救助对象及时得到了手术救治，占到全国总救助人数的45.3%。截至2020年7月，宁夏130名受助对象已经达到了预期的治疗效果，能够和健全人一样正常生活学习了，50名救治对象残疾程度得到明显减轻，54名救治对象还需再接受相关治疗和康复。

宁夏回族自治区固原市泾源县六盘山镇蒿店村的芦瑞，2014年手术救治时15岁，是宁夏育才中学高中二年级学生。她四岁时因车祸腿部受伤，影响发育，导致右下肢短缩6公分，并伴右足畸形下垂。经过手术治疗和康复锻炼，她右下肢延长了6公分，右足畸形也矫正放平，走路步态已基本恢复正常。2017年，她顺利考入中国矿业大学银川学院，如健全人一样正常生活学习，再也不需要家人护理其上学了。回忆起过去那些艰难的日子，她说：“如果腿没治好，现在的我可能已经嫁人，做了普通的农村妇女，带着一堆娃。”大学生活让她重新拥有了美好的未来。

宁夏回族自治区银川市兴庆区月牙湖乡的田彦梅，回族，患双足马蹄内翻畸形，曾接受过两次手术治疗，效果不明显，走路用脚尖触地，经常摔跤。2014年，上初中三年级的她接受了“重塑未来”项目的手术救治，双足畸形已矫正，步态得到根本改善，可以平稳走路了。她的父亲看到孩子的治疗效果这样好，主动成为项目的助残志愿者和活动宣传员，四处寻找救助适应症患者，义务摸底筛查了20多名救治对象。

四 如何以辅具适配实现康复扶贫

背 景

辅助器具是改善、补偿、替代人体功能和实施辅助性治疗以及预防残疾的产品。辅具器具适配和服务对残疾人脱贫攻坚意义重大。党和政府历来重视推动残疾人辅助器具工作，在残疾人事业“五年规划”以及每一个残疾人事业“五年计划”的具体实施方案中，都把残疾人辅助器具适配和服务工作列为重要内容。2016 年 10 月国务院印发《关于加快发展康复辅助器具产业的若干意见》，对我国康复辅助器具产业的发展作出全面部署，为残疾人辅具适配和服务工作提供了强有力的政策支撑。各地在国家政策的支持下，主动作为，积极行动，探索辅具适配和服务工作的新模式和新方法。

2018 年 6 月，《中共中央 国务院关于打赢脱贫攻坚战三年行动的指导意见》印发。《意见》在“集中力量支持深度贫困地区脱贫攻坚”中明确提出：“深入实施‘福康工程’等残疾人精准康复服务项目，优先为贫困家庭有康复需求的残疾人提供基本康复服务和辅助器具适配服务”。

实施好“福康工程”项目，有利于聚焦贫困残疾人精准脱贫，切实解决“因残致贫”问题；有利于用好彩票公益金，充分发挥民政部门在脱贫攻坚中的兜底保障作用。2019 年，民政部制定《“福康工程”项目实施管理办法（试行）》，对“福康工程”项目实施主体、内容、资金使用范围、定点服务机构、组织流程、财务结算、档案留存、监督管理等做了明确规定，使其成为真正惠及残疾人的民生实事工程。

案例 10

保基本、广覆盖、求实效

——陕西省宝鸡市陇县残疾人辅具适配与服务

做 法

陇县辖 10 个镇 104 个行政村，人口 27.3 万，持证残疾人 10161 人，建档立卡贫困残疾人有 5035 人。自 2017 年 5 月，陇县被陕西省残联确定为全省残疾人精准康复服务行动试点县以来，陇县残联以精准康复服务为引领，残疾预防、康复服务、辅具适配和其他配套服务一体化协同推进，残疾人事业各项工作取得了长足发展，残疾人辅具适配与服务连续 4 年保持动态全覆盖。

辅具适配与服务工作是残疾人精准康复服务工作的重要内容。陇县残联以残疾人精准康复服务为抓手，着力整合部门资源，落实残疾人精准康复政策性保障，把精准康复工作与健康扶贫工作相结合，将辅具适配与残疾预防、康复服务一体化推进，坚持需求导向，以“保基本、广覆盖、求实效”为基本原则，以普通型、大众化辅助器具为主，重点解决残疾

家庭医生入户为残疾人提供签约服务，同时调查残疾人对辅助器具的需求情况。

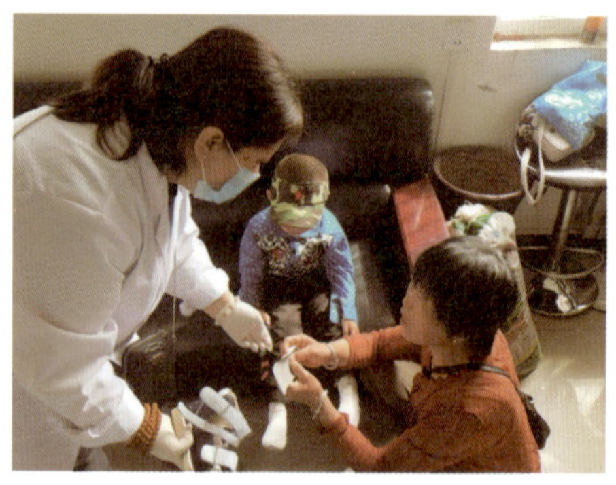

残疾儿童在陇县残疾人康复中心进行康复训练。

人最迫切的辅助器具需求，同时积极推广个性化辅助器具适配服务。

准确掌握残疾人需求信息

为了准确了解不同类别残疾人对辅具的需求，陇县残联一方面规定各乡（镇）、村残疾人专职委员每周一上午坐班，负责处理本辖区内残疾人日常事务，其中包括对残疾人辅具服务的需求和现状进行了解和记录，另一方面借助残疾人家庭医生签约服务的开展，通过签约医生收集了解残疾人对辅具的需求。同时，依据残疾人数据动态更新系统，调查有辅具需求的残疾人。

建立合适的工作流程

陇县残联建立与基层残疾人辅具适配与服务工作需求合适的工作流程，规定各乡（镇）专职委员每周召开例会，对接待事项进行梳理总结，并形成工作计划，上报镇残联分管领导；各镇残联负责入户将本辖区有辅具需求的残疾人走访一遍，在充分尊重残疾人意愿的前提下开展全程代办服务，并将走访情况以总结形式上报县残联；县残联针对各镇上报的问题给予及时反馈，积极争取陕西省和宝鸡市康复项目支持，用足用活精准康复服务政策和专项资金，在保障基本型辅具需求的基础上，满足各类残疾人不同的个性化需求。

扩展辅助器具来源

陇县残联通过争取国家彩票公益金、残疾人福利基金会善款和爱心企业捐赠，结合残联自筹资金购买和残疾人有偿购买等方式，全面推进残疾人辅助器具适配服务工作，为有需求的残疾儿童和持证残疾人提供精准康复服务，保障残疾人得到普遍的、有效的辅助器具适配。

陕西省辅具中心技术人员为陇县残疾儿童适配矫形器。

加强工作考核

陇县残联按照精准康复服务行动考核要求，采用制度监管、残联等职能部门监控、上门检查和家长监督等多种形式，对辅具器具适配与服务工作进行跟踪监管。陇县残联会同各镇残联建立定期通报与定期随访制度，对全县辅具适配情况进行抽查，建立残疾人辅具适配服务数据库，定期通报签约团队指导辅具工作成效情况以及残疾人适配辅具后脱贫增收的典型案例。

辅助器具适配全覆盖

陇县残联争取陕西省残联和宝鸡市残联的支持，为全县 17 个乡镇卫生院、165个村卫生室配备基本型康复器械1990件，让残疾人在家门口就可以享受辅具锻炼；为全县三大医院投放免费爱心轮椅，供孕妇、老人及行动不便的残疾人使用；依托陇县残疾人康复中心，投入50万元购置先进康复设备，帮助重度肢体残疾人康复训练；在各村（社区）公共服务中心实行“共享辅具”计划，为每个行政村（社区）投放1-3套基本型辅具，作为公共资源，供大家使用。

成 效

2018-2020年，陇县残联依据各种渠道收集到的残疾人辅具需求信息，为各类残疾人累计发放辅具3000件，并通过家庭医生定期随访，指导辅具使用方法，实现了辅具适配与服务动态全覆盖。在辅助器具的帮助下，很多残疾人改善了身体功能，提高了生活质量，减轻了家人的照护负担，为家庭就业增收创造了有利的条件。

陇县东南镇牙科村残疾人杨晨，是肢体一级残疾人，23岁的他整天躺在床上。2013年，杨晨享受到国家彩票公益金重度残疾人辅助器具适配服务，适配辅具包括：护理床、防压疮床垫、高靠背轮椅、起身绳梯、床上餐桌、体位变换靠垫、坐便椅等。在辅具的帮助下，杨晨可以独立翻身，自主进食了，辅具的适配不仅让杨晨可以独立翻身、自主进食，防压疮床垫的保护也让他免受压疮的折磨。他爸爸可以放心出去工作，妈妈也可以从中解放出来干点零活，整个家庭不仅经济压力大大减轻，家庭氛围也变得融洽快乐起来，他们对未来充满希望。

陇县东风镇梨林川村的苏雨婕，11岁，患有脑性瘫痪。她从3岁开始使用陕西省残疾人辅助器具中心提供的免费矫正鞋，每年免费更换一次。家庭医生签约团队每季度上门指导她进行适应性功能训练，引导她独立行走。在辅具的帮助下，苏雨婕坚持康复训练。原来肢体残疾一级的小雨婕穿上矫正鞋，在助行器和家人的帮助下可以短距离行走了。

点评

“一人健康是立身之本，人民健康是立国之基。”没有全民健康，就没有全面小康，保障人民群众身体健康是全面建成小康社会的重要内涵。自中共十八大以来，国家层面在实施“健康中国”战略中高度重视和关注每个残疾人的健康问题，努力实现残疾人“人人享有康复服务”的目标。

康复服务是中国残联自成立以来大力推进的健康扶贫项目。从20世纪90年代开展的“三项康复”到现在的“健康快车”“重塑未来”“辅具适配”等，中国政府特别关注农村贫困残疾人医疗卫生服务状况，1000余万贫困白内障患

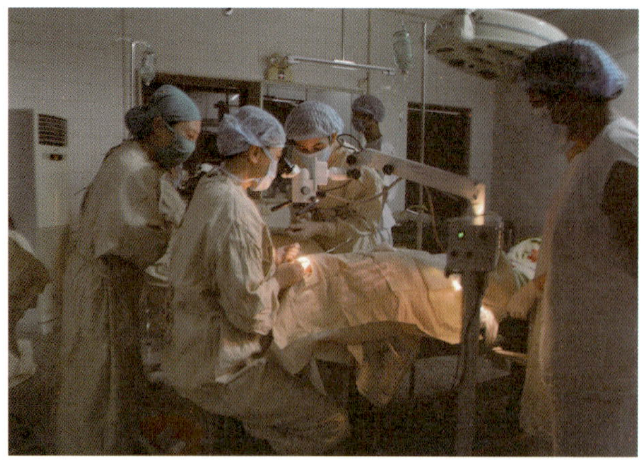

正在进行中的白内障复明手术。

者复明，全国9个省（区、市）建立了残疾人辅助器具补贴制度，减轻了残疾人家庭经济负担。随着健康扶贫工程深入推进，医疗服务种类越来越多，我国贫困地区残疾人享受到更多优质便捷的医疗卫生服务。

康复扶贫项目也在推动解决因残致贫家庭突出困难的长效制度建设，《着力解决因残致贫家庭突出困难的实施方案》和《医疗保障扶贫三年行动实施方案（2018-2020年）》，将农村贫困残疾人纳入基本医保、大病保险、医疗救助范围，充分发挥三项制度综合保障作用，切实提高建档立卡贫困残疾人医疗保障受益水平。国务院2018年6月发布《关于建立残疾儿童康复救助制度的意见》，正式建立残疾儿童康复救助制度，更全面更可持续地保障残疾儿童的基本康复权利，贫困残疾人家庭无障碍改造则在康复扶贫基础上，打通了脱贫攻坚“最后一公里”，为贫困残疾人外出就近就业创造了条件，践行了“人民健康是民族昌盛和国家富强的重要标志”的承诺。

第三章 居家改造 消除障碍

不断满足人民群众对美好生活的需要，必须保护好残疾人权益，残疾人事业一定要继续推动。你提到的无障碍设施建设问题，是一个国家和社会文明的标志，我们要高度重视。

——2020 年 9 月 17 日习近平在湖南考察并在长沙主持召开基层代表座谈会，听取了全国脱贫攻坚奖奋进奖获得者杨淑亭代表残疾人群体的发言后讲话（新华社长沙 2020 年 9 月 20 日电）

贫困重度残疾人家庭无障碍改造如何做

背 景

2012年国务院颁布《无障碍环境建设条例》，2015年、2016年国务院出台的《关于加快推进残疾人小康进程的意见》《“十三五”加快残疾人小康进程规划纲要》均对残疾人家庭无障碍改造提出明确要求，中央彩票公益金给予专项支持，各地积极采取措施，争取经费投入，规范残疾人家庭无障碍改造内容。

中国残联制定下发《关于做好贫困重度残疾人家庭无障碍改造工作的通知》等政策标准，通过会议、调研督导等多种形式指导各地切实推进将贫困重度残疾人家庭无障碍改造纳入党委政府工作大局，整合资源，形成合力，扩大贫困重度残疾人家庭无障碍改造覆盖面。据全国残疾人基本服务状况和需求动态更新数据统计，2016年—2019年，全国共完成残疾人家庭无障碍改造435万户，其中包括55万贫困重度残疾人，残疾人家庭无障碍改造覆盖率从2017年的9.6%提高到2019年的40.7%。

做好建档立卡重度残疾人家庭无障碍改造工作，是落实党中央国务院《关于打赢脱贫攻坚战三年行动的指导意见》的重要内容，是解决残疾人有别于健全人的特殊困难和需求的具体举措，是残联助力脱贫攻坚工作的一个重要特色。

案例 11

纳入公共服务大局“五化”扩大覆盖面

——陕西省贫困重度残疾人家庭无障碍改造工作实践

做 法

陕西省有残疾人 249 万，其中持证残疾人 138.7 万，建档立卡贫困残疾人 41.2 万人。开展残疾人家庭无障碍改造，是保障残疾人基本民生、确保贫困残疾人“两不愁、三保障、两扩面”的重要内容。在推进残疾人脱贫攻坚的过程中，陕西省将残疾人家庭无障碍改造纳入基本公共服务和脱贫攻坚工作大局，省政府连续多年将贫困重度残疾人家庭无障碍改造列入为残疾人办好十件实事的清单。省级有关部门在脱贫移民搬迁、危房改造等工作中均将无障碍建设作为重要内容同步部署、同步实施。

坚持纳入大局 明确工作目标

陕西省政府制定了《“十三五”加快残疾人小康进程规划纲要》《陕西省推进基本公共服务均等化规划》等指导性文件，将残疾人家庭无障碍改造纳入基本公共服务，并对贫困重度残疾人家庭无障碍改造做出要求。《陕西省贫困残疾人脱贫攻坚行动计划（2016—2020 年）》和《扎实推进助残脱贫实施方案》更明确强调将贫困重度残疾人家庭无障碍改造的任务目标纳入脱贫攻坚考核指标。党和政府的重视，制度机制的健全，各级有关部门的通力协作，为陕西省贫困重度残疾人无障碍改造工作开展提供了有力支撑。

为了实现精准施策，陕西省残联加强对残疾人基本服务状况和需求信息数据动态更新结果的运用，将残疾人基本服务状况和需求信息动态

“十三五”期间陕西省累计投入资金1.12亿元，连续多年将贫困重度残疾人家庭无障碍改造列入为残疾人办好十件实事的清单，更明确强调将贫困重度残疾人家庭无障碍改造的任务目标纳入脱贫攻坚考核指标。

更新数据与扶贫、民政等部门数据综合对比，整理出全部有需求贫困重度残疾人名单，由基层残联逐一核实。在综合分析和对接中国残联有关要求的基础上，明确提出“到2020年基本解决贫困重度残疾人家庭无障碍改造需求”的任务目标，并强调要“不断改进工作方式、不断创新工作方法、不断提升工作效能，高质量完成目标任务，切实满足残疾人需求、切实解决残疾人家庭困难、切实助力残疾人家庭脱贫”。

坚持“五化”思路 扎实有效推进

在工作中，陕西省严格落实中国残联要求，结合本省实际，探索形成了以“梯次化推进，标准化评估，专业化改造，信息化管理，全程化监管”为主要内容的家庭无障碍改造工作思路。

一是梯次化推进。将需求名单下发各地，根据各地任务总量和实际水平，实行分类指导、重点保障。其中，市辖区和经济较好的县率先完成任务；经济较落后的县，由省、市重点投入，优先满足重度肢体、视力、多重残疾人需求，优先解决一户多残家庭困难，优先提供残疾人家庭急需的改造内容，倒排计划、逐户对账，确保全省能够如期完成任务。

残疾人家庭无障碍改造除了地面坡道、卫生间、厨房改造外，还包括为聋人家庭安装闪光门铃，为盲人家庭安装读屏软件等。

二是标准化评估。为了解决改造内容雷同、不贴合残疾人家庭实际等问题，陕西省将需求评估作为重点环节，组织制定了《陕西省残疾人家庭无障碍改造服务目录》《陕西省残疾人家庭无障碍改造服务需求评估标准》，结合各类残疾人的功能障碍，共明确了45项基本改造内容。需求评估标准采用量表的形式，改造内容同残疾人的功能障碍、家庭环境一一对应，明确改造内容适用条件，尽可能减少人为自由裁量。

三是专业化改造。将培训作为提升专业服务能力的有效途径，结合工作实际需要，组织残联和服务机构工作人员，以需求评估方法、无障碍建设标准、施工规范作为主要内容进行培训。将工作人员是否接受过专业培训作为购买服务招标的一项评价内容，激发服务机构提升专业化水平的动力。

陕西省结合本省实际，探索形成了以“梯次化推进，标准化评估，专业化改造，信息化管理，全程化监管”为主要内容的家庭无障碍改造工作思路，贫困重度残疾人家庭无障碍改造工作大幅减轻了残疾人家庭的照护负担。

厨房改造前后对比图。

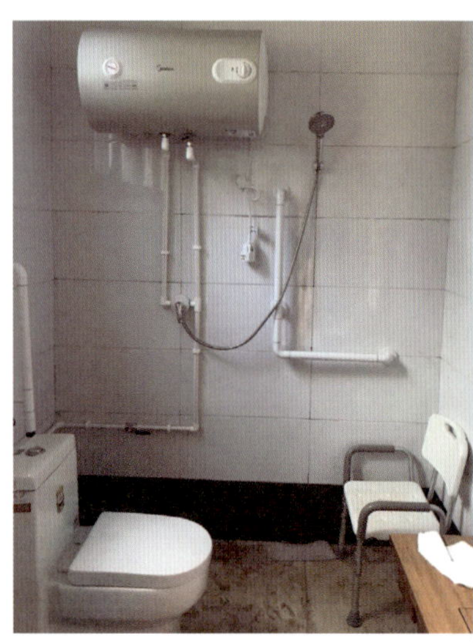

卫生间改造前后对比图。

四是信息化管理。组织开发了包括手机 App 和管理平台两部分构成的陕西省残疾人家庭无障碍改造管理系统。工作人员使用手机 App 进行评估，按照提示填写残疾人功能和家庭环境状况，软件会自动按照需求评估标准匹配出需要的改造内容。管理平台即时接收手机 APP 的工作结果，同时提供各类统计、报表等功能。省、市、县三级残联管理人员利用管理平台，随时查看工作情况，提高了管理的实效性和工作效率。

五是全程化监管。严格施行需求评估、改造施工相分离制度，即承担需求评估的服务机构不得承担改造施工，并且要求机构之间不能存在关联关系。组织制定了《陕西省残疾人家庭无障碍改造验收规程》，明确验收方法和标准。要求必须由残联或残联指定的第三方机构按照规程规定对全部改造施工内容进行验收，同时上级残联每年度都会按照一定比例进行抽查。充分发挥管理系统能即时获取工作信息的优势，各级残联利用管理系统随时检查工作质量，发现问题即时要求整改，变事后检查为事中监管，加强对每一环节的掌控，随时掌握信息、改进工作。

坚持多元筹措 强化资金保障

陕西省残联协调省财政支持，共同印发《陕西省贫困重度残疾人家庭无障碍改造实施方案》，将改造资金列入残疾人就业保障金支出范围，并随工作需要不断加大投入力度，“十三五”期间陕西省累计投入资金1.12亿元。在具体工作中，加强资金统筹，强调根据残疾人家庭实际需求确定改造内容，分户计算投入，严戒将中央、省级补贴资金标准简单等同于每户改造资金投入标准，以避免出现为了达到资金使用限额而故意增添非必要改造内容的现象，力争节约使用，尽可能扩大服务覆盖。

成 效

陕西省“十三五”期间总共为3.8万户贫困残疾人家庭提供改造服务，基本解决了贫困重度残疾人家庭无障碍改造需求目标，大幅减轻了残疾人家庭的照护负担，提升了贫困残疾人的生活尊严，增强了他们自强自立勇于脱贫的信心。家庭无障碍改造，已经成为助推残疾人脱贫解困的有力抓手，成为党和政府及残联组织与残疾人的连心工程。

案例 12

脱贫攻坚送温暖 无障碍改造暖人心

——陕西省延安市子长市、河南省信阳市新县家庭无障碍改造工作实践

做 法

如何使贫困重度残疾人家庭无障碍改造更加精准有效，陕西省延安市子长市、河南省信阳市新县提供了很好的样本。子长市有各类残疾人15105人，全市共录入贫困残疾人无障碍改造需求485户。新县有各类残疾人2.56万人，建档立卡贫困残疾人4105人，录入贫困残疾人无障碍改造需求840户。子长、新县两地于2019年完成贫困重度残疾人家庭的无障碍改造工作，中国残联先后在子长、新县召开全国贫困重度残疾人家庭无障碍改造现场会，推介其典型经验。

强化保障 重抓质量

党的十八大以来，陕西子长市把贫困残疾人脱贫攻坚纳入全市脱贫攻坚大局，将贫困重度残疾人家庭无障碍改造纳入全市经济社会发展全局，做到统一规划、统一实施、统一验收，与全市重大民生工作同部署、齐推进。市委常委会、市政府常务会定期召开专门会议研究部署残疾人家庭无障碍改造工作，形成了“党委领导、政府负责、社会参与、残联组织协调”的工作格局。坚持把无障碍改造工作作为每年为全市残疾人办好“十件实事”之一和改善残疾人居家环境、提高残疾人生活质量的重要抓手，先后出台子长市《促进残疾人事业发展实施意见》《残疾人无障碍改造实施方案》等系列政策文件，有力推动无障碍改造工作与残

疾人事业协同发展。全方位、广覆盖地对家庭无障碍改造政策进行宣传，树立了无障碍设施方便残疾人日常生活的观念。按照村摸底、镇上报、市审核、第三方评估施工的工作思路，扎实推进残疾人家庭无障碍改造工作。根据每户不同残疾类别残疾人的残疾状况、需求与居住环境，从严、从细、从实选定改造对象，评估、确定改造项目，明确改造标准，科学制定改造方案，逐户施工安装。

科学把脉 精准适配

分门归类，因人施策。第一，陕西子长市有肢体残疾人 5183 人，根据残疾程度、活动范围及本人意愿，残联制定专业化、个性化的改造方案，着重对厨房、浴室、卧室、卫生间等重点部位的基础设施进行改造，铺设防滑砖、安装洗浴椅（扶手、护栏）、发放护理床（轮椅）等，保障残疾人畅通进出厨房、卫生间。特别是对三级以上中重度肢体残疾人家庭不设改造标准限制，如扶手之类，根据残疾人身高进行定制配备。第二，在视力残疾人主要活动场所铺设盲道或提示盲道，安装扶手、语音对讲门铃或盲人读屏软件，架设自来水、改装电器声控开关，以及配

贫困重度残疾人家庭通过无障碍改造，实现了居家康复训练。

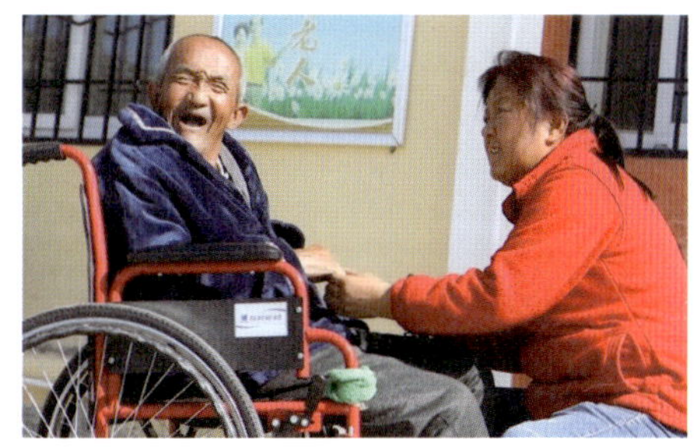

如何走出家门，曾经困扰着贫困重度残疾人。家庭无障碍改造帮他们实现了这一梦想。

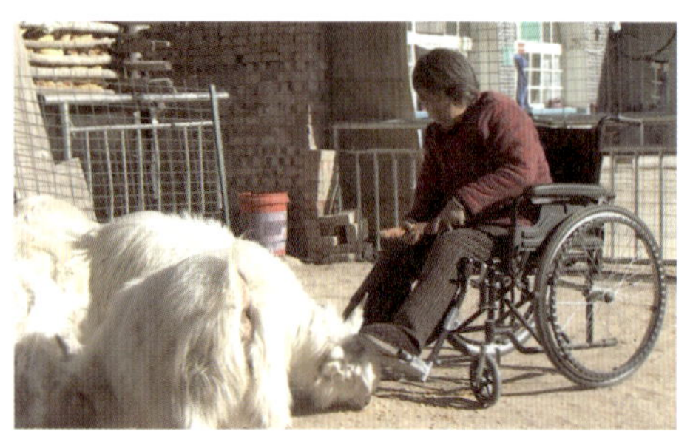

陕西子长吴家坪村的张志军一家通过无障碍改造，靠种养殖走上了脱贫增收的道路。

陕西子长为贫困重度残疾人家庭院内路面硬化、安装不锈钢直线扶手，并配备了坐便椅、轮椅，进一步改善了护理设备和康复条件。

置具有语音提醒功能的生活用品。第三，为听力残疾人房屋安装闪光门铃(或可视门铃),配置闪光开水壶、振动闹钟等无障碍生活用品等。第四，根据智力或精神残疾人残疾程度、本人（监护人）意愿等实际，改造其家庭室内电源线路,使用电源保护套,安装安全防护网,配置密码刀具等。

河南新县依据家庭无障碍改造设计规范，入户模拟体验残疾人生活场景，然后根据不同类型的残疾人特点，分别进行改造施工和辅助器具的配备安装，从而保证残疾人的基本生活。

加大投入 提标扩面

中央彩票公益金安排的残疾人家庭无障碍改造补助资金，按照各地需求、财力和绩效等因素进行分配。2016 年至 2020 年，陕西子长市共实施残疾人家庭无障碍改造 2535 户，其中中央彩票公益金投入资金 38.85 万元，省级财政投入资金 39 万元，延安市投入资金 79.15 万元，子长市本级投入资金 50 万元，残疾人改造户达到零投入。

2018 年全国贫困重度残疾人家庭无障碍改造现场会在河南省新县召开以后，在保持力度不减、政策不变、责任不松的情况下，对已实施无障碍改造的家庭逐一开展“回头看”。“回头看”的工作主要是以下两点：第一，河南脱贫攻坚指挥部和省残联组织开展贫困重度残疾人家庭无障碍改造“回头看”，主要看建档立卡贫困重度残疾人是否有遗漏，新增贫困残疾人是否纳入改造范围；第二，查看残疾人的无障碍设施有无损坏、有无新的需求。

提标是指在改造过程中，河南省新县严格按照《无障碍设计规范》（GB 50763-2012）中的要求实施，轮椅坡道宽度及坡比、扶手高度及材质等必须完全符合国家标准，确保改造的实用性。并增加智能单品、新型材料无障碍产品的配置比例。同时扩大改造范围，推动无障碍改造向非建档立卡重度残疾人家庭延伸，确保有改造需求的重度残疾人出现一户、改造一户。在此基础上，把无障碍改造融入基础建设、融入服务配套、融入厕所革命，实现新县县城和集镇主干道盲道全覆盖，公共空间坡化全覆盖。

成 效

2016 年至 2020 年，陕西子长市全面完成 2535 户重度残疾人家庭无障碍改造（其中工程改造 389 户）。已累计投入 207 万元，对 3535 户贫困残疾人家庭实施了无障碍改造，其中硬化轮椅通道 611.39 平方米、台阶坡化 117.9 立方米、安装不锈钢护栏 331.5 米、扶手 247.2 米、低位灶台 422.29 米，适配轮椅、坐便椅、助行器与安装门铃、电磁炉等生活辅助器具 2320 件，从根本上改善了残疾人家庭的生活条件，让他们过上了“行得通、出得去、能如厕”的便利生活。

2014 年至 2020 年，河南新县实施改造项目 5800 余个，配备辅助器具 5300 余件，完成改造 2365 户（其中建档立卡贫困重度残疾人 1670

户）。225 座旅游公厕无障碍厕位全覆盖。

无障碍改造改的看似是设施，实则改善了残疾人生活、改出了他们的自信。公共空间无障碍改造为贫困残疾人及其家庭成员外出就近就业创造了条件，为重度贫困残疾人解困提供了保障。

家住陕西子长吴家坪村的张志军一家是建档立卡贫困户，他的妻子肢体二级残疾，并伴有智障，生活无法自理。2018 年张志军又得了喉癌，手术后不能发音，失去说话功能，突如其来的打击让一个本就不富裕的家庭陷入了水深火热之中。为了帮助二人更好地康复，提高生活自理能力，2019 年，子长市残联对张志军家庭实施了无障碍改造，进行了橱柜改造、院内路面硬化、安装不锈钢直线扶手，并配备了坐便椅、轮椅，进一步改善了护理设备和康复条件。在残联的帮助下，张志军和妻子对生活重新燃起了希望，2019 年，他家养了一百多只鸡，二三十只羊，建了两个蔬菜拱棚……夫妻二人借助政府的帮扶，凭着一股能吃苦、肯钻研的劲头，走上了增收路。

河南新县千斤乡戴湾村的文化广场，虽然面积仅有 1.8 亩，但“麻雀虽小，五脏俱全”。广场上不仅设有文化戏台、康复健身器械，12 个出口还全部进行了防滑坡化处理，广场周边的主要道路上全部铺设了盲道。在广场旁边的公共卫生间里，墙体上均已加装了扶手，卫生间也预留了无障碍厕位以方便残疾人如厕。在戴湾村戴湾社区的工疗车间里，目前已有 20 余名贫困残疾人因为此处便利的无障碍设施而来此就业，他们通过手机配件装配等工作，每人每月能取得 1800 元左右的收入，基本实现了稳定脱贫。

案例 13

“一户一册”差异化设计 助无障碍效果最大化

——河北省南皮县家庭无障碍改造工作实践

做 法

河北省沧州市南皮县委县政府将残疾人家庭无障碍改造工作纳入全县重点工作任务进行督导部署，成立残疾人家庭无障碍改造工作小组，制定实施方案，明确目标任务，以一名县委常委具体抓，专人负责的形式，实施改造工作。

党委政府重视 纳入民心工程

河北省制定《2020 年 20 项民心工程专项实施方案》，在《残疾人服务工程实施方案》中，明确农村危房改造中要同步考虑残疾人家庭无障碍改造，确定针对性、实用性、可操作性原则，通过政府购买服务、动员社会力量支持等多种形式，为 1 万户贫困残疾人家庭实施无障碍改

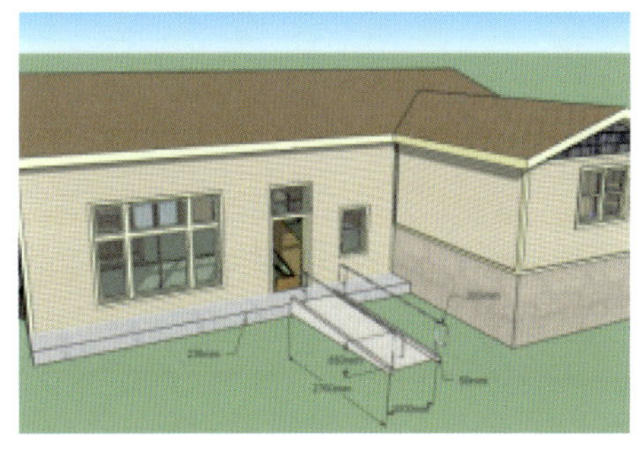

南皮县小迪家无障碍改造设计图纸和正门口坡道改造后场景。

施工前，施工方与参与改造的每一户贫困户签订同意书，明确改造方案。

施工团队从几户小范围试点改造，查验效果，总结经验，改进不足，最后组织全面施工。

造。

沧州市南皮县结合市级制定的专项方案，确定民心工程事项，稳抓落实。同时，南皮县作为中国残联的定点扶贫县，中国残联维权部全程指导和监督贫困残疾人居家无障碍环境改造项目的实施。

确定需求 差异化制定方案

南皮县采取入户调查和电话调查相结合的方式，了解残疾人家庭无障碍改造的实际需求，根据需求筛选改造内容，确定残疾人家庭无障碍改造人员名单；并按照经济适用的原则，量体裁衣制定合理的改造方案，“一户一册”做好资料收集和建档工作。

确定目标 汇聚社会力量参与

社会力量参与是南皮县残疾人无障碍改造工作的亮点。长江商学院32期2班学员定向捐赠南皮县贫困残疾人家庭无障碍改造资金，南皮县本地社会组织——爱心协会成为项目承接方。项目首先明确目标是“改造一户，解放一家”，按目标选定改造户范围为16至60岁农村贫困重度肢体残疾人。南皮县委县政府逐一与各乡镇沟通，在初步摸排基础上，提供了30余户候选名单，并逐户上门初筛，确定10余户建议名单。捐赠方再逐户走访，最终确定11户改造名单。

中国残联邀请无障碍改造专家为每户勘察测量，设计家庭无障碍改造方案并与改造户反复沟通、修改方案。因无障碍改造“一户一案”，施工成本增加，南皮县委县政府协调施工团队，落实南皮县成泰建筑劳务有限公司以承担政治任务的标准和做公益的心态推进项目施工。

施工团队进行了施工前的业务培训，熟悉残疾人家庭无障碍改造标准，先从几户开始小范围试点改造，查验效果，总结经验，改进不足，最后组织全面施工，让无障碍改造切实落到实处。

成 效

“十三五”期间，南皮县共计为405户贫困残疾人家庭实施了无障碍改造，明显改善了残疾人的家庭生活。

南皮县潞灌乡东唐家务村的小迪，7年前因病半身不遂，媳妇也离家出走。7年来，他没出过家门，没对自己的儿子说过几句话，没和照顾自己的母亲有情感上的沟通。2019年南皮县残联对其家庭进行了无障碍改造。家门口的两级台阶被改造成长4米、宽2米的水泥坡道；厨房安装了不锈钢移动式低位灶台以及4排扶手。整个居家环境没有了障碍，小迪的生活也有了很大的改观。现在不仅可以坐轮椅去烧水做饭，还在当地党委政府的协调下，有企业送件上门，让他能在家焊接小型变压器，按件计酬有了收入。小迪的心态也发生了明显变化，村里人都说：“哎，小迪出来了！”他说：“7年了，对不起家庭，对不起儿子。以前不和儿子说话，是真的看不到希望。现在我能工作，我能养活他了。”

南皮县小丽家卫生间改造前后对比图。

刘八里乡的二级肢体残疾人小丽，一家三口，母亲患有精神病，只有父亲是健全人。以前见过小丽的人，总是发现她脸上没有任何表情，让人误以为她不会说话。2019年南皮县残联对其家庭进行了无障碍改造。路面硬化、门口坡化、厨房里安装了低矮的柜子，崭新的无障碍卫生间里安装抓杆和坐便器等。环境的改变，也让经历19年轮椅生涯的姑娘像变了一个人。以前在床上如厕、“好像永远出不去了”的小丽，如今能在屋里屋外自如穿梭，而且还能自己做饭了。说起改变，她说因为家里无障碍了，行动自由了，她的心就活了，也想像健全人那样走出家门，为社会做一些有益的事情。她开始谋划新的人生计划，想着“什么技能我能学会，不然19岁了我还不知道自己人生该怎么办呢”。

同时，政府购买服务、第三方机构承接政府或公益项目的新工作模式也在南皮县逐步形成，南皮县本地的社会组织——爱心协会得到了锻炼，本地无障碍改造施工团队通过干中学、学中干，成了南皮县一支能够独立完成无障碍改造的专业队伍。

点评

无障碍环境建设是残疾人融入社会的基本条件，是社会文明进步的重要标志。对于重度残疾人而言，家庭无障碍改造不单单是环境的改造，更是自信心的重建。从河北省南皮县刘八里乡残疾人小丽家庭无障碍改造前后精神状态的变化，我们就能看到这一点。

中国残联将残疾人家庭无障碍改造列为助力脱贫攻坚的一项重要内容，指导地方将残疾人家庭无障碍改造纳入政府为民办实事等民生工程；编制《残疾人家庭无障碍改造工程服务承接机构准入标准（试行）》《政府购买残疾人家庭无障碍改造服务规范和服务标准（试行）》《政府购买残疾人家庭无障碍改造服务评价标准（试行）》，为各地开展改造工作提供参考依据；开发残疾人脱贫攻坚服务地图移动端APP，将残疾人家庭无障碍改造应用和操作列入其中；编辑《地方残疾人家庭无障碍改造成果及案例》，汇集27个省市成果经验，陕西省及其子长市、河南省信阳市新县的做法和经验为全国各地推进建档立卡贫困重度残疾人家庭无障碍改造工作提供了重要参考。

残疾人家庭无障碍改造减轻了残疾人家庭照护负担，解放了家庭劳动力，提高了残疾人生活质量，该项目在2019年“国务院扶贫办关于反馈脱贫攻坚重要政策措施分工任务落实情况第三方评估”中获得好评。

第四章

教育扶智 文化筑志

治贫先治愚，扶贫先扶智。教育是阻断贫困代际传递的治本之策。

贫困地区教育事业是管长远的，必须下大气力抓好。脱贫攻坚期内，职业教育培训要重点做好。一个贫困家庭的孩子如果能接受职业教育，掌握一技之长，能就业，这一户脱贫就有希望了。

——2015 年 11 月 27 日习近平在中央扶贫开发工作会议上的讲话（《习近平关于社会主义经济建设论述摘编》，中央文献出版社 2017 年版）

一 如何创新发展特殊教育

背 景

教育是保障残疾人摆脱贫困、共享改革发展成果、共同迈入小康社会的重要保障和必要条件，也是残疾人获得尊严、实现价值、改变命运的根本途径。

党的十八大以来，随着经济社会的发展进步，特殊教育事业越来越得到各级党委政府的高度重视和全社会的广泛关心，各级政府特殊教育保障力度之强、投入之大更是前所未有。

2019 年数据显示，中央财政每年安排 4.1 亿元中央特殊教育专项补助款，支持全国独立设置的特殊教育学校和招收较多残疾学生随班就读的义务教育阶段学校改善办学条件、建设特殊教育资源中心（教室）以及开展医教结合、送教上门服务等。同时，特殊教育生均公用经费拨款标准大幅提高。截至 2020 年 8 月，特教学校和随班就读学生生均标准为 6000 元以上，达到普通学生的 6-8 倍。这一政策已经纳入义务教育经费保障机制。

同时，残疾学生资助体系逐渐完善。学前教育阶段，将残疾儿童接受学前教育纳入“幼儿资助”范围，并积极引导和鼓励残疾儿童接受普惠性学前教育。在义务教育阶段，残疾学生从 2017 年起全部享受免除学杂费和免除教科书费用政策，对家庭经济困难的寄宿残疾学生补助生活费，同时针对残疾学生特殊需要，统筹资源倾斜支持，提高补助水平。高中教育阶段，家庭经济困难的普通高中残疾学生从 2017 年起普遍享受免除学杂费政策，中等职业教育残疾学生享受免学费政策和国家助学金。基本实现家庭经济困难的残疾学生从义务教育到高中阶段教育12年免费教育。北京、江苏、辽宁、广东、福建、宁夏等省区市已实现或在“十三五”期间实现残疾儿童少年15年免费教育。高等教育阶段，国家相关补助政策优先资助残疾学生，家庭经济困难的普通高校本专科残疾学生全部享有助学金。

在硬件方面，国家先后实施两期特教学校建设项目，中央财政投入近72亿元，新建改扩建中西部地区1182所特教学校，支持62所残疾人高等院校、中等职业学校和特殊师范院校改善办学条件。

2008年，国家组织实施新中国成立以来规模最大的特教学校建设规划项目——中西部地区特殊教育学校建设规划，中央和地方累计投入54亿元，为中西部地区新建和改扩建特教学校1182所，基本实现在中西部地区的地（市、州、盟）级和30万人口以上或残疾儿童少年较多的县（市、旗）有1所独立设置的综合性或单一性特殊教育学校。

此后，中国残联主动向国家发展改革委反映中高等特殊教育的发展状况，提供准确数据，提出对策措施，会同教育部共同论证并组织实施“特殊教育学校建设二期建设规划”，于“十二五”期间支持一批特殊高等师范教育院校、残疾人高等院校（每校5000万元）和职业学校（每校3000万元）建设，扩大培养培训规模，完善特殊教育体系。

同时，中国残联吸引社会力量大力支持特殊教育，2007年至2019年，交通银行向中国残疾人福利基金会捐赠资金累计1.06亿元，与中国残联共同实施“通向明天——交通银行残疾青少年助学计划”，也成为教育助残扶贫中的亮点。

案例 14

“通向明天”，大力拓展特殊教育资源

——交通银行与中国残联共同实施残疾青少年助学计划

做 法

重视落实 以需求带动项目支持

2007 年，自“通向明天—交通银行残疾青少年助学计划”（以下简称“助学计划”）项目启动以来，中国残联与交通银行领导高度重视落实工作，双方就每期项目方案制定、组织实施、宣传工作等进行沟通协商，从残疾学生、特教教师的实际需求出发，确定资金投向。

具体而言，经双方协商，“助学计划”资助河北、山西、内蒙古、辽宁、吉林、黑龙江（含农垦总局）、安徽、福建、江西、山东、河南、湖北、湖南、广西、海南、四川、重庆、贵州、云南、陕西、甘肃、青海、宁夏、新疆及新疆生产建设兵团等 25 个省区市地家庭经济困难残疾高中生和大学新生完成学业。

项目实施 13 年间，“助学计划”还为特教学校、高等特教学院和接受随班就读学生的普通学校添置教育教学设备，资助从义务教育阶段特教学校到高中阶段（含普通教育、职业教育）和高等特教学院等各类学校，基本覆盖全国所有省、自治区、直辖市；并分别在北京联合大学和南京特教学院建立全国残疾人职业教育师资培训基地。

另外，由中国听力语言康复中心牵头组织聋儿康复人工耳蜗师资培训，在支持中西部地区省级培训后，转为支持中国残联、教育部委托有关高校组织的全国特教学校校长培训和工作效果较好的少数省级特教师资培训。

"交通银行特教园丁奖"自设立到2020年5月，共表彰优秀特教教师1699名。

设立奖项 营造扶残助学社会氛围

"助学计划"实施以来，设立多个子项目。其中，2010年，在中国残联和教育部的支持下，"助学计划"特别设立了"交通银行特教园丁奖"，每年在全国范围内表彰优秀特教教师，旨在宣传优秀特教教师的先进思想和典型事迹，激励广大优秀人才献身特教事业，推进特教师资队伍建设，在全社会形成关心支持特殊教育、尊重特教教师的良好风尚。

特教工作压力大、难度大、社会认同感低，职业幸福感差，他们渴望受尊重，期盼被认可。"交通银行特教园丁奖"的设立，极大地鼓舞了广大特教教师，使他们亲身感受社会关爱和重视。

2010年，在我国第26个教师节前夕，首届"交通银行特教园丁奖"颁奖仪式在华东师范大学举行。教育部、中国残联、交通银行向全国200名优秀特殊教育教师颁发了这一奖项。当年，曾赴上海领奖并游览世博园的一位西部特教教师激动地说："这是有生以来享受的最高待遇。"

另外，"助学计划"还设立了"交通银行残疾大学生励志奖""交通银行残疾大学生励志奖提名奖"，表彰自强不息、事迹突出感人的优秀残疾大学生。

"助学计划"还举办残疾学生技能比赛。2015年分别在河南、湖南试点地区开展"特教学校盲生技能（才艺）奖和聋生书画奖"评奖活动；

2016年在安徽合肥举办“交通银行杯”全国残联系统职业院校职业技能竞赛。

与此同时，中国残联要求各项目省份重视和加大对项目的社会动员与宣传，加强上下沟通和公众的社会参与，加强与当地交通银行密切合作，多种形式宣传助学计划产生的社会效益，扩大了社会影响力，营造了扶残助学的社会氛围。

层层责任制 确保公开公正

为了确保“助学计划”各子项目顺利实施，各级残联确定了项目负责人，层层落实责任制。为确保受助残疾学生信息真实性，中国残联开发了网络版“助学计划”数据库，逐年录入受助残疾学生基本信息，还印发了《特教学校（院）教育设备补助项目管理办法》，明确资金申请程序、设备购置范围、设备管理及资金拨付和管理等。

中国残联严格监管项目资金使用情况，总结有关项目经验，从实际出发，确定了“奖补结合、公开公正”的资金分配原则，要求各地建立资金管理制度，确保按时足额发放、专款专用，并定期向社会公布资金使用情况。

成 效

截至2019年底，“助学计划”共资助25个省区市地家庭经济困难残疾高中生和大学新生约3.6万人完成学业。

项目实施13年间，“助学计划”为126所各类学校添置教育教学设备，其中义务教育阶段特教学校53所，高中阶段（含普通教育、职业教育）特教学校62所，高等特教学院9所；并培训全国特教学校校长和工作

"交通银行残疾大学生励志奖""交通银行残疾大学生励志奖提名奖"共评选表彰 262 名，其中励志奖 71 人，提名奖 191 人。

效果较好的少数省级特教教师超过 5700 人。

"交通银行特教园丁奖"设立至今，共开展 10 次评选和表彰，共表彰优秀特教教师 1699 名。这些优秀的获奖教师为全国特殊教育工作者做出了表率和示范，将进一步激励广大特教教师爱岗敬业、无私奉献。如今，这一项目已成为中央企业支持教育事业、参与精准脱贫的品牌项目。"交通银行残疾大学生励志奖""交通银行残疾大学生励志奖提名奖"共评选表彰 262 名，其中励志奖 71 人，提名奖 191 人。

"助学计划"为广大受助学生得到了稳定的经费保障，为他们解了燃眉之急，消除了经济上的实际困难，减轻了生活和学习的压力，使贫困家庭的残疾学生不因贫失学，贫困残疾学生家庭不因学更贫，共圆校园之梦。教学设备的资助，改善了学校的教学条件，特教师资培训项目适应了地方特教事业发展的需求，对于加快推进特殊教育改革与发展和残疾人小康进程都贡献了一份力量。

 怎样阻断贫困的代际传递

背 景

教育是改变每个人命运的根本，也是阻断贫困代际传递的前提。“因残致贫”的根本原因是残疾人缺少基本的教育和技能，致使他们适应和改变环境的能力受限，调适心理能力有限，获得就业和增加收入机会有限。党的十八大以来，通过实施两期特殊教育提升计划，城乡残疾人受教育状况发生显著变化。2018 年，义务教育阶段残疾在校生 66.6 万人，比 2013 年增加 29.8 万人，增长 81%。融合教育实践中，在普通学校就读的残疾学生数由 2013 年的 19.1 万人增加到 2018 年的 33.2 万人，增长 73.8%。近 10 年来，残疾学生在普通学校就读的比例均超过 50%。

同时，党和政府也在不断加强文盲的扫盲工作。2016 年，由中国残联等 26 个部门和单位印发的《贫困残疾人脱贫攻坚行动计划》中，提出开展残疾青壮年文盲扫盲行动，依托农村贫困残疾人实用技术培训项目，对 15 到 50 岁有意愿的贫困残疾人文盲开展扫盲工作，着力加强教育脱贫，提高他们学习文化技能和参加生产劳动的能力，并制定了《“十三五”残疾青壮年文盲扫盲行动方案》，中央财政每年重点资助中西部地区 15000 名残疾青壮年接受扫盲教育。

案例 15

扶贫先扶志 脱贫先扫盲

——山西省临汾市吉县、运城市临猗县残疾青壮年文盲扫盲实践

做 法

山西省临汾市吉县地处山西省西南部，人口 11 万，其中农业人口 8.02 万，是国家扶贫开发工作重点县。全县共有各类残疾人 5143 人，其中贫困残疾人 4920 人，占全县贫困人口的 70%。全县有接受教育能力的 15~50 周岁残疾青壮年文盲 267 人。山西省运城市临猗县地处晋陕豫交界处，全县总人口 58 万，文盲人数为 2.25 万人，文盲率为 4.48%，青壮年文盲率 0.02%。临猗县共有各类残疾人 4.5 万名， 15 岁以上残疾人文盲率为 30.2%。

从 2012 年起，山西省临汾市吉县与临猗县被中国残联确定为全国残疾青壮年扫盲工作试点县。当地通过坚持政府部门与残联组织协同发力，集中教学与送教上门灵活运用，扫盲教育与技能培训统筹实施，把扫除青壮年残疾人文盲这一民生实事抓实、抓好、抓出成效。

精准调查筛选，确定帮扶对象

调查筛选确定扫盲对象是扫盲工作的前提和基础，在开展残疾青壮年文盲扫盲工作中，为了解掌握调查对象的真实情况，山西省吉县与临猗县采取多项举措确保调查筛选有效进行。

山西省运城市临猗县在调查中具体细化出“五优先”原则，以便于操作把握。即：态度积极愿意学的优先；有劳动能力、有就业需求的优先；监护人能力强、素质高，有一定文化知识的优先；同等条件下，年龄小

残疾人青壮年扫盲工作试点县山西省吉县，培训班的乡村学员识字率基本达到1500字以上，能写字读报，记简单账目，80%的扫盲对象掌握了一技之长。

的优先；听力较好的优先。

为确保调查数据精准，山西省临汾市吉县采取划片包乡、属地管理的办法，由县残联统一负责，组织县、乡、村残联专干，深入全县8个乡镇对所有残疾人进行筛查，详细调查了解扫盲对象的残疾类别、生活状况、从事职业及个人兴趣爱好意愿等情况，精准确定了扫盲对象，分类建立了扫盲对象档案。户口所在地的乡镇负责建立扫盲对象的档案资料；各乡镇理事长、村专职委员进行专项培训，确定档案资料的完善化、标准化、科学化；根据残疾人类别的不同，对学员分类分档，使教师选择和教学过程有针对性；摸底调查学员从事的职业及生活状况，并建档立卡，合理安排学习时间及教学方式，尽量避开农忙时间。

强化教师培训力度，增强扫盲教学能力

为了提高扫盲课程教学成果，山西省吉县与临猗县开展了阶段性的教师培训。吉县按照个人自愿、方便学员的原则，就近从全县乡镇残联理事长和村专职委员中择优选聘了45名有爱心耐心、有专业特长、有精力时间的人员担任扫盲教师；山西省临猗县根据就地就近原则选配教师，主要以本村和邻村为主，从退休老教师、退休老干部、残疾人家属、村干部、大学生村官等中间选出可用的扫盲教师初选人员，县残联最后进行逐一审核认定，确定出能干会教愿干的教师，组建起比较过硬的扫盲教师队伍。

为加强对扫盲教师的督查考核，当地残联通过组织督查组，对所在县各乡镇的扫盲对象采取听课评课、向学员发放测评表等形式，全面掌握扫盲教师的授课情况、学员的试卷测评情况，督促教师认真教学、学员积极学习，督促考核及成果展示，使乡镇间发现不足，扬长避短，更好地推动了扫盲工作。

开展个性化教学，提升学员学习效率

在开展扫盲教学过程中，山西各地教师在集中学员开展教学的同时，坚持个别化教学原则，找准个别化教育点，提高教育效率；并对无法参加集中学习的重度残疾人开展送教上门服务。

吉县在学习时间上，以业余学习为主，利用冬季农闲时间集中开展学习；在学习内容上，在学习识字、阅读、写作、记账等基本文化技能的基础上，男性残疾人侧重学习种植、养殖、农副产品加工等技术，女性残疾人侧重学习妇幼卫生、子女教育和当家理财等内容。

临猗县教师创新了教学形式：课堂有庭院课堂和树下课堂，也有屋内炕头课堂和田间地头课堂；教师有请来教，也有上门教；有集中教，也有个别教；有约定教，也有随机教。在教学时间和教学内容的选择上也机动灵活。如针对部分半文盲学员有一定基础、能从事简单劳动的特点，当地教师把教学时间多安排在农闲雨天或晚上，以提高学员融入社会能力为目的，进行实用教学。比如，教给学员用手机、电脑如何上网、看新闻，如何使用QQ、微信交流；学习土地承包合同怎么写；继承法中继承顺序和婚姻法中共同财产相关规定等知识；结合当地学员家中大量栽种果树的实际情况，教给学员果树管理实用技术，如冬剪夏管的操作，施肥效果最佳时间等，以打破课本限制，让学员学以致用。

县残联开展残疾人青壮年扫盲送教上门活动，安排专车，带领他们一起到葡萄主题公园参观，学习葡萄、草莓种植实用技术。

扫盲就业相结合，促进学员就业增收

扫盲的目的是帮助残疾人提高素质，改善生活，最关键是要让他们掌握一技之长。对此，山西根据扫盲对象的残疾类别和个人需求，依托社会资源和当地产业，因人授技、依业授技，帮助残疾人掌握创业增收的基本技能。

山西省吉县在组织学员掌握基本文化知识的基础上，对于盲人，重点组织其参加省、市残联举办的按摩培训班，掌握按摩技术；对于听力、语言残疾人，重点教会其运用手语和辨认口形的技能，提高交流沟通能力；对于肢体、智力、精神残疾人，重点开展实用技术培训，掌握增收脱贫技能。特别是结合扫盲对象所在乡镇的苹果种植产业发展实际，依托残疾人扶贫示范基地、残疾人创业、就业基地和残疾人实训基地，大力开展苹果生产管理技术培训，帮助扫盲对象通过技能培训增收脱贫。

再依托县职业中学教学设备和师资力量，开展电焊、电脑、家电维修等职业技能培训；依托各乡镇中小学，开展识、读、写、算等基本技能教学；依托农委、果业、扶贫、畜牧等职能部门，开展农业实用技术培训；依托乡镇文化站和村文化室，开展政策法规学习和文化娱乐活动。

成 效

残疾青壮年文盲扫盲工作的开展，提高了残疾人文化水平，增强了残疾人的自信，为残疾人进一步走出家门、融入社会，实现就业增收创造了条件，改善了残疾人的家庭生活。

山西省吉县有接受教育能力的 267 名扫盲对象中，乡村学员识字基本达到 1500 字以上，城镇学员基本达到 2000 字以上，所有学员基本能读浅显易懂的报刊文章、记简单的农村账目、书写简便的应用文字，而且 80% 的扫盲对象掌握了一技之长，有了稳定的收入，年收入上万元的扫盲户达到 90% 以上。扫盲对象生产生活的发展变化，也有效带动了周围贫困残疾人学习文化技能的积极性，促进了残疾人扫盲工作的深入开展。山西省临猗县参加扫盲教育学习 568 人，完成任务 100%，成人文盲率从 30.2% 降低到 21%，青壮年文盲率已控制在 6% 左右，切实阻断了贫困代际传递的发生。

在吉县中垛乡马莲滩村，扫盲对象白丽霞是听力语言残疾人，以前不懂手语，交流很困难，通过学习培训掌握了汉语拼音，现在已能通过手机打字进行沟通交流。吉昌镇祖师庙村扫盲对象韩贵玉是肢体残疾人，通过参加临汾市职业技能培训班，掌握了摩托车修理技术，自己开了家摩托车修理门店，家庭有了稳定收入。

在临猗县北辛乡乐善村，学员范锐利患有小儿麻痹后遗症，子女外出打工，丈夫常年有病， 家中 7.5 亩果树，由于疏于管理和缺乏技术，病虫害严重。扫盲老师了解情况后，利用教学之余，特地到她的果园教她果木管理技术，使她家的苹果品质有了很大提高，家庭收入也有了显著增加。

 如何提高残疾人职业技能

背 景

发展职业教育对帮助贫困残疾人脱贫增收，阻断贫困代际传递意义重大。目前，残疾人职业教育整体水平有待提高，办学水平偏低、师资力量薄弱、布局不合理等问题依然比较突出，与整体职业教育发展水平和广大残疾人接受职业教育的迫切需求存在较大差距。

我国正在加快发展残疾人职业教育。2016年，国务院印发《"十三五"加快残疾人小康进程规划纲要》，提出"加快发展以职业教育为主的残疾人高中阶段教育。加强残疾人中高等特殊教育职业院校建设。依托现有特殊教育和职业教育资源，每个省（区、市）集中力量办好至少一所面向全省（区、市）招生的残疾人中等职业学校；改善残疾人中等职业学校办学条件，加强实训基地建设，提高教育教学质量；让有就业意愿和相应能力的残疾人普遍得到就业创业培训；技能岗位的残疾人普遍得到岗位技能提升培训。"

2018年，教育部、中国残联等四部门联合出台《关于加快发展残疾人职业教育的若干意见》，明确进一步推动残疾人职业教育、提高残疾人职业教育的普及水平与保障能力的政策措施和举措。其中，要以中等职业教育为重点，不断扩大残疾人接受职业教育的机会，让完成义务教育且有意愿的残疾人都能接受适合的中等职业教育。

案例 16

残健融合 三级递进

——广西壮族自治区柳州市第一技术职业学校 残疾人中等职业教育实践

做 法

广西壮族自治区第二次全国残疾人抽样调查的结果发现，残疾人由于文化层次低和专业技术差导致其就业率低、就业层次低、因残致家庭贫困现象较为突出。由此，广西壮族自治区加大了对残疾人职业教育的投入和支持力度。

柳州市第一职业技术学校（以下简称“柳州一职”）是1983年正式挂牌成立的公办中等职业学校，是首批国家级重点中等职业学校。学校占地面积500多亩，教职工近600人，以智能制造和现代服务为专业

“柳州一职”实施分层教学，残疾程度低、文化基础较好的残疾学生融入普通班级随班就读，确立“补基础、学合作、抓技能考核”三级学习阶梯。

职业资格证实操考试前，老师们在指导残疾学生做考前准备。

核心，开设有工业机器人技术、计算机应用、汽车运用与维修、中餐烹饪与营养膳食、电子商务、现代物流服务与管理等22个专业，全日制在校生超过万人。

该校是广西壮族自治区第一所在职业教育中融入残疾人中等职业教育的学校，作为“国家级残疾人职业培训示范基地”，针对当地残疾人接受职业教育困难、文化素质与职业技能差，就业率及就业层次低，难以融入社会的问题，自2006年起，规模开展残疾人中等职业学历教育及残疾人职业技术培训，到2020年6月，共招收听力残疾、视力残疾、肢体残疾、智力残疾等全日制残疾学生837名，开展残疾人职业技术培训5535人。

规模招生中，“柳州一职”遇到了一系列问题：特殊学校管理与普通职业学校管理的差异性如何消融？残疾学生与健全学生心理差异如何相互调整？残疾学生残疾程度和类别不同、文化基础普遍较差造成的就业适应性问题如何解决？

学校以问题为导向，在实践中逐步形成了“三层递进、残健融合”的育人模式，及“职特融合、分层培养、统一评价”的人才培养模式，使残疾人以技术技能型人才回归社会。

创办“残健、职特”双融合的特殊职业技校

学校充分考虑学生身心发展、职业生涯发展等因素，实践探索了中等职业教育与特殊职业教育融合、残疾学生与健全学生融合的双融合办学特色。

学校以建立“校中校”为突破点，在“柳州一职”的基础上，创办柳州益智特殊职业教育学校，坚持融合理念，将特殊教育全面纳入学校日常管理，参与教学资源分配。在引入少量特教师资的同时，对全校教职工进行特教专题培训，解决师资问题；在学校所有区域增设残疾人无障碍设施，解决后勤保障问题；在添置教学设备时充分考虑残疾人特点，解决教学实训问题，制定并实施《柳州市第一职业中等学校关于开展残疾人学历教育工作实施方案》等系列规章制度，加强统一管理，形成了内部长效管理机制；积极与区市两级残联、区教育厅、市教育局、柳州市职教研究所合作，得到资金、政策、科研力量支持，形成外部长效管理机制。

为有计划、有步骤地开展好残疾人职业教育工作，“柳州一职”确立了“三步走”实施策略：第一步（2006—2008 年），熟悉残疾人职业教育培养特点；第二步（2009—2013 年），创新残疾人职业教育培养模式；第三步（2014—2017 年），实践、推广新型残疾人职业教育培养模式。

为此，学校着力打造优秀师资队伍，引进毕业于南京特殊教育师范学院的专业人才；聘请心理咨询专家、行业技师等 20 余人作为兼职教师；派出教师 100 多人次，参加各级残联组织的残疾人管理和教学培训，为残疾学生教育教学提供师资保障。

运行“三级递进”教育教学体系

按照常规的育人模式难以支撑残疾学生真正走向社会和走上工作岗

围绕“三级成长”培养路径，“柳州一职”开展“阳光之路”实践活动。

位，“柳州一职”结合残疾学生实际，确立了“可自理——会交往——能就业”的“三级成长”培养路径。

学校招收来自全国各地的残疾学生，学生学习基础不一，生活自理能力各异。肢体残疾、视力残疾和智力残疾的学生入校后，生活难自理。视力残疾、智力残疾、听力残疾的学生难以融入群体生活、参与社交。要达到真正走向社会、走上工作岗位，自食其力，首先要解决学生自理问题，其次是社交问题，最后是就业问题。

“柳州一职”为全封闭寄宿学校，学校主要采用“同伴指导”和“小组合作”两种形式，借助同龄学生间更易交流并相互影响的特点，通过改进交往形式，促进残疾学生与健全学生间的有效交往，增加良性互动，促进共同发展；也培养了健全学生的爱心和耐心，学会包容和接纳，协助残疾学生回归社会。

针对残疾学生与健全学生心理素质存在差别的实际情况，学校还实施了“阳光心灵”德育，多途径关注残疾学生的心理健康，适时进行心理干预，促进残健融合。首先引入心理咨询专家团队，为残疾学生创建心理档案，更准确地掌握其心理状况，以便科学设计心理帮扶策略。其次将心理健康辅导课纳入教学课程，通过学习心理健康知识，探讨生命意义，解决残疾学生共性的心理问题及困惑，帮助他们学会以积极的态度处事。再是建立互助体系，让每个残疾学生与1-2名健全的同学结对子，逐步消除残疾学生与外界交流、沟通的隔阂。还有通过文化熏陶，引导阅读，树立榜样，参加社团，在技能节上、运动会中搭建展示舞台来培养残疾学生自强不息的精神；并组织残疾学生参加社会实践活动，利用所学技能，为社会服务，看到自己的人生价值。最后是帮助残疾学生做好职业生涯规划，指定职业生涯指导老师，帮助学生客观分析自我，找准适合自己的未来发展之路。

在教学上，“柳州一职”采取“分层递进”的方式，帮助学生发展技能。学校在尊重学生及家长意愿的前提下，分析学生情况，分层次教学。安排残疾程度低、文化基础稍好的残疾学生融入普通班级随班就读，执行统一教学方案，确立“补基础、学合作、抓技能考核”三级学习阶梯；安排残疾程度高、基础薄弱的学生整班建制进入计算机信息管理专业就读，执行独立教学方案，确立“学方法、学合作、抓自主学习”的三级学习阶梯。

而在技能水平的评价标准上，学校采取统一评价方式，残疾学生与健全学生接受统一的职业资格认证，达到融合教育的质量标准，切实做到“达标”。

成 效

柳州市第一职业技术学校在各级政府和残联的指导和协助下，探索“推进残疾人职业技术教育事业，创造残疾学生平等参与社会生活的条件”的教学模式，2018年《中等职业学校残疾人“残健融合，三级递进”培养模式的创新与实践》课题获职业教育国家级教学成果一等奖。学校逐渐形成以“塑造残疾学生健康心灵，培养其坚强意志品格，学习一门技术创造幸福生活”的开放式残疾人职业教育模式。

"柳州一职"全日制残疾毕业生彭秋萍在2016年的里约残奥会上夺得女子S3级50米仰泳决赛金牌。

（上图）2012年残疾学生代表莫灿添在全国职业院校德育创新暨校园文化工作座谈会上发言。（下图）短期职业培训学员谭士熙通过盲人按摩培训班的学习后，创立士熙保健按摩院，定向培训安置了10多名残疾人就业，获得2014年"第五次全国自强模范"荣誉。

学校招收的837名全日制残疾学生，就业率均保持在90%以上，"双证率"达90%以上；接受短期职业技术培训的5535残疾人，4762人获得职业资格证，获证率91%，通过取得专业技能资格证上岗，残疾学生具有较强的就业竞争力，收入稳定，脱贫效果明显。

学校的全日制残疾学生在各类大赛中"摘金夺银"，彭秋萍在2016年的里约残奥会上夺得女子S3级50米仰泳决赛金牌；莫灿添获得2009年全国职业院校技能比赛中职组网络比赛二等奖。短期职业培训学员谭士熙通过盲人按摩培训班的学习后，创立士熙保健按摩院，通过定向培训，安置了10多名残疾人就业，并主动参与基层文化建设、救灾助困等捐助活动，还经常参加社区爱心捐献活动，获得2014年"第五次全国自强模范"荣誉。

点评

“扶贫先扶智”决定了教育扶贫的基础性地位，“治贫先治愚”决定了教育扶贫的先导性功能，“脱贫防返贫”决定了教育扶贫的根本性作用。对因学致贫和返贫的贫困残疾人，需要提供精准服务。在深度贫困的地区，加大了扫盲工作力度。2019 年，3.6 万名残疾青壮年文盲接受了扫盲教育，其中山西省残疾青壮年文盲扫盲实践通过田间地头的各种实地培训，寓教于技、寓教于乐，将普通话学习、扫盲和技能培训有机结合起来，消除了因不识字而无法脱贫的情况。

党和国家也在加快发展残疾人职业教育，制定《关于加快发展残疾人职业教育的若干意见》。2019 年，全国共有残疾人中等职业学校（班）145 个，在校生 17319 人。广西壮族自治区柳州市第一职业技术学校已在普校推行残健融合的中等职业教育，其确定的“三级递进”教学模式，也取得了“精准培养”的效果。注重从入学、选择教育教学内容到安排就业的全程跟踪服务，让贫困地区的残疾人愿意学、学得好，就业有保障。

教育在脱贫攻坚中具有基础性、根本性的作用，逐步从“单纯扶贫”向“综合扶智”转变，其具备的人才、智力、科技、信息优势，提高了贫困残疾人家庭的脱贫能力，遏止了贫困代际传递，为精准扶贫、全面小康注入了强大的正能量。

第五章

就业增收 赋能增效

一人就业、全家脱贫，增加就业是最有效最直接的脱贫方式，长期坚持还可以有效解决贫困代际传递问题。

——2016 年 7 月 20 日习近平在东西部扶贫协作座谈会上的讲话（《习近平扶贫论述摘编》，中央文献出版社 2018 年版）

要把农民组织起来，面向市场，推广“公司 + 农户”模式，建立利益联动机制，让各方共同受益。

——2019 年 9 月 16 日至 18 日习近平在河南考察调研时的讲话（新华社郑州 2019 年 9 月 18 日电）

一 如何搭建就业平台开展扶贫

背 景

据中国残联统计，2019 年全国城乡持证残疾人就业人数为 855.2 万人（核减已注销和超年龄段残疾人），其中按比例就业 74.9 万人，集中就业 29.1 万人，个体就业 64.2 万人，公益性岗位就业 14.4 万人，辅助性就业 14.3 万人，灵活就业（含社区、居家就业）228.2 万人，从事农业种养加 430.1 万人。从事种养仍是农村残疾人就业增收的重要途径。残疾人的身体障碍给他们的生存发展带来不小挑战，但通过培训获得技术才能后，他们同样可以获得就业增收机会。

手工制作业以其投资少、就业方式灵活、增收见效快等优势，在吸纳城乡贫困残疾人就地就近灵活就业、脱贫增收方面发挥了重要作用。为贯彻落实《中共中央国务院关于打赢脱贫攻坚战的决定》和《中国残联等 26 部门和单位关于印发〈贫困残疾人脱贫攻坚行动计划（2016—2020 年）〉的通知》精神，中国残联、国务院扶贫办、全国妇联共同研究制定了《发展手工制作促进贫困残疾妇女就业脱贫行动实施方案》，这是传承民族传统手工文化、提高家庭收入、促进社会和谐稳定的重要举措。

为促进残疾人通过就业实现增收，帮助残疾人家庭脱贫增收，地方残联积极扶持残疾人实现居家灵活就业，主要补助农村正在从事种养业项目的残疾人以及正在社区提供便民利民服务的残疾人。其中，对低收入家庭残疾人、处于就业初期的困难残疾人、生产经营出现暂时困难的零就业家庭残疾人、重度残疾人和大中专残疾毕业生给予重点扶持、优先补助。

案例 17

“企业益贫 + 居家就业”带动贫困户搭上“脱贫快车”

——湖北省郧西县恒达扫帚专业合作社 河北省昌黎县金日塑料制品厂扶贫实践

做 法

湖北十堰郧西县地处鄂西北，汉江中上游北岸，有大小山头 6500 多个，这里土地资源丰富，雨量适中，气候温和，无霜期长，严冬时间短，植物种类繁多，适合用于制作扫帚的植物“铁扫帚”大面积种植。郧西县恒达扫帚专业合作社成立于2009年，位于郧西县观音镇黄土梁村，采取“公司 + 合作社 + 基地 + 农户”运营模式，经过 2012 年、2017 年

郧西县恒达扫帚专业合作社在精准扶贫工作中的引领和拉动作用日益显现，得到各级各部门的充分肯定，2018 年被中国残联确定为“国家级残疾人职业培训基地”。

两次增资扩股，现注册资本达到502万元，股东由2009年的7人发展到171人，其中建档立卡贫困户165人，涉及贫困人口615人。合作社生产的“胡扫匠”牌扫帚系列产品，为纯手工精心编制，销往北京、武汉、西安、成都等城市。

位于河北省昌黎县刘台庄村的金日塑料制品厂，2010年注册成立，以生产加工清明花、电子灯等祭祀用品为主，在昌黎县仅此一家。作为一家小型私营企业，因其产品的特殊性，供不应求，产品销往全国各地。目前，资产规模达到2200万元，年利润120万元，有13名残疾人固定在企业工作，并签订劳动合同，同时辐射带动周边30多户残疾人家庭、100余名贫困残疾人和50余户建档立卡贫困户实现居家就业。

理清思路，找准特色扶贫项目

2007年，在勋西县委、县政府的支持下，恒达扫帚专业合作社创始人胡朝柱主动请缨成为扫帚产业的领头人。经过市场考察和分析，2009年注册了恒达扫帚专业合作社，成为郧西县第一个专业合作社，并从湖南引进铁扫帚良种，在郧西县的观音、土门、河夹、涧池等多个乡镇种植。2014年，胡朝柱筹措资金300余万元，在党委政府和有关部门的支持下实现了迁址扩建，使加工车间达到1200平方米，仓库1500平方米，办公及后勤用房达到500平方米。为了提升辐射带动能力，2018年，胡朝柱又筹措资金350万元，扩建车间1800平方米，增加100个就业岗位。扫帚生产环节安全系数高、技术门槛低、用工量大、环保无污染，适宜各类人员就业，郧西县恒达扫帚专业合作社成功打造了扫帚扶贫产业链，实现了贫困户在产业链上的脱贫增收。

2018年，刚刚改组的昌黎县残联领导班子在调整谋划残疾人脱贫攻坚工作时，经过调研摸排，结合企业生产经营方式，并与企业洽谈协商，决定将本县刘台庄金日塑料制品厂设立为昌黎县残疾人扶贫示范基地。

清明花、电子灯等祭祀用品是在半成品的基础上简单加工完成的，操作简单易上手，不需要机械设备辅助，能够满足残疾人居家就业需求。昌黎县残联和企业负责人沟通后，将企业原来只在车间内生产的生产方式，改为“车间生产＋残疾人及其家庭组装”的生产模式，由企业负责原料原件的配送及成品的回收销售。

郧西县恒达扫帚专业合作社：形成种植、加工、销售集中统一管理模式，发挥以点带面居家就业增收效能

郧西县恒达扫帚专业合作社为提高农民参与产业发展的积极性和脱贫增收的内生动力，推行“八统一”（统一流转土地、融资信贷、物资供应、技术服务、收购补贴、品牌包装、订单生产、盈利分红）经营管理模式，先后与155户贫困户、残疾人家庭共603人签订了产业帮扶承诺书。2016年景阳乡官亭村有500多亩土地经过流转加入了合作社，参与流转的30多户贫困户、残疾人家庭年底共领到15万元分红，其中15户当年实现脱贫。

合作社成员数由组建初期的7人增加到现在的171人，越来越多的贫困户成为合作社成员；合作社长期组织统一流转土地，建立自有核心基地种植铁扫帚，让出租土地的农户在基地干活，从而获得工资收入；2018年，合作社与全县12个乡镇、33个行政村签订铁扫帚订单种植收购合同书，通过合同化方式免费为种植农户提供种子或种苗，提供订单，保底价收购，并常年派专业技术人员帮助农户指导铁扫帚的种植管理，已经拉动全县8260户农民种植铁扫帚，户平均增收3500元。

近两年来，郧西县发布《产业扶贫奖扶办法》，明确对铁扫帚种植户给予资金补贴。合作社紧抓政策利好，趁势而动，开办免费培训班30余次，参训人数1000多人，从种植技术和资金保障方面为种植户解除后顾之忧。

合作社为带动更多贫困户、残疾人家庭脱贫增收，改进了纯手工化的家庭作坊模式，更有利于实现分散就业。在全县发展扫帚加工家庭作坊500多家，截至2020年6月，已赶制扫帚加工机械500多台，全部分发到各个家庭作坊。同时，在关防和景阳两个边远乡镇建立了扫帚加工扶贫分车间，安置了包括贫困残疾人在内的55户贫困户就近务工。“居家式”生产让1000多名贫困人口在家里实现了稳定就业，户均年收入达1.2万元。

2020年疫情防控期间，合作社指导250余户农户在家扎扫帚8万多把，增收40余万元，实现居家抗疫、脱贫增收两不误。另外还组织35户社员在家日夜赶工，制作了2万把扫帚捐赠武汉。

合作社还建设了职工食堂和职工宿舍，生活用品一应俱全，残疾员工衣服可以定期清洗。在这里就业的残疾人不仅可以免费学到技术，而且每年可以享受一次免费体检。为了增加员工的收入，合作社对学习阶段的残疾人每天给予40元补助。残疾员工技术成熟后实行计件工资，年收入稳定在1.5万元以上。

为了确保产品质量，统一产品规格，合作社已着手拟订《扫帚产品质量标准》和《扫帚生产工艺流程》，作为企业标准提交市场监管部门备案，以此作为行业标准，以规范和提升企业的产品质量和企业形象。合作社注重自身产品品牌建设，2009年注册了“冬竹”牌商标，2018年又注册了“胡扫匠”商标，以此提高企业品牌知名度。

合作社所开发的工艺扫帚不仅是一种实用的保洁工具，同时还可以作为装饰品、收藏品和馈赠亲友的礼品。由于其采用纯天然植物材料、纯手工编制，在生产、使用过程中，不会对环境造成污染，所以市场前景十分广阔，未来会作为旅游产品，逐步进入大中城市商场超市和旅游景区商店。

清明花、电子灯的加工制作操作简单易上手，因此满足了残疾人居家就业的需求。

昌黎县金日塑料制品厂：企业为主残联帮扶，多措并举助推残疾人居家就业

为保障“车间生产+残疾人及其家庭组装”的生产模式的可持续性，昌黎县残联长期帮助金日塑料制品厂招收残疾工人，两年来，共为企业培训、推荐、录用符合条件的残疾人车间生产工人20余人，网上营销宣传人员3人，在淘宝、抖音、阿里巴巴等平台开设网店10个。同时帮助联系培训居家组装残疾人170余人。为满足扩大生产需求，县残联通过邻近县、区残联帮助，从邻近县、区联系到具有一定生产能力的居家组装残疾人30多人及其家庭，将基地的带动作用辐射到周边邻近县、区。截至2020年6月，残联已经组织开展残疾人免费技能培训班50余次，并给予资金、场地支持。

2019年，为帮助金日塑料制品厂更好发展，县残联补贴资金4万元，对厂区和生活区进行全面无障碍改造。帮助其建立康复室、健身房、文化娱乐室。优先为残疾工人提供轮椅、助行器等康复器具35台，康复器械1套，办公电脑4台，娱乐健身设施2套。两年来，共给予企业各类补贴资金14万元。

2018年，在与县残联达成协议后，金日塑料制品厂将清明花加工

极具观赏性与实用性的工艺扫帚。

费由每束0.12元，提升到0.14元，让渡2分钱给残疾人，整体年收入减少十余万元，体现了企业的社会责任。

成 效

郧西县恒达扫帚专业合作社年产扫帚600万把，销往湖北、四川、陕西、北京等10余省市，年产值达4500余万元，辐射带动1.98万户农户脱贫增收，其中贫困户达8240户。2019年，合作社固定吸纳就业的残疾人就有40余名。据统计，近年来从事铁扫帚种植和加工的残疾人有280余户实现了脱贫。

香口乡董家坪村残疾人胡文胜和郭大明两人，在恒达扫帚专业合作社培训就业一年，学会了合作社生产经营的本领后，回乡合伙创业，办起了自强扫帚专业合作社，安置当地10余名残疾人就业，带动80余户农民种植铁扫帚达200余亩。

村民王家学年近六旬，十多年前在一场矿难中失去右腿，左腿也行走不便，一直赋闲在家。来到合作社后，十来天，王家学便掌握了制作

残疾程度较轻、个人能力较强的残疾人，可以到金日塑料制品厂车间上班，并享受免费的食宿。

扫帚的技术。几年下来，他攒了一笔钱，拆了以前的土坯房，建起两层楼房。

2020 年，合作社计划将铁扫帚种植面积扩大到 3 万亩，参与种植的农户增加到 15000 户，实现年产值 5000 万元，通过优化和升级种植、收购、加工、销售、服务一体化的全产业链，带动更多村民脱贫增收。

2018 年 9 月，昌黎县金日塑料制品厂开始创建残疾人扶贫示范基地，组织残疾人培训，吸纳残疾人就业，目前有 13 名残疾人固定在企业工作，并签订劳动合同，同时辐射带动周边 30 多户残疾人家庭，100 余名贫困残疾人和 50 余户建档立卡贫困户实现居家就业。车间内的生产工人及网上营销人员每月收入 1800 元至 3600 元不等，居家组装残疾人员及其家庭每月收入 500 元至 1500 元不等。

63 岁的王印合是一名视力残疾人，家住刘台庄镇西窑窠村，其爱人陈志莲 60 岁，肢体残疾，常年居家。作为建档立卡贫困户，2018 年，夫妻二人开始了清明花、电子灯的居家生产。2020 年 5 月，王印合正式进入金日塑料制品厂车间上班，有了一份稳定的工作；陈志莲由于外出不便，继续居家进行加工生产，夫妻俩年收入已经超过 20000 元，实现了脱贫。

 如何开展助盲就业脱贫

背 景

云南地处西南边陲，集边疆、山区、多民族于一体，经济发展不平衡，脱贫攻坚任务艰巨。而贫困残疾人作为贫困人口中贫困程度最深、扶贫难度最大、返贫率最高的特殊困难群体，更成为扶贫工作的重点和难点。

云南省有持证视力残疾人13.58万人，就业年龄段持证视力残疾人6.77万人，纳入“贫困人口建档立卡数据库”持证视力残疾人32497人。近80%的盲人生活在农村，受文化程度低、残疾程度重等因素限制，很多盲人不敢外出接受培训，加之受思想观念影响，不少家庭也不愿让盲人外出打工，这进一步制约了盲人就业工作的开展，让很多盲人难以实现脱贫增收。

随着人们健康意识的不断提升，消费市场上对保健按摩的需求也越来越大。盲人保健按摩由于培训时间短，投入小、见效快，成为很多地方盲人就业的主要方式。从2016年至2020年，云南省结合残疾人工作实际，充分运用各方社会资源，在全省范围内开展“助盲脱贫”行动。通过开展“助盲脱贫”行动，由政府引导，各部门共同发力；以就业为本，吸引多方力量参与其中——经过5年的实践，云南省逐步探索出具有本地特色的盲人群体的就业增收之路，也由此摸索出一条针对盲人的精准脱贫之路。

案例 18

精准施策 就业为本

——云南省开展“助盲脱贫”行动

做 法

多部门联动精准施策

自 2016 年起，云南省政府组织省残联、省扶贫办、省人社厅、省民政厅等部门对盲人群体进行反复调研、论证，最终确立了由省残联、省扶贫办牵头开展实施“助盲脱贫”行动计划，制定下发了《云南省开展“助盲脱贫”行动实施方案》，并相继出台了一系列文件，对基础信

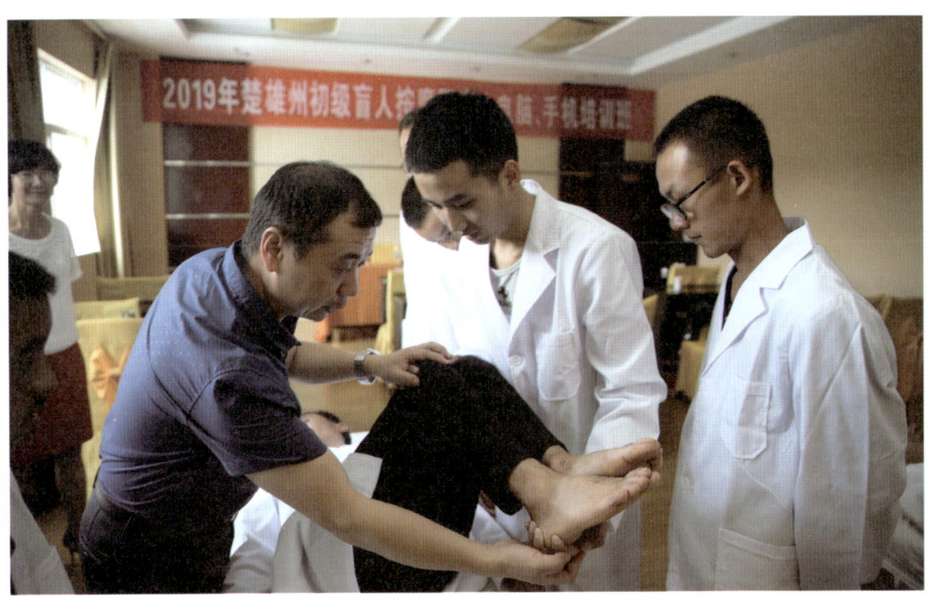

云南各州（市）定期开办初级盲人按摩培训班，让盲人学员通过系统性的学习，快速掌握一技之长。

息摸底调查、盲人保健按摩机构量化分级管理等予以规范。为了保证“助盲脱贫”行动计划有效实施，云南省扶贫开发领导小组将其列入本省“十三五”扶贫目标任务（2016—2020）并督导执行，云南省残联也将“助盲脱贫”工作列入省残联重点工作，通过与各州（市）签订“助盲脱贫”责任书，明确责任和目标任务，层层推进，确保工作落实。

“助盲脱贫”行动主要根据视力残疾人的特点，以技能培训为重点，同时规范盲人按摩行业管理，改善盲人就业环境，最终达到“培训一人、就业一人、解困一家、带动一片”的效果。而伴随着该项行动在云南全省 16 个州（市）的展开，计划实现在“十三五”期间培训扶持贫困盲人 1 万人次，扶持建设 500 家盲人规范化按摩店，扶持建设 10 家盲人医疗按摩诊所的目标。

社会参与创新帮扶机制

市场竞争日趋激烈，经营成本逐年增加，盲人按摩行业的发展也逐渐陷入瓶颈之中。针对这一现状，在开展“助盲脱贫”行动时，云南省残联对原有工作模式进行创新，通过与在盲人按摩领域具有丰富经验的企业合作，在将职业技能、经营管理等方面的知识传授给盲人学员的同时，也为其构建集培训、实训和就业于一体的服务机制。

在经费保障方面，云南省对列入“贫困人口建档立卡数据库”的盲人按摩培训按照每人 7000 元标准提供所需经费，经费由省扶贫办、省残联、相关企业按照相应比例共同负责。对未列入数据库的盲人培训经费，则由省残联、民政、人社等部门和参与企业分别给予补助。培训结束后，也由相关企业为盲人学员安排和推荐就业，并对其做出培训后的盲人稳定就业率达到 90% 以上的要求。

除此之外，云南省各个州（市）也在推广“助盲脱贫”过程中因地制宜借助多方力量参与其中，使盲人学员在经费、技术等方面得到保障。

如临沧市针对盲人首次创业缺少资金、无管理经验的实际困难，采取与农村信用合作社联系，由各县（区）残联担保的方式，对盲人给予1万—2万元贴息贷款，并从残疾人就业保障金中给予1000—1500元的一次性创业扶持资金；迪庆州则与北京市残联达成“助盲脱贫”行动盲人按摩师帮扶计划，帮助藏族盲人初中学生完成吃住学全免费的高中阶段培养和教育，并推荐其就业。

规范管理提升品牌效应

“助盲脱贫”行动在云南省的逐步推开，让盲人能够学到一技之长并开始自己的创业之旅。但是，随着越来越多的盲人进入这一行业，如何使盲人按摩做到规范有序，就成为云南省残联系统必须面对的问题。

为了在市场上形成品牌效应，云南省残联为盲人按摩店注册了统一

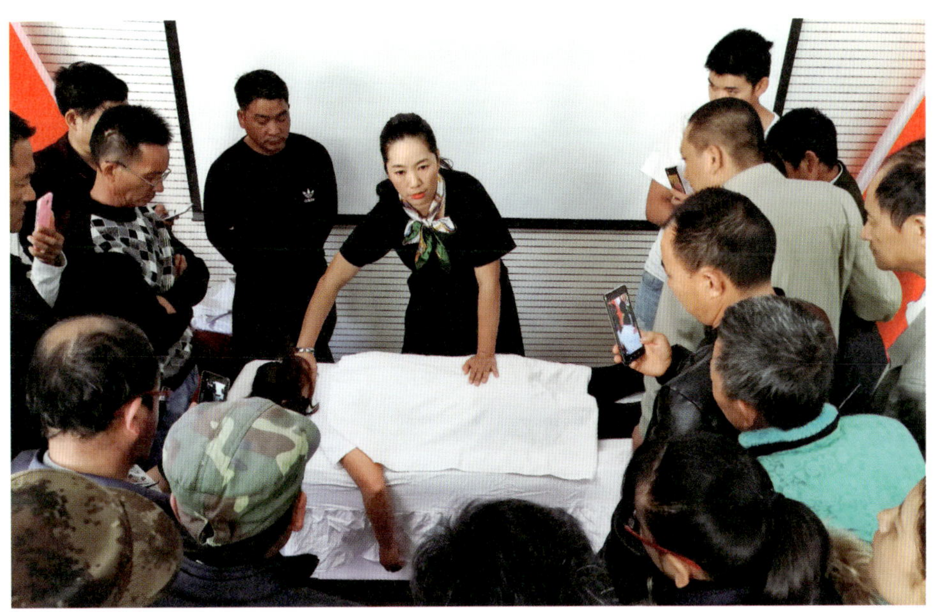

云南省残联通过与在盲人按摩领域具有丰富经验的企业合作，在将职业技能、经营管理等方面的知识传授给盲人学员的同时，也为其构建集培训、实训和就业于一体的服务机制。

商标，并设计了具有云南民族特色的标志，增强辨识度，提升品牌效应。

为了使盲人按摩做到规范化，云南省残联对帮扶建立的盲人按摩店进行了规范化改造，除了标识之外，还对建设标准、门头设计、服装设施和管理制度等进行了严格统一。此外，还按照每店装修改造一次补助5000元，持续经营的按摩店连续三年每年补助2000元的标准进行支持，从而使盲人按摩店的硬件设施焕然一新。

考虑到缺乏中高级盲人按摩技师人才，品牌效应不强的问题，云南省又实施了“百名优秀盲人按摩师”人才培养计划，选派省内100名优秀盲人按摩师分批次到北京、长沙以及省内知名的按摩院和机构进行学习，并借助按摩职业技能提升培训，全面提升盲人按摩师的职业技能水平。同时，为提升盲人按摩店服务水平，聘请行业知名企业培训和发挥盲人按摩学会作用，定期开展交流会，交流服务心得，提升理念。

成 效

截至2020年8月31日，建设“善境堂”规范化盲人按摩店770家，培训盲人9583人次，建设盲人医疗按摩诊所13家，其中2家开通了医保。盲人通过按摩技能培训后的就业率达到81%，盲人按摩师平均月收入达到3500元以上。

54岁的王恩清是彝族人，6岁时因用药不当，致使双眼失明。他未上过学，每月仅有665元的低保补贴，靠村委会、邻居送饭勉强度日。2016年，通过建档立卡，他成为云南省残联助盲脱贫对象，参加了楚雄州残联组织的按摩基础培训班。楚雄州残联的工作人员鼓励他坚持上完培训班，并安排他到本市的按摩店实训、工作，不仅包吃包住，还提供每个月1500元的底薪。

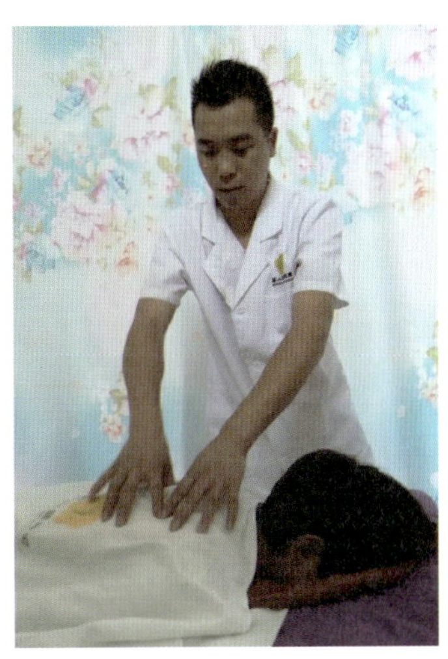

云南省腾冲市的盲人谢侣经市残联“助盲脱贫”项目的帮助，开起了自家的按摩店，并加入了腾冲市残联成立的残疾人志愿者队伍，在帮助别人的过程中实现了自我价值。

楚雄市“善境堂”经康盲人按摩店店长施承辉也是一位盲人，2007年他被残联选送到昆明参加盲人按摩师培训班，取得初级保健按摩师资格证，从此开始了按摩职业生涯。在当地残联帮扶下，施承辉从15平方米的小店发展成为经营4家按摩连锁店，拥有16名盲人按摩师，并为贫困盲人提供按摩岗位，平均每位盲人按摩师每月能拿到3000元左右的工资，累计帮扶10余位盲人摆脱贫困。

腾冲市曲石乡的山村青年谢侣经历坎坷，3岁丧父，21岁因车祸双目失明，次年母亲又过世。2014年他被纳入建档立卡贫困户，2017年3月，保山市残联举办“助盲脱贫”盲人保健按摩培训班，让谢侣的人生道路翻开了崭新的一页。培训班结束，腾冲市残联通过“助盲脱贫”项目，帮助他开店、找店面、办执照，并配置了按摩床、消毒柜、沙发、服装等设施设备，短短两年间，谢侣在腾冲市有了自己的盲人按摩店，还招收了盲人学徒；并加入了腾冲市残联成立的残疾人志愿者队伍，每月第一天都会和其他志愿者一起到敬老公寓献爱心，为老人们按摩、理发、修理家具等，在帮助别人的过程中实现了自我价值。

“云就业”助残扶贫如何做

背 景

2020年新冠肺炎疫情期间，甘肃省肃南县残疾人潘小红通过开办网络直播课程，培训当地贫困残疾人和留守妇女学习制作手工艺品，使他们不出家门也能实现就业增收。

互联网环境下的生意经，为残疾人创办的企业和个人带来全新的销售渠道。2020年4月20日，习近平总书记在陕西柞水县小岭镇金米村考察时说：“电商，在农副产品的推销方面是非常重要的，是大有可为的。”深度贫困地区利用土特产资源优势，依托互联网渠道，抵消信息不平等的劣势，将货卖得更远。而培养电商和互联网销售的人才，是当下西部地区各级残联力推的一件大事，它不仅关乎当地产业的转型升级，更关乎残疾人安身立命的本钱和脱贫增收的机会。从一个人到一群人，从自我摸索到规模化，作坊、公司、基地……云南省曲靖市残疾人电子商务创业孵化中心与甘肃省张掖市肃南裕固族自治县残疾人电商培训的成功经验可以带来不少启发。

案例 19

在网络营销中念起“云上生意经”

——云南省曲靖市残疾人电子商务创业孵化中心 甘肃省肃南裕固族自治县残疾人电商培训扶残助困

做 法

曲靖市残疾人电子商务创业孵化中心：依托企业力量打造残疾人创业“云基地”

曲靖市位于云南省东部、珠江源头，面积 2.89 万平方公里，常住人口 661 万，有彝、回、苗、壮、布依、水、瑶族等世居少数民族。截至 2019 年 6 月，全市就业年龄段（男 16—59 周岁、女 16—54 周岁）残疾人共有 110478 人，其中建档立卡贫困残疾人有 26298 人，占比 23.8%。

2016 年至 2019 年，曲靖市残疾人联合会委托云南阿朴电子商务有限公司开展了 5 期残疾人电子商务培训，通过“电商培训 + 孵化项目”

2019 年 7 月，曲靖市残联召开残疾人电子商务综合技能提升培训座谈会。经过培训和座谈，在场的学员们充分感受到了电子商务的快捷和便利。

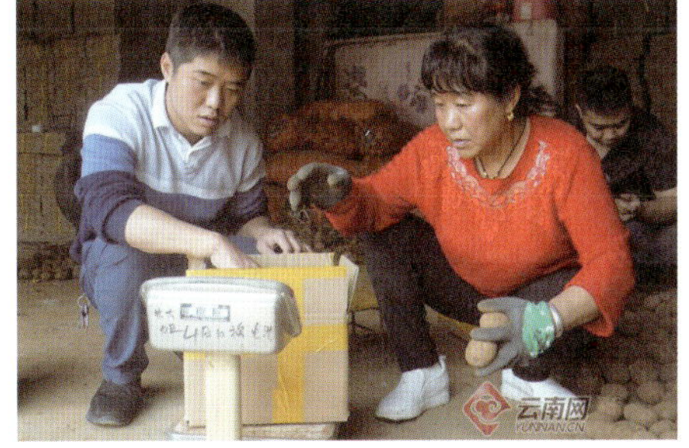

参加过培训之后开始创业的“90 后”残疾人肖韬（左）。他不仅创办了自己的电商公司，还获得了第四届“中国创翼”创业创新大赛曲靖选拔赛一等奖。

共培训学员 120 余人。从事电子商务的残疾人逐渐增多，电子商务孵化机制取得了较好的经济效益和社会效益。

与曲靖市残联合作的云南阿朴电子商务有限公司成立于 2015 年，总部位于沾益区“曲靖电子商务创业园”，占地面积 1500 平方米，是曲靖地区首家集资源整合、农产品上行销售、产品推广营销、网店策划及代运营、专业电商实操培训、物流综合服务等功能为一体的专业区域电商服务公司，拥有丰富的电子商务创业培训经验。

云南高原特色农业有着天然的独特优势，鲜花、咖啡、中草药、水果、马铃薯、蚕桑、生姜、油菜、普洱茶等产品丰富，依托电子商务平台出售特色农产品有着广泛的市场前景。

曲靖市残联从三方面入手培训残疾人电商人才。首先，筛选并引入具备条件的残疾人创业者，在电子商务孵化基地，与云南阿朴电子商务有限公司合作，遵循“免租金、免装修、免费培训、免费搭建电商平台”原则，为创业者提供设施完善的商业区域，配备创业导师提供业务方面的专业服务。

其次，提供持续的创业指导服务，针对创业企业普遍存在的资金困难、市场开拓困难等问题，相应引入投融资机构、管理咨询机构、信息咨询机构，为创业者建立成长机制。

再是，小班化教学确保残疾人创业者熟练使用电子商务创业需要的各项基本技能。诸如图片制作、标题优化、竞品分析、产品选款、产品测图、破零销售等，都成为电商必备培训内容。

最后，适时调整培训内容，推荐没有创业条件及意愿的残疾人就业，根据用人单位的岗位需求，进一步加强专业基础电商知识培训，让残疾人上岗就能用。

“单手绣娘”潘小红总是毫无保留地把自己的技术教给妇女朋友们。在她的帮助下，越来越多的留守妇女、残疾人、待业青年走上了增收路。

裕固族人擅长刺绣。潘小红在掌握了各种手工艺制作方法后于 1995 年成立了画艺创作室，从此开始正式从事手工串珠、民间刺绣、丝网花编制等手工艺品的制作。在新冠肺炎疫情期间，潘小红每天按时直播做培训。

肃南裕固族自治县：发挥传统手工魅力，线上配合线下实现“云”增收

裕固族是甘肃独有的少数民族，也是中国十个人口最少民族之一。裕固族同胞能歌善舞，更有精彩绝伦的民族手工。

肃南县的肢体残疾人潘小红是一位远近闻名的裕固族“绣娘”。潘小红幼儿时期遭遇两次意外，左手落下残疾无法伸展，脑部受伤也让她丧失了绝大部分的语言能力。在 16 岁那年，她对刺绣产生了浓厚的兴趣，并开始用自己的右手和牙齿制作刺绣手工。技术熟练后，她成立了自己的工作室并发展成公司，专门定制刺绣装饰和手工艺品。

随着“单手绣娘”的名声越来越响，肃南县政府、县残联等部门结合当地实际情况，主动找到潘小红，希望以她为核心，带动当地残疾人和留守妇女通过刺绣手工艺脱贫增收。在当地政府和县残联的指导下，潘小红设计了诸如民族刺绣、民族服装裁剪、手工编织、丝网花等多项课程，政府部门采取召集人员、购买原材料、提供场地等措施全力做好培训相关服务。

2020 年的新冠肺炎疫情打乱了线下培训的计划。根据甘肃省残联

要求，包括肃南县残联在内的各级残联从线下逐步支持、引导全省残疾人职业技能培训基地和社会助残力量开展线上培训，向有需求的残疾人提供定时网上直播授课。

在省级残联的政策指挥下，肃南县残联工作人员改换思路，主动帮助潘小红改用网络报名、直播授课的方式，帮助残疾学员制作手工艺品居家就业。2020 年 2 月 16 日，潘小红的手工艺品制作培训班正式开始直播。她每天通过直播平台定时和学员们进行互动，为残疾学员传授刺绣针法、拖鞋编制等技艺，线上直播可反复回看。行动不便的学员提前收到分发的原材料后，在家里边上网课边完成计件订单。

在网课结束后，学员们的作品由潘小红的公司统一收回，验收合格后，通过网店、电话订购的方式进行对外销售，残疾人做得越多收入越多。

成 效

曲靖市残疾人电子商务创业孵化中心

2016 年至 2019 年，曲靖市残疾人联合会委托云南阿朴电子商务有限公司开展 5 期残疾人电子商务培训，共接受 120 余名学员，其中重度残疾人 10 人，帮助 38 名残疾人完成电子商务创业，其中注册营业执照 16 家，残疾人电子商务店铺上等级 5 家，其中三钻 1 家、两钻 1 家、心级 3 家。据不完全统计，通过培训成功创业的残疾人电子商务企业平均年营业额为 10 万元，年人均收入为 2 万元。当地残疾人从事电子商务的人数逐渐增多，电子商务孵化机制取得较好的经济效益和社会效益。

残疾人肖韬于 2017 年 3 月在创业园接受培训，同年入驻园区创办了一家电子商务有限公司。商铺面积 1100 平方米，从事高原农特产品——

洋芋、生姜、大蒜、雪莲果、辣椒的网络销售和农产品网上代发。长期员工7人，其中残疾人5人。一天营业额最高12万，年营业额3000万左右，年利润30万。2020年7月，肖韬获得第四届“中国创翼”创业创新大赛曲靖选拔赛一等奖。肖韬在曲靖、蒙自、德宏建立了基地，运营共享仓库5000余平方米，带动近200名残疾人和300余建档立卡户脱贫，平均日发包裹近6000件。

残疾人电子商务创业户代表李媛媛于2016年1月在创业园接受培训，2016年8月园区扶持开设了网络店铺，主要运营云南本土特产、农副产品等，年营业额12万，年利润2.3万元。

肃南裕固族自治县残疾人电商培训

在当地政府和残联的鼓励与支持下，潘小红充分发挥“互联网+”授课模式，共开办手工艺品制作培训班30余期。现已有23名残疾人实现了就业，200多人通过线上手工技能培训班掌握了一技之长。有些学员每月收入最高可以达到3000元。

肃南县政府把“陇原巧手”培训作为实施妇女精准扶贫的有力抓手，计划培训像潘小红这样的能工巧匠3200多名。截至2020年，全县共有350余名手工制作人员，她们的作品走出了家门，远销省内外。

案例 20

残联搭台企业唱戏，从带货到“带人”
——吉林省残疾人网络创业孵化平台引领残疾人网上直播带货

做 法

在 2020 年之前，吉林省残联一直在积极布局利用互联网为辖内残疾人创造更多的就业机会，而随着互联网直播与带货风潮的兴起，给决策者提供了新的风向标。

省残联派出学习队伍，多次前往吉林省青年创业园、东北科技残疾人创业就业孵化基地以及一汽扶贫馆等省内知名电商平台和网红基地进行学习考察，与吉林省商务厅、《吉林日报》集团等在电子商务和融媒体发展等方面经验丰富的部门和单位进行协调沟通，学习经验，在争取支持的同时，进一步理清工作思路，完善了推动残疾人网络创业孵化的工作措施。最终于 2020 年 4 月搭建起吉林省残疾人网络创业孵化平台，邀请残疾人企业产品免费入驻，实现残疾人产品（作品）和省残联系统包保的扶贫村产品增收创收，助力残疾人网络创业及贫困残疾人脱贫攻坚。

2020 年 4 月 3 日，位于吉林省残疾人就业服务中心的残疾人网络创业孵化平台开始试运营，就业服务中心 1000 余平方米的创客大厅变身成为网红直播间，并重新规划为“吉兴 D 家”创客空间、创业路演厅和产品展示区，以及 20 个网络直播机位，既满足了产品集中展示展销的需要，也能够满足个性化的直播或视频制作的需求，既突出了残疾人就业创业功能，也强化了作为残疾人事业宣传阵地的功能。

在开播之前，吉林省残联在全省范围组织征集了各级残疾人就业创

（左上 左下）吉林省残联除了建设残疾人网络创业孵化基地之外，还举办多期残疾人网红培训班，邀请网络传播专家为大家授课。2020 年 5 月，在第一期残疾人网络视频直播创业就业培训班上，117 名残疾人学员参加了培训，掌握了网络直播、视频编辑等网络创业就业的基本技能。

（右上 右下）吉林省残疾人网络创业孵化平台邀请残疾人企业产品免费入驻，实现残疾人产品（作品）和省残联系统包保的扶贫村产品增收创收，助力残疾人网络创业及贫困残疾人脱贫攻坚。而这一举措的经验已经被全省各级残联学习、掌握，掀起了直播带货的热潮。

业基地、残联系统包保的贫困村所生产的农副产品、手工艺品、家庭用品等，经过筛选，首批共确定了 7 大类、150 余种产品，免费入驻基地，并在产品展示区分类展示。产品均须具有 QS 资格认证，食品类产品具有食品安全认证，平台支持代发货，保证品质不低于市场在售的同类产品。

孵化平台是融残疾人电子商务、推广扶贫产品、线上带货直播、特殊技能展示、才艺展演、残疾人事业宣传等为一体的新时代残疾人创业就业和事业发展模式，并将现行残疾人实体经济创业就业的扶持政策进一步向网络创业就业领域延伸，加大资金扶持力度，落实税费减免、项目补贴和信贷支持等优惠政策，为残疾人网络创业就业提供根本保障。

通过网红带货、线上直播和小视频播放等，发挥省级残疾人网络孵化基地的示范作用，并指导吉林省各地推进网络创业工作，形成了省市县三级残联组织联动局面。松原市等地方残联工作人员在孵化基地考察学习后，上马了松原市残疾人网络创业孵化基地。

此外，残疾人网络创业工作已经在长春市宽城区、朝阳区，吉林市舒兰市，四平市伊通县，白城市，大安市等地全面展开。

吉林省残联在文化创业方面，将残疾人网络创业孵化工作纳入文化创业扶持。对示范带动效果好的 5 个市县级残疾人网络创业基地分别给予5万元的资金扶贫。与省残疾人福利基金会合作，购置150套直播设备，对通过网络培训实训并进行网络在线创业的优秀残疾人代表进行重点扶持。

除了现场直播，吉林省残疾人中等职业学校还设立了 2 个专门的视频直播间和 3 个视频编辑实训室，重点开展残疾人网络培训实训等工作。2020 年 5 月举办了第一期残疾人网络视频直播创业就业培训班，117 名残疾人学员参加了培训，掌握了网络直播、视频编辑等网络创业就业的基本技能。

此外，省残联与吉林联通公司实施战略合作，开发了“智慧残联”网络平台，具有“残疾人事业信息资讯”“残疾人政策问答”“残疾人学习与就业支持”“爱心帮扶与助残联盟接入”等多项功能，全部纳入省残疾人网络创业平台。“智慧残联”平台得到了阿里巴巴集团的支持，在平台内植入“淘宝大学”和“云课堂”等，为残疾人学习互联网信息技术、电商创业知识提供自学条件。

成 效

在2020年5月17日第三十次“全国助残日”当天，吉林省残联与优质网络销售员合作，共同发起“助残脱贫，决胜小康”网红直播助残公益活动。通过抖音和快手平台，宣传推介残疾人扶贫（就业）基地的产品，短短1个小时所有上架产品全部售罄，销售近1.8万单，销售额近40万元。

延边州敦化市残联依托当地的阳光创业孵化基地，通过3个抖音公众号推荐残疾人就业（扶贫）基地产品，吸引粉丝300多万；通化市辉南县残联与当地知名电商合作，帮助残疾人通过网络创业就业，县内建档立卡贫困户二级肢体残疾人杨文军通过网络直播，粉丝达6.8万人，年收入5万余元等。

残疾人企业家张久丽在残联网络创业的启发带动下，积极应对因疫情影响，外贸、线下实体和传统电商销售惨淡的局面，实现新形势下销售模式的转型。企业生产的产品对外有标价，仓储、配货、快递物流等，既可为主播提供货源，又解决了其后续发货的相关问题，完全具备直播供应链基础。她对接外部主播及网红进行单品带货和专场带货，还在商业写字楼里设立产品展示间、模拟店面，便于直播展示产品、客户选品，以及加盟店考察。

她还积极发展自己的主播，以直播的形式向外商展示产品，同时开始运作自己的抖音、快手、淘宝等账号，还积极投身于扶残助残事业，培训、安置并带动残友就业创业。

四 如何利用旅游资源助残脱贫

背 景

旅游扶贫是指通过开发贫困地区丰富的旅游资源，兴办旅游经济实体，使旅游业形成区域支柱产业，实现贫困地区居民脱贫增收。旅游扶贫作为国家精准扶贫中的一项重要内容，是精准扶贫的新引擎，具有从业门槛低、收益可观的特点，也符合乡村振兴的时代主题。

2015 年，国务院办公厅印发《关于促进旅游改革发展的若干意见》，明确提出“大力发展乡村旅游，加强乡村旅游精准扶贫，扎实推进乡村旅游富民工程，带动贫困地区脱贫增收”。

2018 年，《中共中央国务院关于打赢脱贫攻坚战三年行动的指导意见》强调，“加大产业扶贫力度，因地制宜加快发展对贫困户增收带动作用明显的种植养殖业、休闲农业和乡村旅游等产业，积极培育和推广有市场、有品牌、有效益的特色产品”。

近年来，各地依托旅游扶贫带动性强、覆盖面广的独特优势，结合中西部地区有旅游资源的贫困村实际，扶持贫困残疾人家庭在适当的岗位就业增收。

案例 21

“红色名片”让日子更红火

——湖北省黄冈市红安县红色旅游扶贫实践

做 法

湖北省红安县地处湖北省东北大别山南麓，鄂豫皖三省交界，全县面积 1796 平方公里，总人口 66 万。截至 2019 年底，红安县有各类残疾人 4.1 万人，其中建档立卡贫困残疾人 10207 人。精准扶贫工作启动以来，红安县委县政府通过改善基础设施，引进旅游项目，把“红色名片”做实做响，通过开展旅游扶贫，带动贫困户，特别是残疾人贫困户实现脱贫增收。2018 年底，当地建档立卡贫困残疾人已全部脱贫出列。

政策引领，鼓励发展旅游服务

为整合部门资源、凝聚社会力量，红安县政府成立“红安县旅游扶贫指挥部”，制定了《红安县旅游产业扶贫实施办法》，同时配套出台了《红安县旅游扶贫实施细则》，依托乡村旅游发展实施现代服务业扶贫。红安县对旅游扶贫重点村每村因地制宜编制建设规划，给予 20 万元的项目支持，给予依托旅游自主创业的贫困户每户 5 万元的全额贴息贷款；贫困户在景区或旅游扶贫重点村开办小型宾馆或农家乐，每户每年给予 1 万元的奖励；开办超市，根据规模大小每年给予 1000—5000 元的奖励；贫困户在旅游市场主体打工就业或参与入股分红，一个贫困户脱贫由县政府奖励市场主体或旅游业主 1000 元，另外给予一次性补助贴息贷款 5 万元。

红安县七里坪镇盐店河村残疾人村民席和玉通过开办“红安绣女”旅游门店，经营红安大布、绣花鞋等土特产，全家顺利实现脱贫，她也成为远近闻名的增收能手。

依托景观，帮助残疾人稳定就业

红安县打造旅游风景区、休闲观光农业园区、传统古村落等多个乡村旅游品牌，成为“美丽红安”建设的新载体。

如针对位于天台山风景区的三个贫困村，红安县依托当地临近景区天河探险漂流项目，引导村委会和当地旅游公司开展合作，并优先安排残疾人在景区上班就业。景区由漂流公司在漂流起点和终点统一规划旅游服务区和售货长廊，免费提供给本村村民经营，由村委会成立“旅游公司”统一管理，残疾人可以在这些区域售卖漂流服、漂流外卖等产品。在漂流高峰期，一个售卖点一天可收入 5000 到 6000 元。景区自驾游客的转乘、漂流艇的转运等则是由取得资质的村民开展，周边残疾人及村民在景区承担河道护滩员、安全员、保洁员等工作，已有 20 多名聋人、轻度肢体残疾人村民在公司上班，每月工资 2000 多元。还有部分农户在景区种植高山有机茶，发展山野菜加工、牛羊养殖等。

突出经典，开发红色旅游资源

红色旅游是红安旅游的经典项目，其脱贫成效同样显著。从 2005 年开始，红安依托 61 位开国将军的故居，进一步开发红色旅游资源，遵循修旧如旧原则，恢复将军故居原貌，以“打造一处故居，致富一方百姓，带活一方经济”的发展思路，启动县直部门“一对一”帮建工作，每年修缮一处将军故居，带动周边村庄依托红色景区脱贫增收。随着红色旅游升温，景区周边村子 30% 以上的农户直接或间接服务于旅游，当地残疾人可通过在景区附近开办农家菜馆、餐厅、家庭宾馆等，并制作“红安老米酒”“红军帽”“红安花生”等“红色礼品”，将“红色旅游”产业化。当地乡镇顺势引导残疾人贫困户进行农业产业结构调整，开展特色种养殖业，并通过观光采摘提高农产品知名度。

村企联合，推动残疾人产业升级

红安县通过创新旅游扶贫模式，增强当地旅游产业发展活力。红安县明确干部包保责任和市场主体联保责任，鼓励企业主动担责，采用“公司 + 基地 + 合作社 + 农户”方式，与残疾人贫困户结成利益共同体，让当地残疾人参与企业建设开发，带动周边残疾人从事旅游相关产业。同时将旅游与农业生态联姻，按照“红色引领，绿色随行”的思路，鼓励和支持承包土地向家庭农场、专业大户、农民合作社流转，逐步建成有机蔬菜生产基地、草莓采摘园、特色农业庄园等，在提高当地农业生产、经营或服务的同时，让贫困残疾人得到一份租金收入。

红安县还推动当地企业与阿里巴巴集团签署合作协议，在线上建立阿里巴巴红安产业带，带动当地特色旅游商品线上销售，并通过培训残疾学员网上开店经营，将红安土特产推向全国。

通过现场织布的形式吸引游客，也是“红安绣女”旅游门店的一大特色。

成 效

2016 年至 2020 年，红安县通过在全县开展旅游扶贫工程，帮扶 38 户残疾人贫困户自主创业，带动 68 名残疾人脱贫，356 名贫困残疾人在 41 家旅游市场主体就业，其中 150 名残疾人通过入股分红，每年每人获得不低于 4000 元的收入。而通过打造线上红安产业带，截至 2019 年底，已入驻企业 100 多家，涵盖旅游农副特产、农家乐订房订餐等多个行业，依托互联网实现旅游交易额 200 多万元，为乡村旅游扶贫项目区输送游客 5 万余人。

红安县七里坪镇盐店河村残疾人村民席和玉，因高位截瘫，家庭生活十分困难，但她身残志坚，自强不息，通过刻苦努力，成为湖北省级非物质文化遗产红安绣花鞋垫传承人之一。在红安县残联的资助下，席和玉在七里坪镇长胜街开起了“红安绣女”旅游门店，专门经营红安大布、绣花鞋等土特产，还通过网店直销，生意红火，至 2019 年底家庭收入达 5 万多元，全家顺利脱贫，成为远近闻名的脱贫增收能手。

案例 22

依托珠峰旅游 促进就业增收

——西藏自治区日喀则市定日县民宿旅游扶贫实践

做 法

西藏自治区日喀则市定日县岗嘎镇位于珠穆朗玛峰脚下，由于当地海拔较高，自然条件恶劣，经济发展一直相对滞后。在贫困残疾人脱贫攻坚行动中，定日县依托当地区位优势，通过开发珠峰旅游产业，推动当地贫困残疾人脱贫增收。

打造民宿旅店，鼓励自主创业

定日县岗嘎镇位于前往珠峰大本营的必经路线上，具有较为明显的

定日县岗嘎镇残疾人民族手工业专业合作社通过培训藏族残疾人学习编织缝纫，制作藏族旅游工艺品，帮助残疾人实现脱贫增收。

定日县岗嘎镇残疾人民族手工业专业合作社，在开发旅游手工艺品的同时，还涉足木家具加工、农机具维修、房屋建筑、宾馆、绘画、驾校、超市、温泉休闲等多个领域，带动了当地残疾人稳定就业。

区位优势，每年夏季从这里前往珠峰登山旅游的游客络绎不绝。然而在岗嘎镇，旅馆酒店的数量相对较少。针对这一情况，定日县将长年经营管理不善的福利旅馆以承包的方式提供给当地具有一定创业能力和创业意愿的残疾人家庭进行经营，并通过免租、减租等方式予以扶持，鼓励当地残疾人发展民宿旅游，进行自主创业，并通过民宿旅馆安置当地其他贫困残疾人工作。

开发手工艺品，突出民族特色

定日县居民以藏族为主，当地的风俗习惯具有浓厚的民族特色。在发展民宿旅游的同时，定日县还开发了具有藏族特色的旅游手工艺品，将其作为当地旅游扶贫的项目之一。在岗嘎镇，当地建起珠峰脚下第一家旅游手工艺品店，并安置会编织缝纫的藏族残疾人在此就业。手工艺品店将具有藏族风格的图案花纹添加到洗漱包、背包和钱包等手工艺品中，使旅游产品呈现出鲜明的民族特色，受到游客的青睐。

在发展旅游手工艺品店的基础上，岗嘎镇又成立了残疾人民族手工业专业合作社，由残疾人和部分建档立卡贫困户入股。合作社在制作旅游手工艺品的同时，还涉足木家具加工、农机具维修、房屋建筑、宾馆、绘画、驾校、超市、温泉休闲等多个领域，带动了更多残疾人就业增收。

维护景区环境，增加就业岗位

岗嘎镇位于通往珠峰的318国道旁边，有些公厕因无人管理，卫生条件差，对当地的旅游业发展产生了不良影响。针对这一情况，定日县动员、培训建档立卡贫困户，其中有不少残疾人贫困户，对318国道加措山至珠峰大本营沿途的公共厕所进行定期卫生打扫和维护，并为负责清扫的贫困户每月发放2800元的补助，在改善当地自然环境的同时，使贫困户获得稳定收入。

成 效

西藏自治区日喀则市定日县岗嘎镇通过发展民族特色旅游，建立民族手工业合作社，在当地产生了良好的辐射带动作用，截至2019年底，该集体经济合作社资产达3500万元，已有附近乡镇的68名残疾人、80家建档立卡贫困户、107名易地搬迁户在合作社稳定就业；同时，部分残疾人通过在合作社免费学习技能，逐渐掌握一技之长，开始外出创业，生活质量得到极大改善。合作社还通过开展创业增收带头人宣讲报告，宣传党和政府的精准扶贫政策，激发当地贫困农牧民的内生动力，使当地贫困户通过奋斗逐步走上脱贫增收之路。

定日县措果乡残疾人旦格，之前家中一贫如洗，几乎没有什么收入来源，加入岗嘎镇民族手工业合作社后，每个月能拿到3000多元底薪，还有提成，每年收入可稳定在6万元左右。定日县协格尔镇残疾人索朗和德吉央宗，原来靠乞讨维持生活，在民族手工业合作社接受技能培训后开始自主创业，最终实现脱贫，家中生活有了明显提高。

点评

一人就业，全家脱贫。增加就业是最有效最直接的脱贫方式。近年来，各地通过千方百计拓展残疾人就业渠道，使残疾人端稳就业“饭碗”，实现持续增收。在案例中可以看到，不同地区在开展就业扶贫时探索的方法各不相同，有的通过开办扶贫车间，着力发展劳动密集型产业，帮助贫困残疾人就近就便实现就业；有的针对残疾人的残疾特点，通过开展针对性地技能培训，帮助残疾人创业增收；有的依托“互联网+”，实施电商扶贫行动，帮助残疾人实现“云就业”；有的则充分挖掘当地的自然资

定日县在成立残疾人民族手工业专业合作社帮助残疾人就业增收的同时，还会定期组织走访慰问活动，帮助贫困残疾人化解燃眉之急。

源优势，打出“旅游牌”，辐射带动贫困残疾人增收。应当说，这些地方的探索与实践为各地推进全面脱贫以及乡村振兴建设提供了很好的参考。

但同时也要看到，就业扶贫是一篇大文章，也是一道大考题，在开展就业扶贫过程中，不仅要立足实际抓传统就业，还要敢于开拓形式进行创新；既要善于利用政策引导企业吸纳贫困残疾人就业，积极引导贫困残疾人主动就业，也要利用政策来激励更多人到贫困地区去创业兴业，进而通过就业创业激活贫困地区的经济活力，为脱贫攻坚注入持续发展的不竭动力。

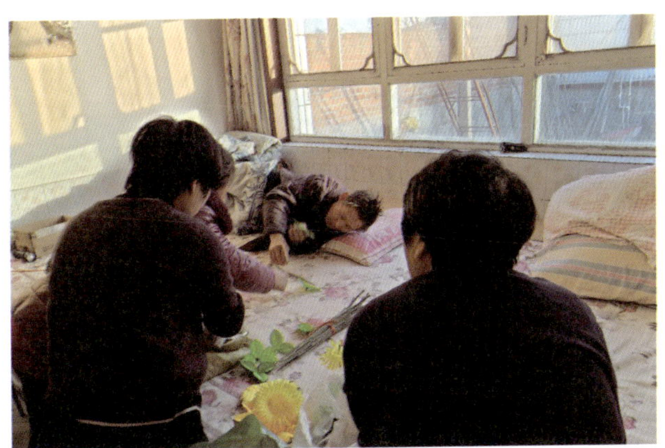

位于河北省昌黎县刘台庄村的金日塑料制品厂，以生产加工清明花、电子灯等祭祀用品为主业，其产品加工操作简单易上手，满足了残疾人居家就业需求。

幸福都是奋斗

第六章

产业帮扶 长效富民

产业扶贫是最直接、最有效的办法，也是增强贫困地区造血功能、帮助群众就地就业的长远之计。要加强产业扶贫项目规划，引导和推动更多产业项目落户贫困地区。

——2018 年 10 月 23 日习近平在广东省清远市连江口镇连樟村考察时的讲话（人民网广州 2018 年 10 月 25 日电）

一 如何通过种养殖产业带动残疾人增收

背 景

如何巩固提升残疾人脱贫成果，打造可持续的长效机制，已成为事关贫困残疾人脱贫攻坚的重要问题。产业助残扶贫，因其具有持续性和稳定性，有助于贫困残疾人通过合理发展产业项目，发挥自身“造血”能力，这已成为各级残联帮助贫困残疾人脱贫增收的有效途径，也成为贫困地区打赢打好贫困残疾人脱贫攻坚战的长远之策。

2015 年，《中共中央国务院关于打赢脱贫攻坚战的决定》提出制定贫困地区特色产业发展规划，出台专项政策，统筹使用涉农资金，重点支持贫困村、贫困户因地制宜发展种养业和传统手工业等。实施贫困村“一村一品”产业推进行动，扶持建设一批贫困人口参与度高的特色农业基地。2016 年 9 月，农业部印发《农业部关于加大贫困地区项目资金倾斜支持力度促进特色产业精准扶贫的意见》，明确在农业生产基础设施、农业科技推广服务、现代农业产业体系、新型经营主体发展、农业防灾减灾等项目资金安排上加大向贫困地区倾斜支持力度。

2017 年，中国残联会同国家发展改革委、财政部、农业部、中国人民银行、国家林业局、国务院扶贫办共同印发《产业扶持助残扶贫行动实施方案》，对产业扶持助残扶贫行动提出了明确任务目标：扶持帮助有劳动意愿和有劳动能力的建档立卡贫困残疾人通过产业扶持实现精准脱贫；探索帮助无劳动能力建档立卡重度贫困残疾人通过分享产业扶持项目收益增加收益；实施产业扶贫政策和项目的地区，力争每户建档立卡残疾人贫困户实现有 1 人安置就业或有 1 项产业扶贫增收项目。

案例 23

特色种植 助力持续增收

——广西壮族自治区百色市培育特色种植产业实践

做 法

百色市位于广西壮族自治区西部，地处滇黔桂三省（区）交界，是集“老、少、边、山、穷、库”于一体的特殊地区。全市总人口 400 万，残疾人 27.02 万，占总人口的 6.76%。通过建立残疾人助残扶贫基地，依托当地特色产业辐射带动贫困残疾人发展种养殖业，百色市扎实开展贫困残疾人脱贫专项行动，帮助残疾人实现稳定增收。

芒果种植　技术带动促增收

广西壮族自治区残联与百色市田阳县残联共同打造阳光助残扶贫基地，基地以广西田阳七月芒果专业合作社为依托，合作社集为贫困残疾人提供优质苗木、化肥农药，芒果种植和管护技术培训、现场技术指导，

百色市田阳县阳光助残扶贫基地以“基地 + 残疾人户”的运作方式辐射带动残疾人发展芒果产业，由于种植技术先进，基地的产值每亩平均比同地区的其他农户高 2000 元以上。

百色市田阳县阳光助残扶贫基地技术专家为贫困户进行实地技术指导。

负责收购或推介芒果为一体，通过“基地＋残疾人户”的运作方式辐射带动残疾人发展芒果产业。基地由当地具有多年芒果种植、管理经验的农户作为技术团队，在种植、实用技术培训、实地经验等方面进行技术指导。由于种植技术先进，基地的产值平均每亩比同地区的其他农户高2000元以上，成为该基地的独有优势。

循环发展 打造种养生态产业园

百色市处于我国石漠化地区，当地在脱贫攻坚过程中，将构树开发确定为当地的精准扶贫项目之一。该树种具有很强的适应能力，不仅可以治理盐碱化、沙漠化及石漠化土地，而且其叶和枝条经发酵后，是一种优质的畜禽动物饲料原料，具有可观的经济效益。

百色市平果县阳光助残扶贫基地采用“构树种植—饲料加工—养

百色市按照“公司+基地+贫困村（合作社）+农户”的模式开发经营，兼具集中安置劳务和分散辐射带动功能，使残疾人能够在基地就业。

殖—销售”全产业链和“养殖—沼肥—种植”的生态循环种植养殖模式，重点打造种养生态产业园，实现构树种植、加工一体化，养殖基地年出栏生猪4000头以上。该项目被百色市、平果县残联确定为市、县两级共建的阳光助残扶贫基地。

基地按照“公司+基地+贫困村（合作社）+农户”的模式开发经营，兼具集中安置劳务和分散辐射带动功能。在基地就业的残疾人从事保安、保洁、构树苗管护等力所能及的简单工种，每月有1800元以上的工资收入。基地通过免费发放仔猪、构树生态饲料和提供饲养技术保障、保底价回收农产品等方式，辐射带动基地周边村屯建档立卡贫困残疾人参与发展构树生猪种养殖产业。

成 效

截至2019年底，百色市建成24个残疾人助残扶贫基地，辐射带动4718名贫困残疾人发展种养，实现就业；投入619.95万元，为9135名贫困残疾人及亲属提供免费技能培训，提高残疾人就业创业能力。其中，百色市与田阳县共同打造的阳光助残扶贫基地成立4年来，自治区财政下达基地项目建设经费共计80万元，田阳县财政划拨基地项目经费10万元，扶持贫困残疾人不少于400人次，增收200万元，年人均增收5000元。

截至2019年底，百色市·平果县阳光助残扶贫基地已安置40名残疾人就业，每人每月有1800元以上的工资收入，辐射带动基地周边村屯137名建档立卡贫困残疾人参与发展构树生猪种养殖产业，辐射帮扶的残疾人每年至少得到2000元的物资帮扶，残疾人户均增加年收入4000元以上。基地通过“输血”与“造血”相结合，有效促进平果县贫困残疾人脱贫增收。

莫文珍是广西壮族自治区百色市田阳县那坡镇尚兴村的老支书，他通过带领村民在荒坡上种植芒果，探索芒果种植和良种培育技术，发展副业、输出劳务，使尚兴村成了远近闻名的移民新村，促成了田阳县乃至百色市近130万亩芒果产业的发展壮大。在当地残联的支持下，莫文珍在芒果种植社成立百色市·平果县阳光助残扶贫基地，免费为残疾人种植户讲解芒果种植技术，使当地残疾人户种植的芒果亩均年产量由最初的750公斤增加到1200公斤，每亩年增收超2000元。田阳县残疾人苏国新就是阳光助残扶贫基地中的一员，在基地的帮助下，他家的10亩地一共种了500棵芒果树，每亩产量有了很大提高，家里的收入也有了很大提高。看到家中的新变化，他逢人便说是扶贫基地让他过上了好日子。

案例 24

"一山一滩一陵一园" 创新扶贫基地建设

——河南省焦作市建设残疾人实体培训基地

做 法

开展扶贫基地建设的目的是为了带动本地区残疾人及贫困户生产增收，然而在实际建设过程中，却难免出现经营主体带动力不足，基地经济利益难以得到充分保障等问题。为了解决这一问题，各地在扶贫基地建设中探索了不同的举措。河南省焦作市有持证残疾人 98436 人，截至 2020 年 7 月底，有建档立卡残疾人 11451 人，在扶贫基地建设过程中，焦作市残联通过多方调研，根据当地"一山一滩一陵一园"的区位特点，联合本地种养殖大户及合作社因地制宜培育残疾人实体培训基地，形成培训生产和市场需求无缝对接的残疾人产业扶贫工作新格局。

残联主导参与 优化基地运作

在实体培训基地的建设上，焦作市对原有扶贫基地进行了一系列优化。原有扶贫基地是对照条件找符合的基地，偏重于发现；而实体培训基地是在项目适合残疾人的前提下，由残联直接从头开始培育且侧重于培育。同时，原有扶贫基地是完全依托企业（通常为农村合作社）运作的，残联参与度较低。而现在实体培训基地建立的全过程，都是由残联来主导并全程参与的。在资金扶持上，实体培训基地的资金采取预先拨付的形式，具有启动性质，并由地方政府、职能部门及残联部门以组合式优惠政策形成合力，使残疾人得到更多实惠。

依托实体培训 提升创业技能

在培训之初，基地会对培训内容、服务内容等情况进行介绍，并专门对残疾人培训后创业进行效益分析，让残疾人了解创业需要投入的资金，生产周期的时长以及一个生产周期能产生的效益。同时组织有意向的残疾人进行实地参观考察，通过示范带动引导残疾人积极参加培训。

在培训时，基地改变了以往依托学校、由教师授课、重理论轻实践的培训方式。依托实体培训基地，由技师在实体基地生产一线授课，更加注重技术和操作能力，让残疾人学了就管用。在培训对象的选择上，实行贫困残疾人优先的原则，培训对象不仅针对残疾人本人，而且包括不能参加培训的重度残疾人的直系亲属，培训项目立足于农村残疾人的土地资源，使残疾人能够依靠自己的土地创业增收。

针对地域特点 优选培训项目

为了使残疾人在经过培训后能够稳定获利，焦作市残联按照因地制宜的原则对培训项目进行筛选。筛选项目时做到“两有”“两无”“两适应”。“两有”，即有市场需求、有特色优势；“两无”，即无风险，无须残疾人投资；“两适应”，即适应残疾人特点，适应残疾人要求。

对此，焦作市残联牵头组成考察小组，开展市场调查，结合当地产

为了在残疾人贫困户中推广“小麦套种辣椒”模式，焦作市以当地蔬菜种植专业合作社为依托，为残疾人开展技术培训，并派技术人员在田间地头为残疾人讲解种植方法。

焦作市残联依托蔬菜种植专业合作社在残疾人贫困户中进行“小麦套种辣椒”技术培训。

业情况以及市场产品动向，筛选出适合这一产品发展的地区建立生产合作社，以此带动当地贫困残疾人，并慢慢向全市进行推广。

焦作市大部分县市区都属于太行山区，野生皂角刺资源丰富，市残联在山区建立基地，种植野生皂角刺（依托山区建立野生皂角刺扶贫基地简称“一山”）；考虑到焦作市是怀菊花等四大怀药的发源地，怀药销路很好，市残联在广阔的黄河滩上开展四大怀药种植（依托黄河滩建立怀药种植扶贫基地，简称“一滩”）。为了解决丘陵地区作物种类单一的问题，焦作市残联从山东引进油用牡丹，在孟州建立油用牡丹基地（依托丘陵地区建立油用牡丹种植扶贫基地，简称“一陵”），并对种植牡丹的贫困残疾人进行补贴，开展了大规模培训。同时，在对种养殖产业进行培育的过程中，焦作市残联对残疾人家庭有所偏重。依托蔬菜种植专业合作社在残疾人贫困户中推广小麦套种辣椒（在蔬菜种植园中推广经济作物种植，简称“一园”）的过程中，对于一户多残的家庭，焦作市允许家庭中的健全人按照残疾人待遇享受补贴，由合作社随时为他们提供免费的技术支持，并签订协议采取保护价收购产品。

案例 25

因地制宜 多方扶持激发脱贫动力

——山西省太原市阳曲县蜜蜂养殖 广西壮族自治区河池市宜州区桑蚕养殖扶贫工作实践

做 法

山西省太原市阳曲县蜜蜂养殖：
紧扣优势精准施策，助力贫困残疾人走上“甜蜜”脱贫路

山西省太原市阳曲县地处忻定、晋中盆地之间，山多川少，沟壑纵横，宜林地广阔，植物资源丰富，特别是蜜源植物尤为突出，这使得阳曲县发展养蜂业具有得天独厚的优势。同时，由于养蜂门槛低、投资少、见效快，加之省时省力好管理，适合残疾人的身体特点，在经过县乡村三级广泛走访调研后，阳曲县残联最终将当地的残疾人帮扶项目确定为蜜蜂养殖。

在确定蜜蜂养殖项目后，县残联邀请相关专家根据县域植物生长情况、村庄周边生态状况、蜜源资源进行了筛选，将开展养蜂项目的村子都选在半径 2.5 公里范围内蜜粉资源充足的地方，使养蜂项目尽可能覆盖到周边的偏远山村。

为了让更多贫困残疾人通过养蜂产业受益，县残联又确定了“整村推进”的思路，将有意愿发展养蜂产业的建档立卡贫困残疾人，不分残疾类别和残疾程度全部纳入帮扶范围，并为其免费发放蜜蜂和蜂箱。

在开展产业扶贫过程中，县残联还将基层党组织助残工作融入其中，为每个建档立卡贫困户都确定一名党员结对帮扶，通过签订帮扶协议，明确帮扶措施，使扶贫举措落到实处，仅 2017、2018 两年就有 160 余

在为贫困残疾人免费发放种蜂蜂箱后，阳曲县残联还会组织专家挨村挨户提供指导，现场演示解决难题，帮助残疾人掌握养蜂技术。

名党员干部参与助残扶贫，90%以上被帮扶农村贫困残疾人家庭基本实现稳定脱贫。

根据贫困户残疾人残疾程度的不同，县残联制定了不同帮扶策略。对残疾程度较低、个人能力较强的残疾人，采取直接帮扶、自立自养的方式，通过提供种蜂，帮助其独立创业。针对完全没有养蜂能力的重度贫困残疾人以及残疾程度较重、居住在偏远山村的残疾人，推出了将蜂群托养给养蜂大户或蜂业养殖基地，贫困户以蜂入股分红的模式，使残疾人在养蜂扶贫过程中获得实惠。

蜂群养殖对技术要求比较高，残疾人受文化程度低等因素影响，往往会遇到技术瓶颈。因此，在扶贫过程中，县残联又探索了“互助共养”模式，由贫困户中具有一定劳动能力和技术的养蜂大户帮助养蜂，被扶持的对象以帮工换技术的方式进行饲养，由此实现互利互赢。如在泥屯镇东青善村推行的“村委＋基地＋贫困户”的帮扶方式，就由村委会出面聘请高水平的养蜂能人，对全村15户45箱种蜂集中管理养殖，所得利润由贫困户共享。

在激发残疾人贫困户内生动力的同时，也要实现扶贫工作与市场的有效对接。为此，县残联在开展养蜂扶贫过程中，逐渐摸索出“四零”扶持机制——“零投入产业启动输血、零距离培训互动补血、零时差电商推动活血、零成本融资联动造血”，使残疾人养蜂全流程得到有效的政策覆盖。

为了解决有意愿扩大规模的养蜂户的资金问题，县残联还在建档立卡贫困残疾人可享受5万元贷款优惠政策的基础上，广泛宣传太原市残联出台的残疾人自主创业小额信贷利息补贴办法，鼓励贫困残疾人申请小额贷款，实现自主脱贫。为了让残疾人的蜂产品获得更多销售渠道，县残联还组织残疾人参加残疾人网店、微店、微商等实用技术培训，使残疾人养蜂户不出门就能借“电商”带“土货”出山。

广西壮族自治区河池市宜州区桑蚕养殖：将居家无障碍延伸到生产无障碍，打通残疾人脱贫最后一道坎

广西得天独厚的气候环境，适合桑叶的生长，每年可养两季蚕，蚕茧产量全国第一，是全国最大的养蚕基地。

河池市是广西乃至全国脱贫攻坚的主战场之一，是广西贫困人口最多、贫困面最广、贫困程度最深的设区市。种桑养蚕是广西河池的传统产业，也是最主要的脱贫产业。近几年来，河池抓住“东桑西移”的机遇，因势利导，把加快发展桑蚕产业摆在振兴地方经济的重要位置。当地通过调整产业结构，建设了标准化小蚕共育示范基地，推广使用先进养蚕

残疾人梁福添通过无障碍轨道喂蚕机为幼蚕喂食。宜州区残联在推广小蚕共育项目时，除了为残疾人开展生产物资的直接帮扶和生产技术的培训指导外，还对残疾人养蚕户进行蚕房生产无障碍改造，减少了残疾人生产中的不便。

技术，使群众种桑养蚕的产量和质量稳步提高，贫困户的收入也不断提高。

广西河池宜州区在推广小蚕共育项目时，除了与建档立卡贫困残疾人签订帮扶协议书，为他们开展生产物资的直接帮扶和生产技术的培训指导外，还首创了对残疾人养蚕户进行蚕房生产的无障碍改造。宜州区残联在为残疾人实施居家无障碍改造过程中，一些残疾人提出对养蚕设施进行无障碍改造，将居家无障碍改造延伸到生产无障碍改造的提议。针对这一提议，区残联大胆探索、反复改进、多方借鉴，专门针对残疾人的身体条件，设计、引进了轨道无障碍喂蚕车、自动上蔟机、自动消毒机和快速取茧机等省力化设施，以最节省劳动力的方法帮助残疾人更好更快地喂蚕，让蚕自动上蔟结茧。

帮扶期内，当地残联会赠送每个残疾人户优质小蚕、蚕药、蚕具、化肥等农资产品，进一步促进养蚕的标准化生产，从而使残疾人户的养蚕收入得到保障。

2020年，自治区残联拨款72万元，对当地180户重度贫困残疾人进行居家无障碍改造，打通了残疾人脱贫最后一道坎，巩固了全区脱贫攻坚成果。

成 效

阳曲县为了继续提升蜂产品的附加值，建成了山西省第一个蜂蜜检测线和蜂蜜生产线。除此之外，阳曲县正着力打造蜂文化博物馆、蜂文化科普教育、健康养生蜂产品等新的特色品牌，从而推动残疾人养蜂产业向纵深发展。

按照为每名残疾人提供3箱优质种蜂计算，每个蜂箱摇蜜60斤，当前市场价是20元到30元一斤，这样一来，秋季光蜂蜜一项每位残疾人至少收入 3600 元。而通过蜂群繁育，来年春天，3 箱种蜂可以发展成为 9 箱，以一箱蜂 600 元计算，又能收入 5400 元，仅一年时间，残疾人就能收入 9000 余元。

截至 2019 年底，阳曲县有 161 位贫困残疾人依靠养蜂脱贫增收。家住阳曲县黄寨镇城晋驿村的建档立卡户李改香身有残疾，因身体原因一度对脱贫不抱希望。2017 年 4 月，李改香与同村 7 位贫困残疾人免费领到县残联扶持的 21 箱优良蜂群，零投入起步互助养蜂，仅仅一个月就靠蜂蜜获利。逐渐积累经验后，李改香又代养了别人家两箱蜜蜂，一年下来，共产蜜 150 公斤、繁殖蜂群 10 箱，全年收入达到 1.6 万元，头一年就尝到了脱贫增收的甜头。

2015 年底，广西河池全市有贫困人口 69.1 万，建档立卡贫困残疾人 59636 人。截至 2019 年底，全市 69.1 万建档立卡贫困人口已脱贫 62.75 万，脱贫率为 90.8%, 其中 5.9636 万建档立卡贫困残疾人口已脱贫 5.1987 万 , 脱贫率为 87.2%。2020 年脱贫持证贫困残疾人 7649 人。

梁福添是广西河池宜州区同德乡六桥村人，因伤失去左手，妻子韦春妹是聋哑人，两人还要照顾两个小孩和一位老人，生活一度十分艰难。梁福添成为小蚕共育项目的帮扶对象后，2017 年，区残联把第一批无障碍设施放在梁福添家里做试点，5000 元改造了 40 平方米的蚕房，同时安装了自动上蔟机等设备。过去，从养小蚕到拣蚕茧，全部靠手工，效率极低，蚕房进行了无障碍改造后，梁福添表示，“帮了很大的忙，否则一个人根本养不了这么多蚕，也不可能有这么多的收入”。2019 年，仅养蚕一项梁福添一家就有约 6 万元收入，已经顺利脱贫。

二 如何运用资产收益扶贫

背 景

开展光伏助残扶贫能优先保障丧失劳动能力的贫困残疾人获得资产收益。

光伏扶贫是实现资产收益扶贫的有效方式之一，它充分利用贫困地区太阳能资源丰富的优势，通过开发太阳能资源产生稳定收益，实现扶贫开发和新能源利用、节能减排相结合，让广大残疾人在内的贫困人口得到资产收益红利。2016 年，中国残联、国务院扶贫办等 26 个部门和单位共同制定《贫困残疾人脱贫攻坚行动计划（2016-2020 年）》，明确提出通过开展光伏助残扶贫行动，利用多种方式筹措资金为贫困残疾人家庭建造光伏设施，或集中建设后以折股量化的形式配发给残疾人贫困户，优先保障丧失劳动能力的贫困残疾人获得资产收益。2019 年，国家能源局、国务院扶贫办联合下达的“十三五”第二批光伏扶贫项目计划中，明确提出在 15 个省（区）、165 个县开展光伏扶贫项目，共建成 3961 个村级光伏扶贫电站，总装机规模 1673017.43 千瓦，惠及 3859 个建档立卡贫困村的 301773 户建档立卡贫困户。

案例 26

产权跟着股份走，分红随着贫困走

——安徽省六安市金寨县光伏扶贫工作实践

做 法

安徽省金寨县位于大别山腹地，全县总面积 3814 平方公里，辖 23 个乡镇、1 个经济开发区，219 个行政村、10 个社区，总人口 68 万，是安徽省面积最大、山库区人口最多的县，也是首批国家级贫困县。由于历史、地域和生态保护原因，金寨县在资源、区位、人才、原始积累、产业布局上缺乏优势，发展水平低于安徽全省平均水平。全县基础设施落后，农业生产与当地人民生活水平难以改善，全县 2014 年初建档立卡贫困户 4 万户 13 万人，贫困发生率 22.1%。

2014 年起，金寨县在全国率先创新实施光伏扶贫工程，通过因户

从 2014 年开始，安徽省金寨县在全国率先尝试实施光伏扶贫工程，全县 28203 名持证残疾人脱贫收入中，仅光伏 1 项，每年收入近 2800 万元。

因村因地制宜推进光伏扶贫项目实施，在实践中探索了四种电站建设方式。

一是户用式光伏扶贫电站。对具备光照、承压、方位等条件的，在贫困户屋顶或房前屋后空闲地建设户用光伏扶贫电站，产权归贫困户所有。每个电站投资2.4万元，其中各级财政扶持8000元、企业捐资8000元、贫困户自筹8000元。

二是村集体式光伏扶贫电站。每村由县扶贫资金投入74万元，分村建成装机规模至少100千瓦的村级光伏扶贫电站。同时，动员社会力量为全县30个贫困村建设村级光伏扶贫电站，产权归村集体所有。村集体光伏扶贫电站发电收益80%用于开发公益岗位扶贫，其余部分用于奖励补助扶贫、村级小型公益事业扶贫等支出。

三是联户式光伏扶贫电站。对没有建设条件的贫困户、贫困村，采取乡（镇）、村协调选址、集中统一建设联户光伏扶贫电站方式，产权归县级所有。资金投入采取各级财政资金注入、光伏企业让利和贫困户资金入股等方式筹集。发电收益扣除土地租金、运维管理等必要费用后，剩余资金用于形成贫困村集体经济收入及贫困户入股分红。

四是集中式光伏扶贫电站。2017年，在综合考虑土地资源节约利用和贫困户光伏受益面扩大的基础上，金寨县财政投入1亿元，争取银行政策性优惠贷款5.9亿元，托荒山集中建设10万千瓦集中式光伏扶贫电站，发电收益扣除土地租金、运维管理等必要费用后，非扶贫容量部分形成的收益，主要用于偿还银行贷款、贫困村分红等支出。扶贫容量部分形成的收益，由县级统筹用于扶贫事业。

通过推广四种光伏扶贫方式，金寨县走出了一条“产权跟着股份走、分红随着贫困走”的可持续精准扶贫之路，光伏扶贫已成为金寨县残疾人增收的有力发动机和持久稳定器。而在建设管理过程中，金寨县的具体做法体现在以下三个方面。

坚持环节把控 确保组织建设最优化

在光伏扶贫电站建设初期，金寨县综合考虑光照、用地、资金、电网消纳等因素，科学合理确定各村级光伏扶贫电站建设规模，其中村级光伏扶贫电站装机规模为60—100千瓦，联村光伏扶贫电站装机规模为240—6000千瓦。为优化提升发电效益，金寨县还根据山区电网特点，村级光伏电站采取380伏就近并网，村集体式光伏电站通过升压接入10千伏和35千伏线路。

在施工过程中，金寨县采取县级统一招标建设、统一验收评估的办法，确保每个参建单位具备应有的专业能力和资质，确保每个电站具备应有的质量水平。建设单位主要选择在县内有大型商业地面光伏电站的企业，光伏组件、逆变器等采用国家资质检测机构认证的一线品牌，采用EPC总承包方式统一开展光伏扶贫电站建设，确保工程质量达标、评估结果符合要求。

坚持收支明晰 实现残疾人增收最大化

金寨县充分挖掘光伏扶贫电站各种资源，延伸收益链条，最大限度释放光伏扶贫电站综合效益，其收益主要包括三个方面：

一是光伏发电收益。其中，村集体式光伏扶贫电站，每村每年实现增收10万元左右；集中式光伏扶贫电站，贫困户通过入股资金5000元，每年每户分红3000元，连续4年稳定脱贫后，再退还贫困户入股本金。

二是公益劳务收益。金寨县通过开发光伏扶贫电站管护员等公益岗位，优先选择残疾人贫困户参与光伏扶贫电站管护，带动200多户贫困户户均年增收6000元。

三是产业发展收益。金寨县还利用光伏扶贫电站板下空地，大力发展“板下经济”，探索发展农业种植、药菌类栽培、养殖、苗木培育等产业，初步形成“农光互补、药光互补、养光互补、林光互补”等模式，引导残疾人贫困户通过发展板下经济获得生产性收益，提高了光伏扶贫电站综合效益。

为确保发电收益规范结算，金寨县的光伏扶贫电站发电收益全部由供电部门统一结算至县光伏扶贫发电收入结转机构专户，实行封闭化管理，由县级结转机构承担各种类型光伏扶贫电站发电结算及收益发放。同时，金寨县切实加强和规范光伏扶贫电站收益分配使用管理，建立健全利益联结和带贫减贫长效机制，确保光伏扶贫效益发挥。对照上级文件精神，结合县情实际，制定《金寨县光伏扶贫电站收益分配管理实施细则》，明确村级光伏扶贫电站发电收益用途及分配对象，并严格按照细则规范实施。

坚持建管结合 实现运营维护长效化

随着时间推移、设备老化，部分户用电站存在逆变器、光伏板出现不同程度损坏或故障的情况，为切实保障光伏扶贫电站持续平稳运行，金寨县建立健全长效运维管护机制。

金寨县与移动公司合作，建立短信服务平台，推出短信提醒业务，根据天气、季节变化及时发送光伏扶贫电站维护信息，普及维护保养知识。建立保险服务平台，按照每 3 千瓦保险费 20 元的标准，统一为全县村集体式光伏扶贫电站购买财产安全保险，切实减轻潜在自然灾害给光伏扶贫电站造成的损失。建立智慧服务平台，建设光伏智慧监控中心，实现对全县村级光伏扶贫电站设备运转、发电效能、光能转换等情况的实时监控，确保问题早发现、故障早处理，进一步降低运维成本、提高发电效益。

为加强故障监测，金寨县依托全国光伏扶贫信息系统运维平台进行数据分析，初步排查全县村集体（含联户式）电站发电异常情况。利用

安徽省金寨县全军乡沙河店村残疾人陈绍宏在自家屋顶建成装机3千瓦的入户用光伏电站，年均增收可达3000余元。

县光伏智慧管理平台排查，重点对可采集户用电站开展排查，初步确定异常问题。借助供电“用采系统”每日监测电站发电情况，对辖区内光伏扶贫电站运行发电情况进行监测梳理，将异常数据上报运维中心，由运维中心与平台比对，初步确定故障电站。同时通过生产、调度等系统，每天对大型联户光伏电站开展监测。开通400免费热线，畅通故障报修渠道，安排专人值班，接听电话，详细记录报修信息，及时解答用户咨询。

金寨县成立了县光伏扶贫管理服务中心，依托县供电公司完备的人力技术资源和专业的技术支撑，组建了拥有210人的专业运维班组共19个，分区管理，责任到人。建立快速响应机制，由运维中心根据监测分析结果，统一下发运维工单，各运维班组立即到村到户到现场排查，消除故障。制定运维管理工作制度，规范运维流程，实行运维班组“周报表”、运维中心“月报告”制度，及时向主管单位汇报运维结果，寻求支持，协商解决难题。

金寨光伏示范工程点多面广，用电负荷密度低，电网网架相对薄弱。为了解决该难题，金寨县联合安徽电科院科研团队从规划、装置、调控三个方面着手，开展技术攻关，通过在分布式可再生能源发电集群关键地点配置灵活并网设备和系统集成，有效解决了金寨县分布式电源并网消纳难题，提高光伏扶贫电站发电效率，初步形成了可复制、可推广的分布式光伏并网消纳管理模式。

金寨县还将光伏扶贫电站管理工作纳入县脱贫攻坚评价的重要内容，明确乡、村职责，充分发挥村级光伏管护员作用，建立管护工作与公益岗位报酬挂钩的奖惩机制，切实压实管护责任。结合督查、督导、暗访等工作，对发现光伏电站管护不到位的情况，及时指出，限时整改到位。调动运维公司积极性，不定期检查运维公司运维管理工作，对贫困户投诉多、维修时间长等问题，采取下达整改通知书、罚款、约谈等方式，督促其立即整改；运维效果好、群众满意度高，可在下一年度适当增加运维费用。

成效

安徽省金寨县光伏扶贫自 2014 年开始建设，至 2017 年全面完成。截至 2019 年底，当地已累计投入 14.78 亿元建成并网光伏扶贫电站 20.11 万千瓦，实现综合收益 5.19 亿元，助力 11.95 万贫困人口脱贫、71 个贫困村出列，贫困发生率由 22.1% 降至 0.31%。而在建档立卡残疾人 8983 户 10085 人中，受益于光伏扶贫的达 8584 户 8907 人，分别占总户数的 95.6%，总人数的 88.3%，按户均光伏增收 3000 元计算，金寨县建档立卡残疾人家庭一年仅光伏扶贫项目即帮助收入 2575 万元。

金寨县梅山镇梅山村大湾组的李道友是建档立卡贫困户，由于肢体残疾，不能从事重体力劳动。2015 年在推广光伏扶贫项目时，金寨县残联首先选定了李道友家作为光伏扶贫的帮扶对象，为他家投资建设了 3 千瓦规模的户用光伏电站，电站年平均发电量为 3000 千瓦左右，每发一度上网电李道友家就能收入一块多钱，年均可卖电 3000 多块钱，2017 年梅山村又新建了 100 千瓦村集体光伏扶贫电站，李道友通过入股又可以从村里的集体式光伏扶贫电站获得分红。

三 如何提高残疾人文创产业收入

背 景

经过在绿泽画院多年的学习，残疾人陈泽忠已经成为当地有名的石雕技师。

多年来，党和政府一贯支持残疾人文化事业的发展，2017 年实施的《中华人民共和国公共文化服务保障法》和《“十三五”推进基本公共服务均等化》均提出将残疾人文化事业纳入国家公共文化服务体系。“十三五”以来，中国残联不断加强对残疾人文创产业的扶持力度，通过支持各地残疾人文创产业基地建设和特殊文化艺术挖掘与推介、手工艺者集善之家、残疾人艺术家百人推介计划等一系列项目对残疾人文化产业发展予以指导和支持。

2019 年 6 月，有 70 家机构被中国残联评定为“首批残疾人文化创意产业基地”，作为残疾人文化创意产业发展的示范窗口，由此带动和辐射各级各类残疾人文创机构规范发展，促进残疾人文创就业创业，丰富和活跃广大残疾人的精神文化生活。山东省济南市平阴县绿

在绿泽画院的油画室里，残疾人学员正在紧张地进行创作。

泽画院与陕西省西安市残疾人就业创业孵化基地就是其中的典型代表。

此外，国家层面不断出台政策支持各地特别是国家级贫困县以传统工艺为重点，依托各类非遗项目，设立一批特色鲜明、示范带动作用明显的非遗扶贫就业工坊，帮助贫困人口特别是残疾人学习传统技艺，提高内生动力，促进就业增收，巩固脱贫成果，通过“非遗 + 扶贫”，促成两项工作对接和优势互补。统计显示，2019 年全国共设立非遗工坊 2310 个，带动 46.38 万人参与就业，带动 20 万建档立卡贫困户脱贫。非遗手工艺中蕴含着中国文化的视觉基因和审美意境，中国式美学赋予其灵气与底蕴，在上下五千年的星河时空中熠熠生辉。比如在藏族的地方习俗中，人们为了祈盼五谷丰登，会用五谷拼凑出彩色图案来供奉。像用青稞、小麦、油菜籽等，通过巧妙构思绘制出来的图案被称作“五谷画”。

解决贫困问题最好的办法，是增强贫困人口自身的就业能力，通过强化“造血功能”激发脱贫内生动力。各级政府通过税收优惠、贴息支持、财政奖补等机制，引导资金、土地、人才、技术、管理等各种要素向贫困地区聚集，为脱贫攻坚提供了强大合力。

案例 27

残疾人文创产业规模化发展新探索

——山东省济南市平阴县绿泽画院
陕西省西安市残疾人就业创业孵化基地文化助残工作实践

做 法

深入调研 放开用人标准

山东省济南市平阴县绿泽画院于 2010 年注册成立，位于济南市平阴县孔村镇，主要从事油画、水彩画、丙烯画的创作、临摹和石艺雕刻和石绘等艺术品创作，拥有产销一条龙的产业链，采取订单式生产模式，产品远销西欧、北美等 10 多个国家和国内 20 多个省（市）自治区。在此基础上，平阴绿泽画院结合当地情况扶助本地残疾人就业，对符合条件的下肢残疾人和聋人进行油画临摹和石艺雕刻培训。

2013 年初，平阴县残联经过多方考察，认为油画与石雕等文创内容生产项目比较适合活动不便的下肢残疾人和精力集中、心灵手巧的聋人。残联工作人员经过与绿泽画院负责人沟通，希望对方培训吸纳残疾人工作者，获得积极回应。

之后，济南市残联负责牵头组织各级残疾人工作者深入残疾人家庭，寻找适宜从事这项工作的残疾人，通过宣传发动，先后分批组织 500 多名残疾人到绿泽画院进行现场参观。

经过筛查，绿泽画院从 2013 年开始招收残疾人员工，本着“零基础入学，零起点就业”的原则，配合“免费培训 + 定向就业”的方式，第一批 38 名员工涵盖了听力、肢体、智力和精神等残疾类别。在教学上，画院根据岗位需求设定培训内容，制订学员的基础培训周期。残疾员工平均培训半年左右，最短两个月，培训合格即可在画院上班。

绿泽画院的张艺凡老师（右）在指导残疾孩子学习素描。

为了让残疾员工放心生产、安心工作，画院与残疾人签订劳动合同，实行绩效工资的同时全额缴纳“五险”。多数残疾人刻苦努力，培训时间大幅缩短，有的三四个月就可以接到订单了。良好的口碑，吸引了不少残疾人主动上门问询工作机会。

产销对应 海外出口增值

绿泽画院的绘画作品采取订单式销售方式，不积压库存，这也解决了残疾员工的后顾之忧。绿泽画院凭借多年深耕，与北美、欧洲等地的画廊、艺术机构保持良好的销售关系，法国卢浮宫的部分艺术纪念品也由绿泽画院的残疾人画师完成。

为了给残疾人提供更多就业岗位，同时扩大画院的销售渠道，画院也在线上尝试拓宽销售渠道。先是在2017年3月份正式上线了电子商务，搭建了天猫绿泽旗舰店和淘宝绿泽油画两家店铺。随后通过京东商城、速卖通等各大电商平台上线，构建多平台的营销网络。电商平台的客服人员也都是残疾人，他们不仅能画画，还担起了市场营销的重任。

扩大项目 建设创收新平台

平阴绿泽画院在济南市区多级残联的指导下，凭借原有基础逐步开发残疾人电商、制香、托养、旅游等项目，进而延伸产业链条，做大产业集群。2018 年，绿泽画院开始投资建设集教育教学、临摹创作、展览交流、销售出口于一体的平阴绿泽残疾人文化创意产业园。

三方管理 完善公共监督

陕西省西安市残疾人就业创业孵化基地于 2017 年创建，按照“政府支持、残联负责、专业运营、第三方评估考核”的残疾人创业孵化新模式运作，采取政府购买服务的方式为残疾人创业团队、企业助残创业就业项目提供专业化服务。基地项目被列入西安市 2018 年重点为民办好的“十大实事”。

孵化基地在陕西省残联的具体指导下，联合爱心企业为残疾朋友提供动画、影视制作等方面的技术培训，并帮助残疾人实现稳定就业。以免费的方式为残疾人提供影视动画、互联网平台搭建及维护、AR/VR 等新媒体文化培训工作，积极发掘并向相关领域选送优秀人才。

残健融合 打造高效团队

孵化基地中，成立于 2017 年 6 月的西安鸿鹰影视文化传媒有限公司的名气最大，成绩最响。公司负责人王磊是一位肢体残疾人，儿子

陕西省西安市残疾人就业创业孵化基地中，陕西西安鸿鹰影视文化传媒有限公司的名气最大，制作团队 300 多人，残疾人占了一半多。

在陕西省残联与市残联鼓励支持下，西安鸿鹰影视文化传媒有限公司成立了一所专门针对残疾人高端就业的动漫培训学校——鸿鹰动漫培训学校。

患有孤独症。公司原创动画电影《花千谷·花魂之路》于 2020 年在国内视频平台上线，这部历时 5 年创作完成的动画长片，制作团队达到近 300 人，残疾人占了一半多。

西安鸿鹰影视文化传媒有限公司从全国各地聘请影视动画专业制作人员组建了一流的制作团队。考虑到残疾人普遍存在出行不便、缺乏自信等问题，公司组建了“残疾人＋健全人”的“融合式”合作团队，共同完成动漫、影视、新媒体创作等文创产品的制作，让残疾人学员在融合的环境中不断建立自信、提高技能，同时也在公司内部形成了扶残助残的良好氛围。事实证明，“融合式”团队文化创作的品质和效率都比其他团队要高。

教育立本 扩充后备力量

为了让西安市残疾人就业创业孵化基地实现更高一级的造血机能，2017 年，陕西省残联与市残联鼓励支持王磊成立了一所专门针对残疾人高端就业的动漫培训学校——鸿鹰动漫培训学校，从全国各地聘请了计算机图形专家、数学专家、流体力学专家、材料力学专家等组建了国内一流制作团队，吸收有志于此的残疾朋友投身动漫产业，实现了人才培养和就业的链条式产业模式。

成 效

山东省济南市平阴绿泽画院

2018 年平阴绿泽画院被中国残联评选为“国家级残疾人职业培训基地”。截至 2020 年 6 月，画院累计培训残疾人 215 名，集中安置残疾人 85 名，辐射带动残疾人 25 名。在专业老师的指导下，残疾员工的很多作品获得了国内外美术比赛的奖项。

平阴绿泽残疾人文化创意产业园已建成 3000 平方米的美术馆和 5000 平方米的综合教室，项目全部建成后，可形成集艺术创作、书画展览、绘画培训、画作拍卖、生活休闲于一体的综合性文化艺术中心。年预计可创作艺术作品总计 300 件，承揽画展 100 次、拍卖会 70 次，最多可一次性容纳 200 名残疾人实现就业。

现年 32 岁的脑瘫患者张国栋在 2013 年由平阴县残联的工作人员带到了绿泽画院，成为首批残疾人员工。刚到画院的他，只能趴着写字，练素描时画的线条都是弯的。但他肯坚持，悟性又好，每天在画布前能坐 10 小时以上。从素描开始学习构图，到后来能独立完成一幅油画作品，仅用不到一年时间，孙国栋每个月能完成两到三幅油画作品。

患有强直性脊柱炎的陈泽忠，他的前半生有 20 年是躺在床上度过的，能站起来的时间里开过小卖店，卖包子和豆腐。2013 年，陈泽忠被平阴县残联的工作人员带到绿泽画院，最终成为一名优秀的石雕刻师，后来他申请到了保障性住房，娶妻生子，每个月 4000 多元的工资成为西安市残疾人就业创业孵化基地制作的动画电影。

家里重要的经济来源。

陕西省西安市残疾人就业创业孵化基地

西安市残疾人就业创业孵化基地与央视动画中期制作基地、陕西广电网络、北京智盛联合等合作共同孵化大型动漫文创项目。2018 年共同打造了《帮帮号》《崩坏星球 3》等动漫作品以及多部三维动画电影。

西安市残疾人就业创业孵化基地已被西安市残联指定为“西安市残疾人就业培训基地”。2019 年 5 月，陕西西安鸿鹰影视文化传媒有限公司负责人王磊荣获“第六次全国自强模范暨助残先进个人”称号。

在西安鸿鹰影视文化传媒有限公司，融合式团队培训出来的残疾人学员通过全程参与相关文化项目的磨炼，不仅积累了实践经验，了解了行业标准，同时还练就了过硬的实践技能。

截至 2020 年，鸿鹰职业技能培训学校已培训 300 多名残疾人学员，就业率达到了 80% 以上。他们毕业后活跃在动画制作、平面设计、编程、自媒体等多个行业。

听力残疾人习云超自幼喜欢绘画，自学影视建模技术之后，因为沟通不便，被诸多公司拒之门外。2019 年初，习云超找到孵化基地，面试后加入影视动漫团队。团队负责人王小宁主动提出和习云超组成“融合团队”，同时购买了实时语音转文字的软件，并聘请了专业手语老师教授团队成员一些简单手语。很快，习云超便和团队的其他成员打成一片。

案例 28

传承非遗技艺 助力文创脱贫

——青海省黄南藏族自治州尖扎县“五谷画”助残脱贫

做 法

1980 年，家住青海省黄南藏族自治州尖扎县的两岁男孩索南本因患神经性耳聋而失聪。2007 年，索南本偶然在电视中看到了“五谷画”，跟自己父母做的“吉噶拉姆”一模一样，但当地市场上卖的“吉噶拉姆”很粗糙，样式简单。索南本花了三天时间，用玉米和麦粒，粘出了一朵又大又圆的葵花，获得了家人认可，索南本觉得这是个商机。

索南本花了整整七年解决防臭、防虫、防潮和装裱问题，终于摸索出独具民族魅力的“五谷画”制作与保存技艺。2014 年，索南本制作的两幅五谷画得到乡长认可，后者建议他在县城租房作为五谷画的销售点，

2015 年 5 月，在尖扎县政府和残联的政策扶持下，索南本在尖扎县城开办“五谷画民族工艺品制作店”，陆续招收 27 名残疾人和贫困员工，并对 166 名残疾人和贫困妇女进行了手工技能培训。现在，他们制作的“五谷画”民族手工艺品已畅销全国各地。

索南本和同事创作的五谷画。用青稞、小麦、油菜籽等食物，通过巧妙构思，“绘”制的图案就是“五谷画”。

索南本对残疾人和贫困妇女进行手工技能培训。

并向有关部门申报为其提供扶持帮助。

2015年5月，在青海省尖扎县残联的政策扶持下，索南本在尖扎县信用社贷款资金50万元正式注册了青海引福五谷画有限公司，成为青海藏区唯一一家五谷画制作及研发企业。同年12月，州、县妇联不断与相关部门沟通，将索南本的“五谷画民族工艺品制作店”纳入天津市重点对口支援项目“黄南州妇女手工编织基层服务站点”，索南本得到扶持资金3万元，帮助当地留守妇女获得就业机会。

近年来，索南本的企业累计得到省、州、县残联残疾人就业创业扶持资金10余万元。通过吸纳员工、就业培训等方式，让当地残疾人通过“五谷画”创作增收。

在企业发展壮大的同时，索南本积极响应党和政府的号召，以民俗文化产业发展为龙头，踏实做好民族传统手工艺品制作、保护、传承和发展，走“公司+基地+农户”产业化发展之路，投身精准扶贫事业，通过创办扶贫就业基地，帮助和带动当地群众和残疾人脱贫增收。

索南本通过自己的努力，让更多的人了解了青海不只有美丽的湖泊和遍地的格桑花，还有更多的东西值得我们去探索和发现。

成 效

截至2020年6月，公司共招收27名残疾员工，涵盖盲、聋和肢残等类别，其中1名州级民间工艺师、3名县级民间工艺美术师、4名“五谷画”传承人。索南本还利用各类机会为残疾人群及贫困群众组织手艺技能培训。2020年，公司在尖扎县和德吉村设立两个培训点，为166名残疾人及贫困妇女进行培训，并安置其中20位优秀人才到公司就业。

在索南本多年的钻研下，以往简单朴素的五谷画变得更加精美，以唐卡、人物、花鸟、名人字画等为主的图案也更加丰富，形神兼备。2018年，“五谷画”被选为尖扎县县级非遗内容。“五谷画民族工艺品制作店”开张后，索南本的《吉祥八宝》《和睦四瑞》两幅五谷画作品很快就卖出了6000元。2019年10月，索南本创作的五谷画《背水姑娘》在首届青海省残疾人书画工艺美术大赛中荣获三等奖。

2020年5月17日，全国自强脱贫和助残扶贫先进事迹网络报告会在北京举行，索南本向全国人民讲述了他自强脱贫和助残扶贫的生动故事。非遗文化在今天更需要传承和发展，作为一家扶贫企业，索南本的企业实现了从“输血式”扶贫到“造血式”扶贫的转变。

点评

扶贫扶长远，长远看产业。地区发展离不开产业的支撑，产业扶贫是根治贫穷的良策。如何探索合适的方法和措施，以产业发展带动贫困残疾人脱贫增收，是各地在贫困残疾人脱贫攻坚中需要认真思考、解决的问题。案例中的一系列举措和做法应当说为各地开展助残产业扶贫工作提供了有益的借鉴。他们或因地制宜，依托当地种养殖特色，找准产业发展发力点；或通过建设光伏扶贫电站，确保贫困残疾人稳定分红增收；或聚焦文创产业，通过盘活贫困地区的文化资源，帮助贫困残疾人将手工艺品变成真金白银。

从上述经验可以看出，要使产业扶贫落地生根，关键还是要抓住“精准”两个字。一方面要精准对接市场，按照市场需求发展特色产业，发挥龙头企业、合作社等新型经营主体的带动作用。另一方面，要精准对接贫困残疾人，形成产业与贫困残疾人的利益联结机制，让贫困残疾人通过提升技能、参与生产，分享产业发展红利。也只有将“精准”二字抓紧抓牢，才能让产业扶贫的政策举措落地落实，才能让贫困残疾人通过发展产业真脱贫、不返贫。

脱贫路上

第七章

东西协作 助残脱贫

东西部扶贫协作和对口支援，是推动区域协调发展、协同发展、共同发展的大战略，是加强区域合作、优化产业布局、拓展对内对外开放新空间的大布局，是实现先富帮后富、最终实现共同富裕目标的大举措，必须认清形势、聚焦精准、深化帮扶、确保实效，切实提高工作水平，全面打赢脱贫攻坚战。

——2016 年 7 月 20 日习近平在银川主持召开东西部扶贫协作座谈会的重要讲话（新华社银川 2016 年 7 月 21 日电）

一 如何在东西部扶贫协作中找到结合点

背 景

在党中央关于东西部扶贫协作的战略部署下，1996年9月，远隔千山万水的福建和宁夏两省区建立起对口协作关系，一批批带着海风和温暖的福建援宁人，从闽江水畔来到六盘山下。两省区20多个省级部门、80多个县级部门，101对乡镇、110对村建立了结对帮扶关系，在全国开了先河。截至2019年底，20多年来，福建共有11批183名援宁干部到宁夏挂职帮扶，宁夏也先后选派了19批325名干部到福建挂职锻炼学习。援建公路385公里，打井窖1.5万眼，修建高标准梯田22.9万亩，建设110个闽宁示范村，资助贫困学生9万多名……随着闽宁协作，从“输血”走向“造血”，将众多福建企业家引入宁夏，截至2019年底，已有5700家企业（商户）入驻宁夏，闽商企业在福建省开辟了一批宁夏特色农产品展销窗口。闽宁两地依然在不断拓展扶贫协作领域，由单一的经济合作发展为教育、医疗、文化等多领域合作，各项社会事业不断推进。其中，贫困残疾人受益明显的“隆德模式”也逐渐被更多人知晓，更成为“闽宁协作”的经验亮点。

案例 29

山海携手 圆梦小康

——福建省福州市闽侯县帮扶宁夏回族自治区固原市隆德县“隆德模式”

做 法

隆德县地处宁夏南部、六盘山西麓，属于“苦瘠甲天下”的西海固集中连片贫困地区，脱贫任务艰巨。2012 年，福州闽侯县与宁夏隆德县建立对口协作关系，闽侯县不断创新帮扶措施，签订《闽侯县—隆德县对口扶贫框架协议》，加大帮扶资金支持力度，仅就隆德县残疾人托养中心项目，截至 2020 年，福建拨付隆德县援宁资金 1550 万元。两县积

福建省闽侯县和宁夏隆德县联合招商。2013 年，隆德县引进闽宁对口扶贫协作项目，成立宁夏隆德人造花工艺有限公司，并在交通便利的村庄建立了 11 个“闽宁扶贫车间”，打造“公司 + 社区”、“公司 + 贫困户”的经营模式，安置残疾人就业，扩大服务覆盖面。

极对接社会力量，围绕产业发展、社会事业等方面，实施宁夏隆德县闽宁扶贫产业园、扶贫车间和农村重度贫困残疾人托养中心建设等帮扶项目，并瞄准脱贫攻坚战中的贫中之贫、坚中之坚——建档立卡贫困户中重度残疾人这一特殊困难群体的增收难题，创新推行“托养+扶贫车间+电商合作社”模式，取得了明显成效。

协作招商搭建产业平台，增强造血能力

福建省闽侯县一直把对宁夏隆德县的产业帮扶作为重中之重，致力增强隆德县贫困群众自身“造血”能力。两县采取“政府支持、企业建设、联合招商、共同发展”的东西部产业扶贫协作的路径，全力建设依托闽籍企业开发建设的宁夏隆德闽宁扶贫产业园，截至2019年7月，建成园区面积近2平方公里，建成标准化厂房51幢20万平方米，入驻企业达50家，其中入驻的闽籍企业有9家。

宁夏西海固地区除了水、电、地、暖的价格优势，最大的优势还有人力资源。两县县委、县政府共同精选扶贫产业，邀请闽籍企业入宁，全力扶持特色产业发展。人造花是劳动密集型产业、技能简单，特别适合隆德县的留守妇女和残疾人就业，是脱贫助残的好产业。两县通过联合招商，于2013年在隆德县引进了闽宁对口扶贫协作项目，成立了宁夏隆德人造花工艺有限公司。宁夏隆德人造花工艺有限公司主要生产人造仿真花及圣诞礼品，是国际百货公司沃尔玛的稳定供应商，是隆德县第一家劳动密集型出口企业，也是第一家扶贫企业。

隆德县委、县政府加大与企业合作力度，通过统一规划，地方财政配套，改善公共服务、道路交通、水利等与合作相关的基础设施，全力把扶贫工作落到实处。人造花工艺有限公司入驻隆德当地的工业园区后，宁夏回族自治区、固原市、隆德县政府投入扶持资金150多万元，与企业一起对2000平方米的生产车间进行无障碍改造：将车间原入口大门

"托养＋扶贫车间＋电商合作社"模式构架图

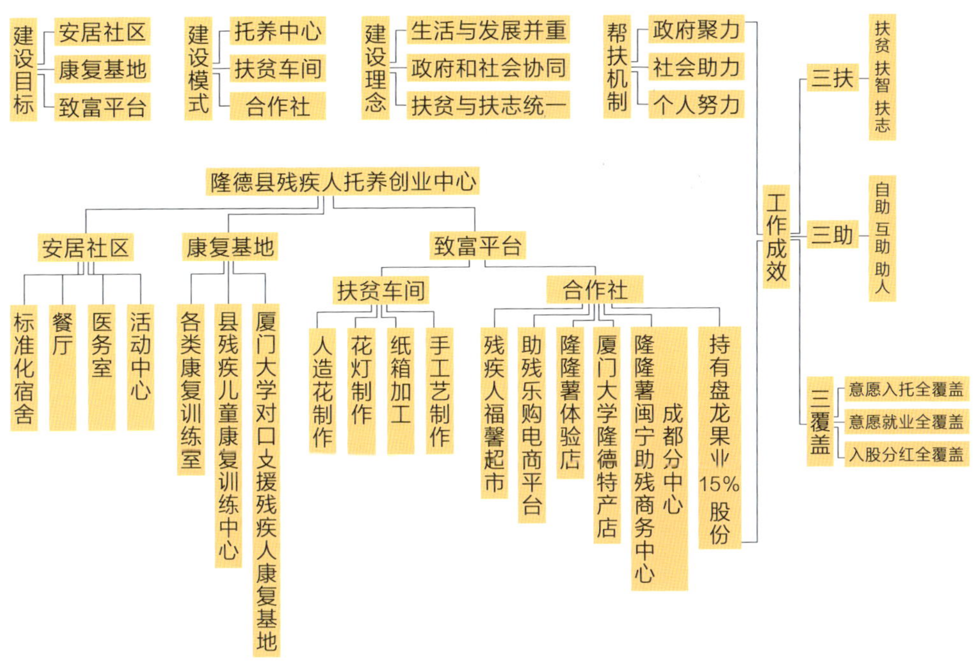

拆除，改为红外线人体自动感应门；车间通道、洗手间、餐厅等增加无障碍扶手；车间设置升降工作椅；建立无障碍呼叫系统……一系列人性化改造，最大程度地为残疾人提供了舒适安全的工作生活条件；政府还在工业园区建造了廉租房，免费提供给残疾人居住，并开辟了免费班车，既解决了工人们的实际困难，也减轻了企业的负担。

打造"公司＋社区"模式，扩大服务覆盖面

为了帮助更多残疾人、困难群众实现就近就业，2017年以来，依托闽宁协作优势，隆德县通过"政府投资＋社会帮扶＋企业自筹"和"村建、企用、乡管、县补"的模式，与宁夏隆德人造花工艺有限公司协作，在交通便利的村庄建立了11个"闽宁扶贫车间"，打造"公司＋社区""公

福建省闽侯县通过帮扶宁夏隆德县搭建“托养+就创业”造血平台，在闽宁残疾人托养中心内成立了宁夏隆隆薯闽宁助残商贸中心，并注册“隆隆薯”公益商标，安置143名重度残疾人就业。

司+贫困户”的经营模式，安置残疾人就业，有效拓展了残疾人的就业渠道，打通扶贫的“最后一公里”。

企业每天指派专用货车，风雨无阻，把货源送到每个车间。针对行动不便的残疾人，建立产品外发点，将原材料分发到户，使他们在枕边炕头也能进行组装。

在照顾残疾员工方面，扶贫车间也非常体贴地制定了专门制度。残疾员工与健全员工相比，工作上手相对较慢，扶贫车间在计件工资方面给予一定的倾斜照顾，第一个月按保底工资每天60元计算，第二个月按计件工资加30%计算，第三个月按计件工资加20%计算，第四个月按计件工资加10%计算。

为了吸引更多村民到扶贫车间工作，隆德县委、县政府还专门制定了以奖代补的稳岗制度，对在扶贫车间踏实认真、工作时间超过半年、每月工资超过1500元的工人，由县财政出资，给予每人每月100元的稳岗补贴。

搭建“托养+就创业”平台，精准人岗匹配

隆德县有残疾人1.3万人，残疾发生率7.2%，其中农村重度残疾人6198人。隆德县整合闽宁扶贫、助残帮扶等项目资金，把残疾人托养中心建设纳入重点民生项目，对原有的县综合性托养中心进行扩建，投入闽宁资金 1550 万元，建成占地 6000 平方米的闽宁残疾人托养中心，床位 300 张，桌椅床柜、食堂、医务室、图书室、活动室等生活设施齐备，配备各类康复器材 550 多台件，对接清华大学第三附属医院、厦门大学医学院等，为残疾人康复进行专业指导，帮助隆德当地开展治疗；并在贫困残疾人相对集中的沙塘、关庄、陈靳 3 个乡镇新建乡级残疾人托养中心。

2017 年，隆德县闽宁残疾人托养中心建成后，将闽宁协作与地方政府建设相结合，整合多方资源，创建闽隆福馨托创园，配建闽宁扶贫车间 1100 平方米，引进人造花厂、纸箱厂、花灯制作、手工艺品制作等；并充分利用托养中心与六盘山工业园区毗邻的优势，组织有劳动技能的残疾人到园区就业，因人施策安置就业 143 名残疾人，变“输血”为“造血”。

隆德县采用“托养 + 康复 + 创业”模式，在残疾人托养中心内，成立了隆德县残疾人托养中心电子商务创业中心，对在县托养中心接受托养服务的残疾人进行电商创业培训。该中心作为六盘山工业园区电商中心的分中心，将工业园区的人造花、食品、道地中药材、文化产品、土特产等产品放到网上销售，为工业园区产品拓宽销路。重度残疾人既可以销售本地的产品，也可销售外地产品，破解消费扶贫过程中只能售卖本地农副产品，从而导致产品品类单一、品质不高或数量不足的难题，满足采购方多样化需求，吸引更多人参与到“以买代帮”行动中，为中心托养残疾人找到了一条创业途径，已成功运营微商城和淘宝店 2 家线上店铺以及闽侯、厦门等 5 家线下门店，帮助残疾人通过“线上 + 线下”模式实现创业。

凝聚帮扶合力，引入市场理念

为努力让贫困重度残疾人愿意来、留得住，生活好、能增收，隆德

2020 年 9 月 13 日，中国残疾人艺术团《我的梦》百县百场公益演出走进隆德，在隆德花饰举办专场演出。

县政府专门出台《隆德县残疾人托养创业工作提升方案》，落实稳岗补贴、物流补贴等资金 30 余万元，提供办公经营场所支持，帮助打通产品、仓储物流、销售渠道、售后服务等整个环节。闽侯县充分引导党政机关、企事业单位积极采购，还对接厦门大学、兴业证券等 10 余家单位采购残疾人扶贫产品，帮助销售 1300 余万元；帮助联络福建省供销社等 2 家企业合作经营，建立长期采购合作关系；邀请福州、北京等创业团队为合作社进行经营指导和战略咨询。

两县在贫困重度残疾人的帮扶中，注重机制创新，通过让重度残疾人受益于销售服务的消费扶贫政策红利，解决了他们较难从事农副产品种养加工的难题。两县也注重市场化运用，基于“政府扶持起步，市场化运营发展”的共识，企业化运作，注册成立宁夏隆隆薯闽宁助残商贸中心，注册“隆隆薯”公益商标 20 类，商业化推广；注重品牌宣传，全力通过报纸、微信、电视、广告等方式阐述“隆隆薯”扶贫助残的定位及故事，在 2020 年全国助残日前后，联合中国残联、厦门大学、福州团市委等 30 余家蓝 V 账号进行“扶贫助残隆隆薯”品牌宣传，浏览量突破 300 余万次；注重人才培养，选拔 10 名贫困重度残疾人组成经营团队，有计划地进行经营管理、电商营销、售后服务、财税等方面培训，

宁夏隆隆薯闽宁助残商贸中心的电商合作社销售农副产品，带动了300余户健全建档立卡户销售增收或务工增收，形成残疾人帮助健全人脱贫增收的局面。

累计完成电商培训400多人次，让电商合作社真正成为残疾人自己的事业，长远受益的事业。

同时，考虑到部分托养的贫困残疾人残疾程度较重、缺乏劳动能力的实际，隆德县残联经过广泛调查研究，细致掌握建档立卡贫困残疾人底数，将全县2263贫困残疾人纳入“入股分红”序列，将助残乐购电商平台、残疾人福馨超市、隆隆薯体验店等的销售利润全部用于分红，解决了重度残疾人“无业可扶，无力脱贫”的难题。

成 效

截至2020年4月，宁夏隆德人造花工艺有限公司总厂和扶贫车间共有员工1000多名，稳定就业的残疾人89人，外发加工就业残疾人73人。隆德县当地最低标准月收入是1600元，大多数在该公司就业的残疾人月收入都可以达到800元到2000元。

隆德县闽宁残疾人托养中心托养贫困重度残疾人224名，安置就业143名。2019年2月至2020年7月，隆德县残疾人托养中心电子商务

由中国残疾人联合会、中国残疾人艺术团主办，中共隆德县委、隆德县人民政府承办，共青团固原市委协办的“固有佳品 · 抱团助农”之“丰收隆德 · 爱心助残”电商助残扶贫活动于2020年9月15日在宁夏隆德举办。中国残疾人艺术团团长邰丽华现身隆隆薯扶贫助残周直播带货公益活动。

创业中心销售农副产品2000多万，利润500多万，实现全县2263名贫困重度残疾人分红全覆盖，还带动127名边缘户残疾人，共分红186万元，每人600元到2000元不等。

同时，这项工作充分调动了政府部门、社会力量、残疾人自身三大主体的积极性，营造了浓厚的扶贫助残氛围，涌现了一批先进单位和个人。在2019年5月第六次全国自强模范暨助残先进表彰大会上，参与残疾人扶贫车间建设的闽籍企业隆德县人造花工艺有限公司荣获“全国助残先进集体”称号。隆德县残疾人托养中心被评为“宁夏回族自治区残疾人之家”，电子商务创业中心负责人、高位截瘫的辛宝同获得自治区“残疾人自强模范”称号。他从治病欠下20多万元债务、典型的一户多残，到2020年母子俩靠双手年收入近13万元，一家三口主动申请退出低保，由家庭负担变成顶梁柱，真正做到了“站起来”脱贫。

电商合作社销售农副产品带动了300余户健全建档立卡户销售增收或务工增收，促进特色产业发展，形成残疾人自力更生、残疾人互帮互助、残疾人帮助健全人脱贫增收的局面，残疾人成为决战脱贫攻坚的贡献者。

二 如何充分发挥东西部扶贫协作资金效益

背 景

扶贫资金是贫困地区的生命线，党的十八大以来，中央财政专项扶贫资金、中央基建投资用于扶贫的资金、中央财政一般性转移支付、各类涉及民生的专项转移支付，都进一步向贫困地区倾斜。省级财政、对口扶贫的东部地区也都相应增加了扶贫资金投入。2016 年，中共中央办公厅、国务院办公厅印发《关于进一步加强东西部扶贫协作工作的指导意见》，提到“东部省份要根据财力增长情况，逐步增加扶贫协作和对口支援财政投入，并列入年度预算。西部地区要以扶贫规划为引领，整合扶贫协作和对口支援资金，聚焦脱贫攻坚，形成脱贫合力。要切实加强资金监管，提高使用效益”。

2020 年 6 月，国务院扶贫办统计显示，2020 年东部 9 省市帮扶资金已经拨付到位 248.2 亿元，完成了协议数的 109%，比去年同期增加了 59 亿元。2016 到 2019 年，超过 2 万家东部企业赴扶贫协作地区投资，实际到位投资额达到 7234 亿元。

东西部残疾人扶贫协作实施以来，各省区市积极行动、主动对接，开展互访交流、谋划项目、落实资金，实施了阳光扶贫基地建设、贫困残疾人家庭种养加产业发展、贫困重度残疾人家庭无障碍改造、贫困残疾人辅具适配服务、残疾人创业就业技能培训、残疾人工作人才交流提升、残疾人转移就业等形式多样的帮扶项目，仅 2019 年，全国落实东西部残疾人扶贫协作资金近 3.3 亿元，惠及 13 万多残疾人及其家庭，东西部残疾人扶贫协作已成为西部残疾人脱贫增收共奔小康的有力抓手，已成为推进东西部残疾人事业协调发展的重要力量。

案例 30

协作资金入股分红打造增收稳定器

——江苏省苏州市帮扶贵州省铜仁市开展资产收益助残脱贫

做 法

2013 年，国务院《关于开展对口帮扶贵州工作的指导意见》发布，江苏省明确苏州市对口帮扶铜仁市。苏州、铜仁两市残联在两地政府的坚强领导下，围绕“全面建成小康社会，残疾人一个也不能少”的总目标，开展东西部扶贫协作，探索“当地残联 + 爱心企业 + 贫困残疾人”合作入股的方式，铜仁市将苏州市的帮扶资金 2368 万元（其中苏州市残联系统帮扶资金 500 万元，东西部扶贫协作资金 1868 万元）中的 2100 万元投入到铜仁市贫困残疾人入股分红项目中，通过生产项目帮扶当地贫困残疾人实现转移就业。

突出政治引领 加强全面部署

苏州市与铜仁市两地残联共同聚焦残疾群众，联心、联行、联资、联智，针对建档立卡残疾人进行分类施策。苏州市残联在每年残联系统

铜仁通过引入的扶贫资金，建设生猪养殖基地。每期生猪出栏后，都会对当地的建档立卡的残疾人分红。

重点工作推进会上都会对东西部扶贫协作进行全面的工作部署和安排，指导全市各级残联开展对口帮扶工作，要求各地积极与对口地区签订工作协议，明确工作重点并找准工作突破口，要求各地围绕帮扶残疾人脱贫，细化举措，确保此项工作的全面启动和正常运转，取得明显的工作成效。

探索创新方法 落实长效机制

苏州市与铜仁市残联积极探索东西部协作结对帮扶残疾人新方式。根据铜仁地域经济特点，综合残疾人生产发展特性，前期沟通协商后，苏州市残联多次组织深入铜仁市乡（镇、街道）和村（社区）调研，详细了解重度贫困残疾人分布、收入及参股意愿等情况；多次与企业及合作社深入座谈交流，筛选出了一批运营情况良好、发展前景良好、负责人有发展社会效益意识的经济实体作为入股候选对象，也重视残联工作基础较好、积极性高、基层党组织健全、能有效发挥战斗堡垒作用的县乡（镇）村作为项目实施地。

为保障入股分红的持续性，两地确立了贫困残疾人每年获得分红收益或工资性收益，经济实体获得股金支持以扩大生产经营规模、增加经济效益的原则。达成一致后，由开展试点的县级残联与经济实体组织及红利受益残疾人签订三方协议，明确责任与义务，发放股金证。通过强化农村专业合作社、扶贫基地及村集体经济实体对残疾人的辐射带动能力，让建档立卡贫困残疾人在精准帮扶中逐步形成输血、造血、脱贫、增收的发展链，实现一次投入、长期滚动受益的良性循环。

方向明确、实体选定后，铜仁市残联与苏州市残联分别向两地市政府汇报，2019 年，两地共同印发了《苏州·铜仁东西部协作结对帮扶残疾人“助力脱贫幸福工程”行动计划实施方案》和《铜仁残联与苏州市企业助残联盟“1+1+N”帮扶模式》等文件，获得了入股分红工作的政策保障。

打造品牌 创新亮点

按照两市对口帮扶区（县）与苏州市企业助残联盟形成“1+1+N”模式，两地投入扶贫资金，在2019-2020两年内，扶持铜仁市20个以上转股分红农村专业合作社、扶贫基地、村集体经济实体、涉农企业，每个区（县）每年至少扶持2-3个农村经济实体开展残疾人转股分红工作，以促进残疾人就业和受益于转股分红。

2020年，苏州、铜仁残联系统共签订了15个对口帮扶项目，涉及帮扶资金超过160万元，帮扶的内容涵盖入股分红、就业帮扶、康复辅具、公共服务建设、农产品代销等多个方面。

在具体实施中，两市残联明确持股方式和入股残疾人的确认。注重“三库”清底数。为确保资产收益分配工作与贫困残疾人精准对接，铜仁市结合贵州省残疾人基本服务和需求数据动态更新系统，由开展资产收益分配的县、乡、村三级残联组成工作组按照“家庭收入底数清、造成贫困问题清、精准脱贫对策清、脱贫帮扶任务清、家庭脱贫档案全”的“四清一全”措施进村入户调查摸底，建立残疾人个人数据库，对符合条件的建档立卡贫困残疾人做到“一户不落、一个不漏”。

明确“三选”夯基础。在资产收益分配工作开展过程中，铜仁市残联对分红对象进行了严格筛选，将经济实体所在村的建档立卡重度残疾人全部列为分红对象，有条件的地方扩大范围，筛选时严格按照“县级统筹、投向不变、量化折股、差异入股、经济实体自愿、残疾人参与”的原则，经过“申报、核查、公示”等程序确定入股残疾人。

苏州市企业社会助残联盟还与铜仁市残疾人入股分红农村经济实体签订农产品销售合作协议，通过基地、电商、展示中心（旗舰店、专柜）、展销会渠道，帮助铜仁市残疾人入股分红农村经济实体在苏州市场推销铜仁市生态茶、优质果蔬、食用菌等农产品。

江苏省苏州市残联与贵州省石阡县残联签订出资入股协议，并发放红利受益证书。

江苏省苏州市残联与贵州省铜仁市残联通过达成对口帮扶协议，按“两地残联出资，残疾人受益，企业发展”的帮扶方式，利用帮扶资金让残疾人入股当地合作社，使贫困残疾人获得定期分红。

苏铜两地残联每年在铜仁市政府指导下召开帮扶及入股分红工作推进会，协商解决实际困难及问题，总结工作经验，并为参与贫困残疾人入股分红、安置残疾人就业的企业和专业合作社颁发“助力残疾人脱贫幸福工程”企业（合作社）牌子，不断提升铜仁市入股分红品牌价值，以带动更多经济实体参与，促进更多残疾人稳定增收。

成 效

截至 2019 年底，两地市共扶持铜仁市级残疾人创业就业示范点 16 个，扶持残疾人家庭创业户 125 户；县级创业就业示范点 16 个，县级残疾人家庭创业户 160 户。据统计，仅 2019 年，铜仁市借助东部帮扶的 2100 万元资金，作为 9875 名重度贫困残疾人的入股资本金，使每人每年获取不低于 600 元的分红，并带动 800 余名贫困残疾人实现就业，获得稳定工资性收入。

与此同时，资产收益分配的推行为村集体经济发展注入了新动能。铜仁市通过将残疾人就业保障金注入实体经济组织、专业合作社，不仅实现了残疾人的增收，同时支持了村级经济实体的发展壮大，较好实现了残疾人和经济实体的“双赢”，经济效益和社会效益的“双收”。

 如何开展东西部残疾人扶贫协作人才培训

背 景

东西部扶贫协作和对口支援，是推动区域协调发展、协同发展、共同发展的大战略，是加强区域合作产业布局、拓展对内对外开放新空间的大布局，是打赢脱贫攻坚战、实现先富帮后富、最终实现共同富裕目标的大举措。2018 年，在《中共中央国务院关于打赢脱贫攻坚战三年行动的指导意见》中，明确将帮扶贫困残疾人脱贫纳入东西部扶贫协作范围。工作开展以来，东西部残疾人扶贫协作机制不断建立健全，项目库不断丰富，在对口帮扶的西部省份实施了形式多样的帮扶项目，带动帮助越来越多的贫困残疾人走上了脱贫增收的道路。

扶贫必扶智，治贫先治愚。贫困地区打赢脱贫攻坚战关键在人才，而贫困地区最缺乏的也是人才。明确重点，精准聚焦，发挥互派干部的好经验、好做法，促进观念互通、思路互动、技术互学、作风互鉴。加大对西部地区干部特别是基层干部、贫困村脱贫增收带头人的培训力度，打造一支留得住、能战斗、带不走的人才队伍，是东西部残疾人扶贫协作工作的重要内容之一。

2018 年 7 月，中国残联、国务院扶贫办共同召开贫困残疾人脱贫东西扶贫协作座谈会，强调进一步聚焦深度贫困地区和建档立卡残疾人及其家庭，在落地产业带动、劳务协作、康复和特殊教育人才支持等做得起、见效快的协作项目上，推动贫困残疾人脱贫东西扶贫协作探索路子、总结经验。截至 2020 年，各地也积累了相关经验。

案例 31

东西部协作人才培训和交流为西部地区赋能

做 法

人员互访 找准帮扶“痛点”

为了推动扶贫协作工作顺利开展，2018 年 11 月，广东省残联，广州、深圳、珠海等地市残联负责人及相关部门人员赴成都参加残联系统东西部扶贫协作推进会。会上，广东省残联与四川省残联签订了《川粤东西部残疾人扶贫协作协议》。随后，粤桂、粤滇之间也在人员互访的基础上确定了残疾人扶贫协作工作的框架。

互派人员到对方实地考察是精准定位受扶地残疾人事业“痛点”的关键。因此，确定开展扶贫协作后，紧接着就是派人员互访。在川粤、粤桂、粤滇省级残联确定了扶贫协作框架后，各地市纷纷到受扶地进行实地考察，确定帮扶项目，商定协作方式。广东省惠州市残联赴四川省甘孜州丹巴县调研后，确定了残疾人种养殖培训和体育健身项目；珠海市残联赴云南省怒江市考察后，确立了残疾人居家无障碍改造、扶持残疾人就业创业等项目。在一年多的扶贫协作工作中，广东省市县三级残联与受扶地人员互访达到 110 多批次。

不仅东部地区需要了解西部地区的情况，西部地区也主动对接东部地区。贵州省残联不仅要求受帮扶的 8 个市（州）与东部对口帮扶城市建立定期互访和定期磋商机制，还规定省残联主要负责人每年安排 1 次以上赴东部帮扶省份考察调研，对接项目，磋商工作。甘肃省残联则由主要负责人带队，专程赴东部协作方天津、青岛、厦门、福州 4 市残联

2019 年 1 月 4 日，新疆克州残疾人康复专业技术人员培训班结业仪式在江苏省南京市栖霞区医院举行。

新疆克州残疾人康复专业技术人员顺利结业。

访问对接，反映甘肃省贫困残疾人的现状和需求，提出帮扶需求和加强工作的措施建议。

人才培训 化解发展瓶颈

2018 年，江苏省残联安排 30 万元专项经费，将新疆克孜勒苏柯尔克孜自治州（以下简称“克州”）康复专业技术人员“请进来”，以“跟岗进修”方式在南京开展为期 3 个月的培训，为克州培养急需的残疾人康复医学人才。2018 年 10 月 9 日至 2019 年 1 月 8 日，新疆克州残疾人康复专业技术人员培训班在南京市栖霞区人民医院和南京市儿童医院举办。为成功举办培训班，江苏省残联在课程设置、带教师资、教学实施、组织管理、语言沟通、饮食住宿等方面作了精心安排。参加这次培训的是克州残疾人康复工作的一线技术人员，共 10 人，覆盖克州三县一市。通过培训，学员们熟练掌握了脑瘫、脑卒中、脊髓损伤病人的康复基本评定，以及神经肌肉促进、关节松动等康复治疗技术，能独立完成单一病种患者的康复目标及治疗方案设定。这些康复人才是克州残疾人康复事业发展的“金种子”。

在残联系统的东西扶贫协作中，以“请进来”的方式为受扶地提供残疾人事业专业技术人才培训的例子还有很多。在浙江省残联的扶贫协作中，针对对口帮扶地区康复人才需求较大这一实际，2019 年省残联先后派遣 4 批次师资力量和业务人员赴对口帮扶的吉林省延边州、四川省广元市昭化区等地开展残疾儿童康复技术培训班。浙江省残联还组织直属各单位发挥各自优势，为对口地区培养残疾人事业发展急需的专业人才。浙江特殊教育职业学院报经教育部批准，安排 150 名专项招生计划，优先招录东西部扶贫协作省份专科（高职）残疾学生和普通学生，并减免残疾学生的学费、住宿费。2019 年，广东省珠海市投入资金 22.5 万元，为云南省怒江州开展三期康复人才培训。第一期，怒江市残联派 7 人于 5 月 8 日至 7 月 6 日到珠海市残疾人综合服务中心培训两个月，培训资金为 9.9 万元；第二期，怒江市残联派 12 人从 9 月 3 日至 27 日参与培训，培训资金为 9.72 万元，重点学习脑瘫、智力障碍、孤独症及听力残疾人的日常教学模式、教案及档案管理、助听器验配、听能管理、耳膜制作和行政管理等知识。

除了“请进来”，多地还采用“走出去”的方式为受扶地提供专业技术人才培训。为促进云南省怒江州残疾儿童康复训练工作的有效开展，2019 年广东省珠海市残联派出由市残疾人综合服务中心康复教育部组成的一行 5 人指导工作小组，赴怒江州开展为期 14 天的残疾儿童康复训练指导工作，重点为怒江州及其下属各县区一线康复人员、残疾儿童及家长进行集中培训，讲解康复机构建设经验、脑瘫儿童的康复基础知识与引导式教育、智力障碍儿童训练评估方法与康复课程设置及学龄前特殊儿童感觉统合训练，共入户开展残疾儿童康复训练 28 人，残疾儿童康复评估培训班培训 21 名康复工作人员，资金投入 2.88 万元。

为残疾人提供职业技能培训也是扶贫协作中人才培训的重要内容。2019 年，广东省开展受扶地残疾人职业技能培训约 440 多人次，如湛江遂溪县残联以提升技能、稳定就业为目标，围绕产业发展和贫困劳动力培训需求，在广西融安县举办两期农村残疾人技术培训班，每期 3 天，

嘉兴将在两年时间内从开展干部培训活动、两地残疾人工作者交流学习活动、实施双向挂职锻炼等方面，协助宜宾残疾人干部队伍建设。

共 160 人参加。广东省残联还利用互联网、电商服务技术和人才优势，安排 10 万元，为贵州省毕节市纳雍、威宁、赫章三县共 30 名有创业意愿的残疾人开展线上电商培训，通过培训学习，对优秀学员实行扶持奖励，孵化扶持优秀残疾人，使其能够利用当地资源开设网店，并为其提供全部的电商资源，已实现独立运营。在东西部扶贫协作中，2019 年，厦门市残联支持甘肃临夏回族自治州创办了 16 个“厦门—临夏东西协作帮扶贫困残疾人就业实训基地”，培训就业残疾人 311 名，其中建档立卡残疾人 263 名。

干部交流　增强服务能力

扶贫协作双方互派干部进行挂职进修或顶岗锻炼是提高干部素质直接有效的方式。2019 年 3 月至 9 月，广东省廉江市残联工作人员李豪受命到对口帮扶的广西柳州市融水县挂职锻炼。李豪把“廉江”工作经验和风格带到融水县的同时，也让他自己从思想深处觉得，应该以更大的热情和责任心去为残疾人服务。

2020 年 6 月，四川省残联接到广东省残联《关于做好 2020 年东西部扶贫协作残联干部顶岗交流的函》，明确四川省残联的 3 位工作人员于今年 7 月至 12 月赴广东省残联相关部门和下属单位进行顶岗交流。

2018 年 11 月 28 日，浙江省嘉兴市残联与四川省宜宾市残联签订《嘉兴市残疾人联合会、宜宾市残疾人联合会残疾人扶贫协作协议》，标志着两地正式结为“一家人”。

除了互派干部进行挂职、顶岗等交流锻炼，短期的培训班也是多地在扶贫协作中提升干部素质的重要方式。2019 年 7 月 8 日至 13 日，广东省残联邀请广西、四川、贵州和云南残联干部 20 人到广东参加“2019 年度全省残联系统新任理事长培训班”，与广东省残联干部一起接受培训。2019 年，浙江省残联举办第一期对口帮扶地区残联干部培训班，四川、贵州、湖北恩施、吉林延边、新疆维吾尔自治区阿克苏地区、青海省海西州残联等对口省份 46 名干部参加培训。

成 效

在东西部残疾人扶贫协作中，各地残联纷纷以人员互访、人才培训、干部交流等形式推动贫困残疾人和残联干部素质的提升，既是“输血”也是“造血”。人才交流和培训一方面为西部地区赋能，提升当地残联干部为残疾人服务的能力。另一方面，通过技能培训帮助西部地区残疾人提高就业本领。人才的交流提升无论对东部地区还是西部地区残疾人事业发展都产生了潜移默化的影响。

四 如何移植东部助残减贫工作模式

背 景

自1998年北京市残联组派医疗队支援内蒙古自治区包头市开展“视觉第一·中国行动”起，北京市残联就一直对内蒙古自治区残疾人工作予以支持和帮助，特别是在2016年，北京市残联与内蒙古自治区残联签订《京蒙残疾人事业对口帮扶合作协议（2016年—2020年）》，北京市残联先后以派遣医疗队、举办培训班等形式，对内蒙古自治区残疾人的康复、医疗、教育、社会保障等工作给予了形式多样、内容丰富的支援，全面落实北京市、内蒙古自治区东西部扶贫协作工作。

“温馨家园”是北京市服务残疾人的特色品牌，该项目把残疾人的服务触角延伸到社区基层，让辖区残疾人不出社区即可得到各项服务，重点在于解决残疾人康复和就业的困难。

数据显示，2015年内蒙古自治区建档立卡贫困残疾人数量为7.2万，为解决这些残疾人特别是重度残疾人的托养问题，北京市残联将北京市残疾人“温馨家园”项目移植到内蒙古自治区，指导全区建设示范性“温馨家园”或村级“温馨家园”，扶贫成效显著。

案例 32

京蒙“温馨家园”项目为重度残疾人送温馨

——北京市残联对口帮扶内蒙古自治区照护服务工作

做 法

北京市残联“输血”：建立定期联系与培训制度

北京市残联与内蒙古自治区残联、内蒙古自治区残联与全区各地方残联建立定期联系制度，并举办了上百场“温馨家园”建设培训会，为内蒙古自治区“温馨家园”建设工作奠定了扎实基础。

例如，2019 年 11 月，内蒙古自治区喀喇沁旗残联到北京市西城区就“温馨家园”建设进行学习考察、开展座谈交流；2019 年底，在北京市残联指导下，内蒙古自治区包头市青山区 5 家残疾人“温馨家园”启动，残疾人在社区内就可以免费享受技能培训、日间照料及康复训练。

同时，为解决内蒙古自治区部分地区由于资金短缺和运营经验不足

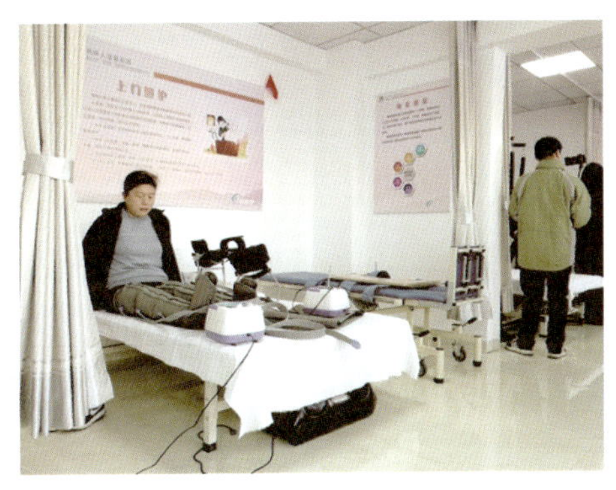

2019 年 12 月，内蒙古自治区包头市青山区都兰小区，残疾人居民在小区内的“温馨家园”做康复理疗。

2019 年 11 月，内蒙古自治区阿巴嘎旗别力古台镇汉贝社区一家“温馨家园”内，讲解员正在讲解一台多功能训练器的功效和使用方法。

无法正常运转的问题，北京市残联积极动员各级力量参与援助。例如，北京市海淀区残联为内蒙古自治区敖汉旗筹集30万元项目资金，帮助敖汉旗箭桥社区建设“温馨家园”，并配备73种共356件设备；内蒙古自治区喀喇沁旗“温馨家园”项目总投资20万元，全部为北京市西城区残联帮扶资金；北京某女企业家为内蒙古自治区化德县一家“温馨家园”捐赠1辆通勤车、4台电脑和100套生活用品。

内蒙古自治区残联“造血”：建设符合自治区实际的“温馨家园”

在北京市残联帮扶下，内蒙古自治区残联不仅学习到北京市“温馨家园”的项目经验，还变“输血”为“造血”，探索出符合内蒙古自治区实际的残疾人“温馨家园”。具体做法如下：

（一）提供多项服务，满足残疾人各项需求

内蒙古自治区残疾人“温馨家园”设有康复服务、文体娱乐活动等服务，同时根据各地区残疾人需求和街道社区公共服务情况，设立信息咨询、服务热线、心理咨询和法律维权等服务项目。

为减轻残疾人家庭负担，“温馨家园”开展残疾人就业创业项目，通过从事原料加工、文化学习和康复训练工作，使入住残疾人得到劳动报酬，也使他们能走出家门接触社会，改善生活质量。

“温馨家园”开展的就业创业项目以手工劳动为主，残疾人制作的手工艺品通过网络售卖，每年还举行2次线下义卖，获得的收入全部归制作者本人所有。每个“温馨家园”从事职业康复劳动和就业的残疾人每天不少于10人。同时，内蒙古自治区残联还为每家示范性“温馨家园”提供1至2个公益性岗位，录用人员必须是残疾人帮扶对象，每月提供一定数额的岗位补贴。

此外，有条件的“温馨家园”还开展为重度残疾人送餐、理发等特色项目，并建立助残志愿服务联络站，组织建档立卡轻度残疾人作为志愿者为重度残疾人提供送餐等服务。

例如，为做好残疾人免费送餐、理发工作，内蒙古自治区喀喇沁旗残联与乡镇街道残联反复协商，制定《免费送餐理发工作实施方案》，对项目的组织实施、定点饭店、送餐志愿者责任义务、安全问题、时间安排、资金支付等方面都进行了详细安排，并与附近三个乡镇街道的残联、三家爱心餐馆和志愿者签订三方协议，从而保障了项目的顺利实施。截至 2020 年 7 月底，该项目共为 89 名重度残疾人提供免费送餐服务 5300 余次，为 75 名重度残疾人免费理发 130 余次，安排建档立卡轻度残疾人志愿者 11 名。

（二）规范“温馨家园”建园标准

内蒙古自治区残联规定，各地方残疾人“温馨家园”总建筑面积不少于 200m^2，其中职业康复劳动用房使用面积不少于 50 m^2、康复用房使用面积不少于 30 m^2、辅助用品用具服务用房使用面积不少于 20 m^2。

其次，“温馨家园”由各地方街道残联和社区残疾人协会负责管理，并根据实际需要设立专职管理人员，分别由 1—2 名街道残疾人工作协管员、社区专职委员和残协委员专门从事日常管理、组织活动和各项服务。人员不足的，聘用残疾人亲友和社会志愿者参与管理工作。同时聘有专门为残疾人实施各种技能培训的师资队伍，设立专门的助残志愿者队伍。

再次，“温馨家园”为辖区内残疾人建立个性化服务档案，包括残疾人个人基本情况、健康情况、医疗记录、康复训练情况、志愿者档案、师资档案等。

（三）健全制度，加强管理

内蒙古自治区残疾人“温馨家园”的建设与管理分工明确：各级政府残工委领导、各级残联牵头组织实施；发展改革部门对“温馨家园”设施建设项目统筹安排，给予支持；财政部门做好“温馨家园”预算资金管理；社区残疾人“温馨家园”的建设和管理工作，在社区居委会的领导下，由社区残疾人协会具体负责。

同时，根据工作需要，内蒙古自治区残联还建立了入户走访、服务评估、财务管理、考核表彰等各项制度，并注意征求辖区内残疾人及亲友的意见，采取多种形式进行公示，接受残疾人和社会的监督。

（四）保障经费，促进可持续发展

为解决温馨家园的活动经费、培训经费和工作运转经费，内蒙古自治区残联采取“多渠道筹集、多元化投入”的方式推动建设。“多渠道筹集”是指政府各相关部门给予支持的同时，积极动员社会力量开展爱心捐助活动，形成财政预算资金、残疾人就业保障金、社会捐助共同发挥作用的模式。特别是2020年，内蒙古自治区残联将“温馨家园”帮扶经费纳入各地对口扶贫协作经费预算的主要部分，进一步保障了“温馨家园”的经费来源。

“多元化投入”是指资金不光用于前期建设，还用于后期奖励。例如，每年年初由各市申报当年需补助的“温馨家园”，填写《内蒙古自治区残疾人温馨家园建设项目申报表》，申报机构加盖公章后上报自治区残联审核，每建成一所温馨家园，自治区补助20万元，并提供10万元康复设备，合计30万元。

成 效

到2019年底，内蒙古自治区已建成170多个“温馨家园”，未脱贫建档立卡残疾人由2015年的7.2万人下降至2019年底的2525人，减少96.5%。仅2019年，全区共投入京蒙扶贫协作资金2793万元，使6885名建档立卡贫困残疾人受益。

“温馨家园”已成为内蒙古自治区的品牌项目，成为全区各地方残联落实残疾人工作的有效载体，也成为直接为残疾人服务的综合性平台。

点评

2018年中央将帮扶贫困残疾人脱贫纳入东西部扶贫协作范围写入《中共中央国务院关于打赢脱贫攻坚战三年行动的指导意见》，东西部协作的省份党委政府高度重视，扶贫、残联等部门协力推动，仅2019年就落实帮扶资金近3.3亿元，超过13万名贫困残疾人直接受益，东西部残疾人扶贫协作已经成为东部帮助支持西部贫困残疾人脱贫解困共奔小康的有力抓手和重要力量。

江苏省苏州市残联帮扶贵州省铜仁市残联因地制宜发展特色产业，发挥资金项目引领帮

2019年5月14日上午，“自强脱贫 助残共享”——北京市东城区庆祝第二十九次全国助残日暨“六地携手助残行动 精准扶贫共享阳光”系列活动启动仪式在北京市中山公园举行。

东西部扶贫协作和对口支援，是打赢脱贫攻坚战、实现先富帮后富、最终实现共同富裕目标的大举措。

带作用，推广残疾人入股分红资产收益，确保了贫困地区残疾人实现稳定增收。北京市残联充分发挥人才、技术、管理方面的优势，通过"五个帮扶一批"，投入帮扶资金5578万元，19402名贫困残疾人受益。其中，以帮扶内蒙古建立示范性"温馨家园"，把康复服务和无障碍改造服务送到残疾人身边，实现公共服务的帮扶是其特色帮扶项目。广东省残联认真落实帮扶主体责任，在残联领导互访、资金投入、干部和技术人员交流、干部培训、残疾人职业培训、残疾人转移就业、残疾人康复服务和社会组织帮扶等方面积极开展工作，加强经验和有效做法交流、学习互鉴、宣传引导和方法改进，筹集投入资金约1500万元，带动帮扶约7800名残疾人实现脱贫。福建省残联主动融入福建省东西部扶贫协作机制，协同推动东西部残疾人扶贫协议，闽宁两省区残联签订了多个协作项目，2019年投入4120.61万元，惠及13740名贫困残疾人。其中在隆德县，闽宁协作项目不仅推动残疾人就业脱贫，还在残疾人托养建设方面有开创性的拓展。在隆德闽宁重度残疾人托养中心打造了闽宁扶贫人造花第二车间，创建电子商务创业中心和手工艺制作室，充分吸纳托养的残疾人，为他们提供就业平台，形成集残疾人托养、康复、工疗、就业、创业一体化的托养机构，成为东西扶贫协作典范。

东西部通过携手奋进，在残疾人扶贫领域开展更加规范、精准的区域协作，探索出的以政府援助、企业合作、社会帮扶、人才交流为主的东西部扶贫协作，为贫困残疾人如期脱贫、与全国人民一道迈向全面小康提供了强大助力。

第八章

兜底保障 脱贫解困

全面建成小康社会，残疾人一个也不能少。

——2016 年 7 月 28 日习近平在视察唐山康复中心时的讲话（新华网北京 2016 年 7 月 28 日电）

2016 年底，全国农村贫困人口还有 4300 多万人。如期实现脱贫攻坚目标，平均每年需要减少贫困人口近 1100 万人，越往后脱贫成本越高、难度越大。从结构上看，现有贫困大都是自然条件差、经济基础弱、贫困程度深的地区和群众，是越来越难啃的硬骨头。在群体分布上，主要是残疾人、孤寡老人、长期患病者等“无业可扶、无力脱贫”的贫困人口以及部分教育文化水平低、缺乏技能的贫困群众。在脱贫目标上，实现不愁吃、不愁穿“两不愁”相对容易，实现保障义务教育、基本医疗、住房安全“三保障”难度较大。

——2017 年 6 月 23 日习近平在深度贫困地区脱贫攻坚座谈会上的讲话（新华社北京 2017 年 8 月 31 日电）

如何保障农村贫困重度残疾人脱贫又解困

背 景

据《平等、参与、共享：新中国残疾人权益保障70年》公布数据，截至2018年，我国有建档立卡贫困残疾人169.8万，其中重度残疾人139万，他们当中50%以上有长期托养照护需求。这些人中，有的没有抚养人或赡养人，有的完全丧失或部分丧失劳动能力，无法通过产业就业帮扶实现脱贫，又不在特困供养政策范围之内，贫困重度残疾人存在居住环境差、饮食卫生差、体质状态差，急需深层救助等现实问题。其家庭受限于劳动力不足和医疗康复支出较大，导致“照看一个、拖累一群、致贫一家”，致贫人口数量大、占比高，其中一户多残、以老养残的贫困家庭问题也更加突出，脱贫十分困难。要帮助这样的贫困家庭增收脱贫，需要让重度残疾人得到更好的照料，解除家庭的后顾之忧。

2015年《中共中央国务院关于打赢脱贫攻坚战的决定》明确要求，完善农村最低生活保障制度，对无法依靠产业扶持和就业帮助脱贫的家庭实行政策性保障兜底，提高农村特困人员供养水平，改善供养条件。2016年，中国残联等26个部门和单位共同制定了《贫困残疾人脱贫攻坚行动计划（2016–2020年）》，提出构筑农村残疾人关爱服务体系；摸清农村残疾人底数，做好信息管理；加快推进残疾人康复托养机构、服务设施、基本公共文化、体育服务能力和人员队伍建设；在贫困地区优先落实残疾人康复托养机构建设；加大贫困残疾人康复工程、特殊教育、技能培训、托养服务实施力度。

2018年，为进一步落实《中共中央办公厅 国务院办公厅印发〈关

河南驻马店规范了托养中心的建设标准，给了很多无依无靠的农村贫困重度残疾人一个新“家”。

于支持深度贫困地区脱贫攻坚的实施意见〉的通知》要求，中国残联等6个部门共同制定《着力解决因残致贫家庭突出困难的实施方案》，加大建档立卡贫困家庭重度残疾人的医疗救助，严格落实困难残疾人生活补贴制度和重度残疾人护理补贴制度，为16岁以上有照料护理需求的重度残疾人提供照护和托养服务；并提出各地可充分利用乡村养老机构、福利设施、医疗机构、农村集体闲置资源和闲置农房，通过政府补贴、购买服务、设置公益性岗位等综合措施，为重度残疾人提供集中养护或日间照料、邻里照护等服务，改善其基本公共服务状况和生活质量，释放家庭劳动力，照料看护等公益岗位向建档立卡贫困家庭人口倾斜。

2018年，2190万残疾人受益于困难残疾人生活补贴和重度残疾人护理补贴制度，发放补贴超230亿元。残疾人托养设施逐年增加，截至2018年，全国共有残疾人托养机构8435个，为22.3万残疾人提供托养服务，有88.8万残疾人接受居家服务。

案例 33

小中心全覆盖，解决大问题

——河南省驻马店市重度残疾人集中托养工作实践

做 法

河南省驻马店市位于河南省中南部，全市辖 9 县 1 区，有各类残疾人 60.5 万人，建档立卡贫困残疾人有九万三千多人，截至 2019 年底，还有 8758 人未脱贫，2020 年底要实现全部脱贫。暂未脱贫的这批以智力、肢体重度残疾人为主。

产业扶贫的发展，重度残疾人的补贴到位，不能解决他们生活的困难，托养是帮他们脱贫的最有效方式。自 2017 年起，驻马店市先后制定出台《中共驻马店市委 驻马店市人民政府关于全面推进贫困家庭重度残疾人集中托养的意见》《中共驻马店市委 驻马店市人民政府关于进一步规范贫困家庭重度残疾人集中托养中心管理的意见》，在全国率先

2019 年 11 月，第二届中国国际进口博览会中国馆“幸福中国”单元展示了驻马店市农村贫困重度残疾人托养工作。

探索建立“市级统筹、县乡实施、部门联动、社会参与”的贫困家庭重度残疾人集中托养模式，推进解决农村残疾人照护和残疾人家庭经济收入来源问题。

完善运作模式 统一规划建设

驻马店实行“党委政府主导、扶贫残联主推、民政部门主管、卫健部门主阵地”的运作模式，由市脱贫攻坚办公室牵头，市发改委、残联、卫生健康、民政、财政等部门参与，在重度肢残、智力残疾人员较多的乡镇、村，利用集体建设用地新建托养中心，或者依托乡镇卫生院、村卫生室闲置病房改建托养中心。

扶贫部门配合做好集中托养中心入住人员和服务人员的筛选；民政部门作为日常工作管理主体，由乡镇民政所负责托养中心日常管理；财政部门负责集中托养资金专户的筹集、预算、管理和拨付；卫生健康部门做好入住贫困重度残疾人的医疗保障，乡镇（村）卫生院（室）指派专门医护人员负责托养中心医疗保障；人力资源和社会保障部门负责护工、厨师等服务型岗位购买及职业道德培训；住房和城乡建设部门负责托养中心统一规划、设计和建设；残联部门负责入住对象筛选，辅助器具提供，指导康复训练，无障碍设施的改造等。市委市政府建立多部门助残扶贫联席会议制度，定期召开会议，解决推进过程中出现的问题。

乡级托养中心按照入住 30 名左右人员、村级托养中心按照入住 10 名以上人员标准设计，实现标准化规范建设。每座托养中心统一设计卧室、医疗室、康复室、办公室、厨房、餐厅及公共卫生间等，统一配备多功能护理床、轮椅、康复器具等医疗设施，统一采购餐饮、冷藏、收储等生活设备，实现规范化。制定托养中心外观形象规范标准，外观设计统一“扶贫助残”标识，悬挂统一的标识标牌和制度版面，实现风格的一致化。

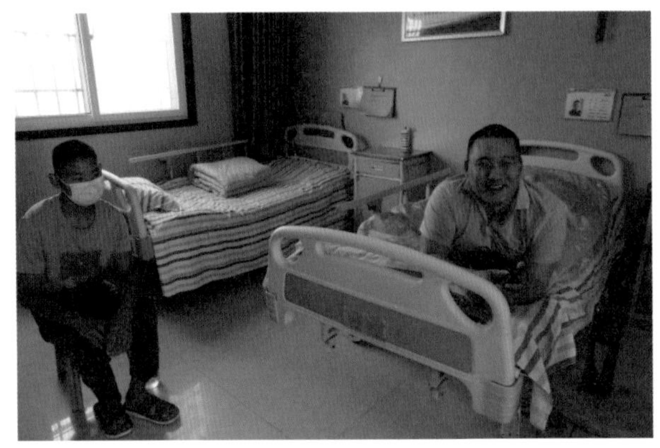

驻马店规范了托养中心的建设标准，给了很多无依无靠的农村贫困重度残疾人一个新“家”。

健全投入机制 明确托养对象

驻马店建立健全了“财政列支一部分、相关部门整合一部分、社会各界捐赠一部分”的资金整合机制，以财政投入为主，设立“重度残疾人集中托养运营基金”，保障托养中心工作正常运转。护工、厨师等勤杂人员的工资，则以政府购买公益岗位的形式由人社部门提供支持；民政部门整合入住人员农村最低生活保障金、残疾人“两项补贴”、部分临时救助金、慈善资金；残联部门整合阳光家园资金、无障碍改造资金、康复服务资金；人社部门整合公益岗位资金；卫健部门整合红十字会基金；扶贫办整合扶贫资金，确保托养中心持续稳定发展。

驻马店明确集中托养的人员为建档立卡贫困家庭的二级以上智力、肢体残疾且日常饮食起居不能自理、家庭无力照料或照料困难的人员，坚持自愿入住的原则，按照“户申请、村申报、乡审批、县备案”程序，筛选确定入住人员，并进行公示。确保入住对象精准，实现应托尽托。入住人员的监护人须签订委托书、托养协议书，明确各方权利义务关系等，同时列明退出条件。按照一名护工照料两名重度残疾人“一托二”原则选聘护工，护工全部从贫困户和重度残疾人的家

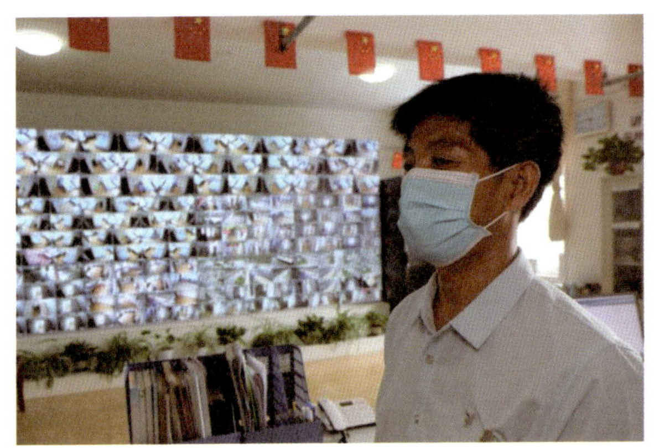

托养中心配备了视频监控设施，实行24小时值班制，保障托养人员的安全。

属中选聘，建档立卡重度残疾人家庭劳动力优先选聘。同时，定期邀请护理、医疗等专业人士为护工开展培训，不断提升护理照顾水平。

依托信息化 健康扶贫融入托养

贫困重度残疾人有特殊的康复需求，为了更有针对性地开展创新服务，驻马店在乡镇重度残疾人托养中心探索了“互联网+分级诊疗”模式，将健康扶贫融入托养。

各个托养中心配备医护人员，依托乡镇卫生院康复室、村（社区）医疗室康复站对贫困重度残疾人制定个性化康复方案，开展中医针灸、电疗等康复服务；同时，为做到医生和患者的精准对接，驻马店还采取了政府购买企业服务的方式，专门开发了手机移动APP平台，集互联网远程诊疗、手机即时服务、电子诊疗卡全程记录于一体，逐步构建起以县级医院为龙头、乡镇卫生院为支点、村卫生室为网底的三级医疗服务共享网络。

通过一台电脑、一个摄像机和一根网线，在互联网远程诊疗平台上，市县医院的医生照样可以对乡镇的重度残疾人进行诊断，而在网络的另一端，乡镇卫生院的医生也能按市县医院医生的要求为残疾人进行细致的康复训练，医疗服务的触角延伸到贫困重度残疾人的床前。

加强“四化” 提升照护水平

为规范托养中心日常管理，保障托养中心的持续发展，2019年，驻马店市委市政府制定出台《关于进一步规范贫困家庭重度残疾人集中托养中心管理的意见》，要求托养中心达到“四化”：建设标准化，服务优质化，保障多元化，管理规范化。

首先坚持医养结合，根据“就地就近，方便群众”原则和经济社会发展规划和重度残疾人数量、分布状况及服务需求，进一步完善功能设施和配套设施。其次加强人员选聘，按照“一托二”原则，加大技能培训，提升管理和照护水平；推动模式融合，深度融合贫困重度残疾人集中托养模式和“互联网+分级诊疗+分级签约医生服务”健康扶贫模式，实现对托养对象及时有效的救助。再是夯实各方责任，加强协调配合，建立托养中心工作、值班、护理、请销假等规章制度，完善各项卫生保洁、安全保卫、薪酬待遇、托养协议、资产管理、风险防控、服务评价等各项制度。最后明确以政府为主导，加大资金投入，统筹资金安排。强化财政保障，探索资金整合，引导社会参与，将托养中心工作经费纳入财政预算，实行专款专用，对托养服务专项资金实施监管和绩效评估，制定资金管理办法，确保资金科学使用、安全有效。

在乡村振兴工作中，驻马店市委市政府持续提升重度残疾人托养模式，有效结合托养机构和辅助性就业，继续整合“政府、金融、社会”的三个力量，将托养中心作为统筹城乡残疾人民生保障新支点，使其成为党建引领，加强农村残疾人工作的重要阵地。

成 效

自 2016 年驻马店在上蔡县开始探索农村贫困重度残疾人集中托养工作，至 2020 年 6 月驻马店实现全市所有乡镇贫困重度残疾人托养中心全覆盖，全市 11 个县区建设有 114 个集中托养中心，2016 个农村贫困重度残疾人的家庭生活由此得到了翻天覆地的改变。2019 年，河南驻马店农村贫困重度残疾人托养工作入选中国扶贫国家论坛发布的首届“全球减贫案例”，并在第二届中国国际进口博览会上，作为中国脱贫攻坚过程中社会保障兜底典型经验对外展示。

驻马店农村贫困重度残疾人集中托养中心的护工岗位招聘优先面向建档立卡贫困户劳动力，为重度残疾人家庭提供稳定增收岗位 2000 多个，每人月收入 2000 元。驻马店上蔡县大路李乡马堂村 34 岁的朱松涛，母亲去世得早，为照顾老年痴呆的父亲长年在家，无法外出打工，家庭经济十分困难，30 多岁没有成家。2017 年 8 月父亲被接进托养中心后，开始在县城干建筑工，每月净收入 2000 多元，2018 年还找到了对象。他逢人便讲：“我家脱贫绝对能保证，脱不了贫就对不起党的好政策和我们的好干部。”通过解放残疾人家庭劳动力，实现再就业，改写了重度残疾人家庭“照看一人、拖累一群、致贫一家”的状况。

托养还改变了残疾人精神面貌，提升了残疾人获得感和幸福感。驻马店市规划建设的托养中心，基础设施一应俱全，吃住都舒心，为每位入住的残疾人建立个人健康档案，24 小时不间断护理，每日巡诊，日常护理有保障，小病不出院、大病及时治。就近安置也解决了重度残疾人长期独处带来的精神压抑，生活态度和精神面貌得到了明显改善。上蔡县邵店镇刘岳村托养中心的刘庚臣，19 岁时高位截瘫，胸腔以下全无知觉，一度生活无望，进入托养中心后，管理员发现他头脑灵活爱上网，便指导他在网上销售丝瓜水、面膜等产品，现在每个月能收入 1000 多元，成了托养中心的“网红”，每天都高兴地哼着小曲。

案例 34

盘活存量，创设“物质 + 身心”救助

——河北省衡水市重度残疾人集中托养工作实践

做 法

河北省衡水市地处河北省东南部，总人口 456 万，持证残疾人 10.2 万，全市共有 6043 名农村贫困重度残疾人。在解决农村贫困重度残疾人的脱贫问题过程中，衡水市因地制宜，按照“整合资源、盘活存量、集约发展、循序渐进”的思路，探索出以农村特困供养服务机构为主体、专业医疗机构为辅助、民办养老机构为补充的集中供养模式。各县（市、区）整合原有的敬老院等机构，在此基础上，对农村供养服务机构的闲置床位及医疗护理力量进行整合，投资 4500 万元对农村供养服务机构的相关设施统一进行了改造提升。各区县中，衡水市冀州区的“集中供养”扶贫形式及成效较为突出，以此为例。

整合资源 增强“兜养结合”集约性

衡水市冀州区委区政府“花小钱办大事”，综合利用现有资源，仅用两个月时间，2019 年 9 月就迅速建成占地 30 亩、可容纳 200 人的贫困人口集中供养中心。

首先整合存量资源，实现资源利用的最大化。将衡水冀州区原周村镇中学闲置教室改造为供养中心，并对原有宿舍进行改造提升，借鉴特困供养和社会养老机构成熟管理模式，完善规章制度，对服务照料、食品卫生、医疗保障等作出明确规定，加强服务人员培训，确保每名入住人员都能得到精心护理、细心照料、贴心关怀、诚心服务。

衡水市贫困人口集中供养中心为入住院民举办“集体生日”活动，丰富院民精神文化生活。

其次整合政策资源，实现资金打捆使用的最大化。区财政在农村低保政策兜底保障基础上，按照特困人员集中供养标准实行集中供养，对于贫困群众原享有的扶贫政策收益、残疾人补贴和护理费、养老金等资金整合利用，差额资金由区财政进行补贴，在吃穿住行医等方面实现了兜底保障。

再是整合社会资源，实现爱心帮扶参与的最大化。实施“千企帮千户”活动，10余家社会组织和爱心企业主动向供养中心捐赠健身器械、药品、办公设备和生活用品，收到了“众人拾柴火焰高”的效果。

严格程序 确保政策覆盖无遗漏

为确保政策覆盖无遗漏，衡水冀州区委区政府制定《衡水市冀州区关于建档立卡贫困户中部分特殊困难群体纳入集中供养的意见》，对贫困人口认定范围、无劳动能力认定、无生活来源认定、法定义务人无履行义务能力认定、生活自理能力评定和供养方式及入住办理程序等，都作了具体规定。

按照《意见》规定条件和入住程序，符合集中托养的人员主要包括：

曾经的闫爱琴蓬头垢面，脸上基本看不到模样。入住托养中心后，有病及时治疗，定时理发，定时换衣服洗澡，身体状况好转，每天都很快乐。

建档立卡贫困户中符合最低生活保障条件，但没有赡抚养人或赡抚养人没有赡抚养能力的三级以上肢体、智力、精神残疾等失能失养人员；在审核入住条件过程中，规范流程，按照群众自愿申请，乡村审核，民政局、扶贫办复核，专业机构失能鉴定，指定医疗机构体检，体检合格后审批办理入住的几个步骤，逐人筛查对比办理入住手续。

完善机制 力促集中供养人本化

衡水冀州区的集中托养中心实行“全天护理”机制。中心生活设施完备，宿舍采取地暖式集中供暖，建有健身广场、娱乐室、活动室、图书室、医务室、康复室等服务设施；宿舍门口、卫生间全部按照无障碍要求设计改造；宿舍安装呼叫器，实现 24 小时精心照料。中心建有独立食堂，一日三餐营养搭配合理均衡，并由专门人员洗衣打扫卫生，帮助残疾人洗脸洗头洗澡。

同时，中心配套了“医养结合”机制。中心设有医疗室、康复室，为集中供养人员建立健康档案，定期体检，并与衡水市第六人民医院、冀州区职工医院、周村镇卫生院合作共建，实行集中供养人员“查、看、治、救”一条龙服务，健康扶贫政策兜底，实现了“小病不出院、大病有保障”，解决了入住群众健康医疗的后顾之忧。

再是中心建立了“扶业扶志”机制，通过中心建有的扶贫农场和扶贫车间，注重在劳动中激发入住残疾人的内心活力，增强其社会存在感。中心还建有扶贫小剧场，定期组织文艺团体送去形式多样的文艺节目，丰富院民精神文化生活。

成 效

截至 2018 年底，河北省衡水市 4 个国定贫困县、2 个省定贫困县全部实现脱贫摘帽，2020 年上半年该市最后 509 名贫困残疾人已到达脱贫标准，待验收合格后将如期脱贫退出。截至 2019 年 8 月，衡水市提升改造或改建贫困重度残疾人托养中心 59 处，整合床位 7500 余张。全市 6043 名农村贫困重度残疾人中，已有 2311 人自愿接受集中供养，托养中心提供基本医疗、康复训练、饮食照料、养老护理、精神慰藉、临终关怀等基本照料护理服务，实现由单一“物质救助”向“物质救助 + 身心救助”双重保障转变，让重度残疾人过上了有质量、有尊严的生活。

案例 35

社会力量参与 提升居家托养质量

——重庆“江北幸福加”社会工作服务中心重度残疾人托养工作实践

做 法

自2014年起，重庆市残联开始探索“机构 + 协会”“社工 + 义工”服务方式，实施“居家助残”社区困难残疾人帮扶项目，重庆市残联通过采用公开招标及竞争性谈判的方式，向重庆市“江北幸福加”社会工作服务中心（以下简称“江北幸福加”）购买服务，在江北区、渝北区、涪陵区等几个边远区县开展残疾人居家服务试点工作，并将贫困重度残疾人的居家托养与服务、就业支持及社会融入等内容进行有机结合，提升残疾人的幸福感和获得感。

设计框架 开展需求分析

要为残疾人提供贴心满意的服务，首先需要对残疾人的共性需求准确把握。“江北幸福加”社会工作服务中心在试点街道入户调研的过程中，遵循专业社工主导、基层政府引入及社会多方参与的指导思路，设计了以“日常生活、文化生活、心理健康、居住环境、康复、教育、劳动就业、法律援助”8项需求为主的调研框架。

其后中心邀请社区居委会工作人员陪同前往或自行按名单上的地址找到残疾人进行初步沟通，再由专人负责深入沟通。调研结果表明，生活障碍、出行不便、联络不畅、心理压力大、劳动就业难、情感沟通少等是社区残疾人面临的共性问题，残疾人普遍存在精神文化、康复照料等深层次需求。加之存在残疾人常住居所分散化、残疾类别多样化、年龄跨度差异化等问题，要实现资源的合理调配，就需要将“地理位置、残疾类别、年龄跨度”作为细化需求、合理分群的重要参数，以此为基础对接社区资源、志愿服务资源和托养服务资源，实行就近服务。

个性定制 确定服务内容

在选定受助对象、开展需求调研之后，“江北幸福加”通过整理和总结所获取的需求及残疾人情况等数据，按照各类需求“重点优先、广泛优先、样本优先”的原则，制定该区域社区残疾人托养服务内容。截至 2020 年 5 月，该服务所涉及的服务内容包括心理慰藉类、居家康复类、居家服务类共三大类 50 个服务项目。

在开展服务时，“江北幸福加”印制了一式四份的试点项目服务菜单，受助对象、工作人员、社会组织、残联系统各留档一份，采取印制服务

团结坝社区联合“江北幸福加”社会工作服务中心启动“幸福老伙伴”项目，定期为辖区老人提供健康义诊、免费理发、养生讲座等助老便民服务。

菜单每月入户填单的方式，为残疾人个性化定制下一个月的服务内容。当残疾人所需服务没有罗列在菜单上时，可在印制后一批次菜单时添加。未被选列入受助对象的社区残疾人，也可通过自行付费购买服务的方式参照服务菜单定价享受服务。

在推行居家服务的过程中，“江北幸福加”的工作人员在调研中发现，出行、购物、保洁、交流等问题是残疾人日常生活中的常见困扰。对此，“江北幸福加”又引入了第三方社会组织，依托社区现有场馆，开设社区助残公益超市，公益超市通过采用预约拼单、集成团购、免租降本等经营方式，实现了以远低于市场的价格为社区残疾人销售食用油、大米，并通过定期志愿服务的形式，将预购的食用油、大米送到出行不便的社区残疾人家中。

阶段评估 优化资源配置

在推行政府购买社会组织居家服务的过程中，重庆市残联建立多元评估体系，评估主体主要包括政府、服务接受者、第三方机构和社会组织。评估采用立项前、实施中和阶段评估相结合的方式，立项前对政府购买资金进行合理的安排，对社会组织的服务实力、组织管理水平、资金管理能力、人员基本素质、资源链接能力等进行评估。在实施过程中对项目资金的情况、实际使用情况、服务的范围和质量、服务接受者的满意度进行即时评估，并根据季度评估、年度评估等不同的时间周期对项目进行阶段综合性评估。

为了更加合理、公平地分配资源，“江北幸福加”为每一户受助对象提供一名专业工作人员进行对接，协助其填写每月的服务菜单，引导受助对象根据自身的实际情况，合理调配可用资源，达到资源最优化，充分满足受助对象需求。

图为“江北幸福加”社会工作服务中心。

“四化两网” 提升服务效率

“江北幸福加”还积极依托现代化手段对资源进行整合，如依托“ 互联网、物联网”，通过“物联化、数字化、移动化、无线化”，建立起“四化两网”的一体式信息化助残系统，设立专业呼叫服务平台，针对残疾人存在的不同程度失能问题提供服务。

平台以“主叫贯穿服务、被呼及时响应”的模式开展居家服务，其中 “主叫”为定期（每 7 天一次）与受助对象进行远程沟通，“被呼”即受助对象通过承载有电话卡的服务终端向呼叫平台发送信号，平台在接收到信号后，及时通过电话询问具体需求并定位受助对象的具体位置。

受助对象的终端机由“江北幸福加”提供，受助对象可通过终端机实现拨打电话、追踪定位、验钞、收听录音等功能。受助对象有需求时，可以选择按终端机上的不同的按钮，如“＃”键代表医疗呼叫，“SOS”键代表紧急呼叫等。呼叫中心收到呼叫，会立即查看受助对象相关信息，及时拨打电话为其提供服务。此外，被呼服务可以大幅度降低受助对象在使用服务时的通信成本，利用信息化平台可以直观地查看服务情况、被呼次数、主叫时间和呼叫范围等内容，提升服务效率，更好更快地对服务情况进行监督和评估。

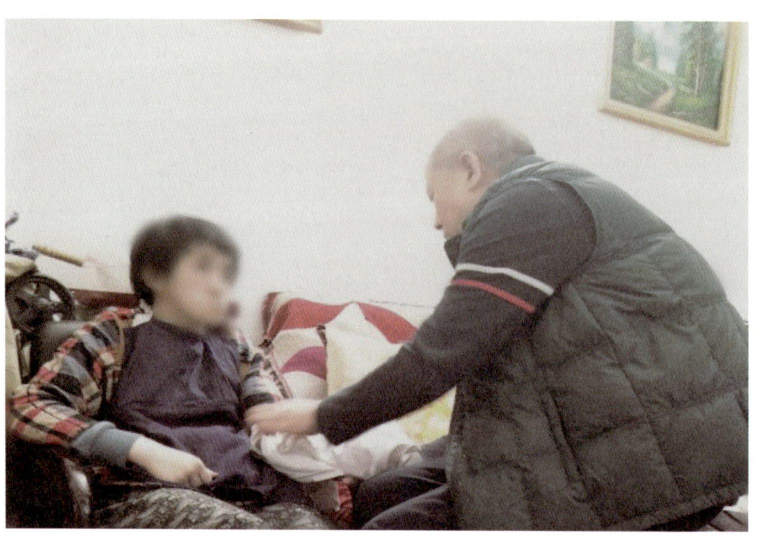

2018 年 1 月初，“江北幸福加”社会工作服务中心联合重庆正刚中医骨科医院来到观音桥街道，对片区内 6 个社区提出按摩需求的 7 名残疾人服务对象提供入户保健按摩、针灸服务。

成 效

重庆市边远区县的 859 名贫困重度残疾人获得重庆“江北幸福加”社会工作服务中心的项目服务，重庆市残联、江北区残联、渝北区残联、涪陵区残联通过购买服务，开展残疾人居家服务类服务项目共 10 个，累计提供各类居家托养服务 42000 余次。该项目也培育了“江北幸福加”助残社会组织，其逐渐形成残疾人居家服务项目流程管理、管理人员及专业技术服务人员考核管理、社工负责残疾人服务个案管理等较为完善的项目运行体系，使其发展为“服务承接、项目指导、组织培育、评估督导”一体化的组织。

重度残疾人集中托养让贫困群众、社会各界感受到了党委政府的责任担当和对弱势群体的关怀关爱，密切了党群关系，凝聚干事创业合力，为凝聚力量打赢脱贫攻坚战提供了重要保证。

案例 36

“四集中”密织特困人员“幸福网”

——河南省南阳市兜底保障建档立卡特殊贫困群体工作

做 法

河南省南阳市辖 10 县 1 市 2 区和 4 个功能区。根据第二次全国残疾人抽样调查数据，共有各类残疾人 94.48 万人，持证残疾人 36.9 万人。开展脱贫攻坚工作以来，共识别建档立卡贫困残疾人 10.49 万人，截至 2019 年底，已脱贫残疾人 8.41 万人，尚有 2.08 万残疾人未脱贫，占全市未脱贫人口的 31.9%，占河南省未脱贫残疾人的 20.9%。

2020 年是决战脱贫攻坚和决胜全面小康的收官之年，南阳市委市政府把兜底保障特殊贫困群体作为全面完成脱贫攻坚任务的重要举措，探索采用“村级幸福大院集中托管、乡镇敬老机构集中供养、社会福利机构集中托养、卫生机构集中康复治疗”的“四集中”兜底保障办法，实现集中托养全部特殊贫困群体。

确定“四集中”重点对象

自 2020 年 4 月 1 日起，南阳市集中资源、集中时间全力推进“四集中”兜底保障工作，对全市 81.5 万建档立卡贫困人口中的“六种情形”人员进行了普查、筛查和核查，逐一入户走访，摸清详细情况，凡是符合集中供养条件的，建立台账，精准选择托养机构，实现兜底保障全覆盖、无遗漏。“四集中”兜底保障对象包括特殊贫困群体中的“三类人员六种情形”。“三类人员”指：农村无自理能力或半自理能力人员、80 岁以上独居分散特困供养人员、其他需要集中兜底保障人员等三类重点人

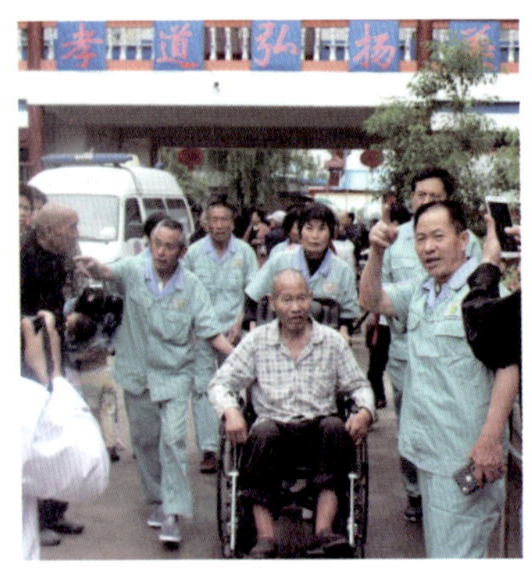

2018 年 5 月 20 日，在第 28 个“全国助残日”之际，马山口镇白庙村残疾贫困户乔迁“新居”——内乡县贫困残疾人马山托养中心，这也是南阳市第一家贫困残疾人托养中心。

南阳西峡县双河托养中心配备了消防、监控、卫生室、活动室等设施，室内外健身康养设施、休闲文化长廊、生态菜地等一应俱全。

群。“六种情形”包括特困供养对象、孤儿、贫困户中的重度残疾人、重症慢性病人、失能半失能人、孤寡老人“六种情形”。这“六种情形”人员生活生存能力弱，大部分自理困难，需要专人护理照料，将他们集中供养起来，保证他们的生活质量，能有效地将家人和扶贫干部解放出来，把精力用在产业发展上，进一步提高脱贫攻坚质量。为确保有需求的特殊贫困群体得到充分兜底保障，凡达不到“一有两同四保障”条件(即有管护能力的人员照料，与照料人饮食相同、居住相同，供养人员保暖、保医、保四季有换洗衣服、保必需日常开支)的“六种情形”人员，全部实行“四集中”兜底保障。

区分任务类型 分级分类供养

各县市区结合实际，按照 2020 年 6 月 30 日前集中供养人员基本全部入住的时间节点，快速推进机构建设。针对“六种情形”人员不同的困难和需求，南阳市将集中供养机构分为市县乡村四级，按照“232N”

的模式分类集中供养。“2”是指市级福利院和救助站重点集中托养市级无法定监护人或监护人监护能力达不到标准的孤儿，找不到家庭的惯性流浪乞讨人员；“3”是指县级福利中心、精神病院、残疾人托养中心重点集中托养县级无法定监护人或监护人监护能力达不到标准的孤儿，找不到家庭的惯性流浪乞讨人员以及需要高级护理和康复训练的重度残疾人；“2”是指乡（镇）级敬老院、卫生机构治疗康复中心主要集中供养达不到代养标准的特困供养对象、重度精神病和病情稳定的重大疾病患者；“N”是指村级幸福大院和承担“四集中”工作任务的民办养老机构，村级幸福大院主要托管需初级照料、就近照料的对象；民办养老机构作为公办机构的补充，主要承担政府购买服务任务。

按照工作职能 落实建设责任

在“四集中”机构建设方面，按照“县市区负总责，乡（镇）村抓落实”的原则，统筹部署，上下联动，分级负责。市级福利院建设管理主体是市级人民政府；县级福利中心、精神病院、残疾人托养中心建设管理主体是县级人民政府；乡（镇）级敬老院、卫生机构治疗康复中心和村级幸福大院的建设管理主体是乡镇人民政府。各县市区“四集中”机构建设和运营补贴投入资金纳入财政预算，截至 2020 年 8 月全市共投入“四集中”资金 20 多亿元。

整合政策资源 提供综合保障

南阳市委市政府采取“财政投入一部分、部门整合一部分、社会捐赠一部分”的办法，充分发挥各级政府主导作用，解决资金筹措难题；出台《南阳市“四集中”兜底保障工作政策整合意见》，集中整合各级民政、扶贫、财政、卫健等部门各类民生政策，“顶格”使用，为建档立卡特殊贫困群体“四集中”工作提供充足的政策保障。特困供养对象除可享受供养经费、护理费外，还可享受养老保险金、高龄津贴、残联相关政策补贴，政福保、政康保、防贫保、医保、临时救助政策；在此基础上重度残疾人还可享受农村低保A类标准、残疾人两项补贴、重症慢性病人可享受“一保四策”，包括农村低保A类标准、足额享受医保、政康保、政福保、防贫保四项政策。孤儿享受集中养育生活补助金。

创新运营模式 建立长效机制

南阳市结合实际，通过多种形式在“四集中”各级各类机构的建设、管理、运营方面建立长效机制。一是充分挖掘资源，解决场地问题。村级幸福大院的建设结合危房改造项目统筹使用；对闲置学校、工厂、村部民宅等升级改造，节约投入费用。二是建立健全管理运营机制，解决机制不活、积极性不高、投入不足、供养水平较低的问题。为公益性敬养老机构依法依规引进社会资本、先进管理办法、多种经营方式，提高供养质量和管理水平。三是实行“五位一体”解决幸福大院吸引力不强的问题。将幸福大院定位为村级集体活动的场所，实行“五位一体”（村文化活动中心、日间照料中心、集中托养中心、村级养老中心、村卫生服务中心）模式，使其具备养老、日间照料、康复健身、文化娱乐、餐饮等功能，增强吸引力。四是乡镇全面推广医养结合模式，解决看病难的问题。

强化组织领导 扎实有序推进

南阳市委市政府首先成立机构以推进工作，成立脱贫攻坚“四集中”兜底保障工作领导小组，市委副书记任组长，分管扶贫、民政工作的副市长任副组长。

在西峡县双河托养中心，肢体一级残疾人李宜恒（右）免费入住，其妻子聂兴敏（左）被聘为护工，既可以照顾爱人，又有一份工资收入，家庭脱贫更加稳定。

下设办公室，办公室设在市民政局，市民政局局长任办公室主任。抽调市民政局、扶贫办、残联、卫健委、医保局工作人员专题办公，负责做好“四集中”兜底保障日常工作。17个县市区参照市级成立本地区“四集中”兜底保障工作领导小组，抽调相关单位人员专题办公。

出台专项方案。印发《南阳市建档立卡特殊贫困群体“四集中”兜底保障实施细则》，明确“四集中”工作基本原则、对象范围、主要措施和工作要求，供县市区参照执行。

下发标准。下发“四集中”机构“十具备一安全”建设标准和服务系统化、管理精细化、布局科学化、生活家庭化的“四化”管理服务标准，作为县市区机构建设和考核验收的依据。

强化督导。成立七个督导组，灵活运用暗访、现场办公、核对数据等方式开展督导。

全面验收。下发《关于开展“四集中”工作验收的通知》，对所有机构逐一验收，务求工作实效，确保“四集中”兜底保障工作实现集中供养对象生活好、服务好、质量好、心情好、走得好“五好”目标。

2020 年 6 月，西峡县回车镇黑虎庙村肢体二级残疾人张龙玉入住西峡县双河托养中心。闲暇时张龙玉经常绣十字绣，希望送给托养中心和那里的工作人员，以感谢党和国家的关心关爱。

成 效

截至 2020 年 8 月，南阳市已建成“四集中”各类机构 1233 家，总床位数达 11.8 万张，全市排查“四集中”兜底保障对象达 98540 人，各县市区组织工作力量，对所有机构进行检查验收，按照“达标一个，入住一个”的原则分期分批组织人员入住，98% 的集中供养对象已完成入住。

王书侠是南阳市内乡县重度残疾人马山托养中心的一名护工。她的丈夫郭运景于 2011 年脑出血留下后遗症，重度偏瘫，7 年的时间王书侠几乎每天都是围着残疾的丈夫转，儿子为了父亲治病，初中没毕业就辍学了。全家没有经济来源，柴米油盐的生活开支、人情世故礼尚往来的花费，以及为丈夫治病的花销等压力让王书侠整日愁眉苦脸，甚至产生轻生的念头。2018 年，王书侠所在的马山口镇，在内乡县委县政府的支持下，采取“政府主导、集中托养、民营公助、各界联动”模式，在原马山口镇福星老年康乐院基础上改建了内乡县重度残疾人马山托养中心。王书侠的丈夫符合入住条件，经过申请顺利入住，同时王书侠也被聘为托养中心的护工。她激动地说：“我不再愁柴米油盐的生活困难，也不再愁丈夫吃药治病，我儿子也出门打工挣钱了，我既能照顾丈夫，又有了一份工作，月收入一千六七百块，又管吃管住，这里生活好，饭菜有营养，丈夫的身体也比以前好多了，上个月还娶了儿媳妇，要不是政策好，恐怕连个儿媳妇都娶不来。谢谢党和政府的好政策。”

点评

伴随着脱贫攻坚进入收官阶段，未脱贫残疾人，特别是贫困重度残疾人的特殊困难和问题就更加凸显。因此，“给钱给物不如给服务”也就成为贫困重度残疾人的最大愿望。在案例中可以看到，河南省驻马店市、南阳市、河北省衡水市，重庆市等地针对贫困重度残疾人的照护难题，各自给出了不同的解决方案。他们或通过整合多方资源实施集中托养，或针对残疾人的不同困难和需求实施分类供养，或借助社会力量开展居家服务，最终让贫困残疾人生活质量有了明显提升。

但也要认识到，重度残疾人的托养服务工作还任重道远。这不仅需要继续加快完善重度残疾人托养服务配套政策措施，发展农村重度残疾人托养服务，还需要加快托养服务的专业化队伍建设，进一步提高托养服务的专业化水平。正所谓“服务一人，解放一家，温暖一片”。重度残疾人作为残疾人群体中最困难和最需要帮助的人，只有为他们提供更好的托养照料，才能减轻他们的痛苦，也只有让重度残疾人享受到更有品质的托养服务，才能让他们生活得更加幸福、更有尊严。

第九章

社会参与
精准支持

坚持社会动员，凝聚各方力量。脱贫攻坚，各方参与是合力。必须坚持充分发挥政府和社会两方面力量作用，构建专项扶贫、行业扶贫、社会扶贫互为补充的大扶贫格局，调动各方面积极性，引领市场、社会协同发力，形成全社会广泛参与脱贫攻坚格局。

——2018 年 2 月 12 日习近平在打好精准脱贫攻坚战座谈会上的讲话（《习近平谈治国理政》第三卷，外文出版社 2020 年版，第 152 页）

如何发挥社会力量参与助残扶贫

背 景

2017年12月，国务院扶贫办下发《关于广泛引导和动员社会组织参与脱贫攻坚的通知》，进一步明确指出，“社会组织是我国社会主义现代化建设的重要力量，是联系爱心企业、爱心人士等社会帮扶资源与农村贫困人口的重要纽带，是动员组织社会力量参与脱贫攻坚的重要载体，是构建专项扶贫、行业扶贫、社会扶贫“三位一体”大扶贫格局的重要组成部分”。

2012年以来，中央财政每年划拨专项资金支持社会组织参与社会服务，其中残疾人社会服务是重点领域之一。推进社会组织“放管服”改革，支持社区社会组织承接社区公共服务和基层政府委托事项，完善国家对助残社会组织的税收优惠政策，助残社会组织的数量迅速增长。各级各类社会组织参与助残扶贫已经成为服务残疾人群体脱贫攻坚的重要力量之一。

2014年，中国残联联合民政部，发布《关于促进助残社会组织发展的指导意见》，在登记管理制度、政府购买服务、优化发展环境和加强规范管理上，对助残社会组织提出了新的要求，也进一步规范了组织的运作流程。

截至2017年，各地民政部门共登记助残社会组织6200余个，包括1500余个社会团体、4600余个民办非企业单位和约100个基金会。我国的公益组织和公益项目已经进入一个快速发展的多元时代，公益项目已经不再是过去单一的模式，而是开始逐渐过渡到综合、多维度的发展提升层面。

案例 37

打造全链条融合发展的“长春样本”

——吉林省长春市九台区“善满家园”助残扶贫模式

做 法

吉林省长春市“善满家园”的故事，离不开一位叫胡艳苹的商界女士。从 1992 年开始，胡艳苹就开始收养智障残疾人，到 2020 年她“捡”出来一个 100 多人的“大家庭”。2001 年 1 月，她那出生仅 7 个月、患有先天智障的大儿子离开人世。儿子去世之前，胡艳苹收养智障孩子更多是出于同情，而丧子经历让她下定决心成为更多孩子的“妈妈”。2001 年 5 月，她个人出资创立收养和救助残疾人的爱心驿站“善满家园”，

“善满家园”在保证智力残疾人的衣食住行之外，还开设了烘焙坊、阿甘餐厅等社会经营场所，请老师培训残疾程度较轻的孩子，使其胜任日常的服务员、烘焙师等工作。

长春善满家园－阿甘餐厅的学员。

开始大规模收养智障流浪儿童。2010年，在吉林省各级政府和民政、残联等部门的支持和帮助下，胡艳苹创办了“善满家园智障人康复托养中心”。“善满家园”也实现了从个人收养到社会福利机构的成功转型，先后成立阿甘餐厅、阿甘村、善满朝阳残疾人创孵示范园、善满烘焙坊等，让这群无家可归的残疾人在吃饱穿暖的基础上，实现了新的人生价值。

从收养到提供就业岗位

胡艳苹只要在大街上看到智力障碍残疾人，都会上前查看，只要满足“孤儿”和“自愿”两个条件，她就把他们带回家。她为这些智障孩子治病，并取了好听的名字——开心、快乐、幸福、吉祥……这些名字背后，寄托了胡艳苹对生活的期望和对他们的一腔爱心。

随着捡来孩子的数量越来越多，2001年，她在吉林市的市郊找到一块空地，建起一片砖房，起名“善满家园”，雇专人来照顾这群残疾人。每次她来到那群残疾孩子中间，孩子们都会蜂拥为上，冲她喊“妈妈”。从2001年成立“善满家园”开始，胡艳苹一直在解决一个问题：让残疾孩子吃得饱穿得暖之外，还要培养他们继续学习的心态。

在此基础上，胡艳苹不断开设烘焙坊、餐厅等社会经营场所，请老师培训残疾程度较轻的孩子，使其胜任日常的服务员、烘焙师等角色。

2015年，胡艳苹在长春创办了首家阿甘餐厅，配备多名就业指导老师来培训残疾人，并提供了12个稳定就业岗位，先后有40余名智障孩子在此实习。

2017年5月，胡艳苹得到了当地残联和旅游部门的支持，合力打造“阿甘村”，创新运营模式。“阿甘村”占地面积18公顷，村里设置了农疗、商疗、工疗基地，修建了鱼塘，饲养了鸡鹅，种植了果树和蔬菜，所有残疾人都能从事力所能及的工作，通过“托养+康复+扶贫”的扶残助残工作模式，为长春市乃至全省智障人康复就业提供了实训平台。

政府购买服务，扩充帮扶内容

2019年5月，长春市九台区委区政府通过购买服务，利用“善满家园”智障人康复托养中心已有基础，成立九台区“善满家园残疾人综合服务中心”，探索出一条集康复、教育、培训、就业、托养于一体的残疾人扶贫助残全链条融合发展新模式。整个综合服务中心利用九台区辖区内某街边底商，利用两层建筑，重点培育以烘焙、草编、彩绘为主的残疾人就业项目，残疾人生产的手工艺品直接通过底商或相应渠道面向社会销售。

从家园到孵化园，吸收社会参与热情

胡艳苹和“善满家园”的工作人员按照长春市朝阳区政府提出的“三个结合”原则，以“精准定位、精准培训、精准对接、精准服务”的理念，优化组建了专业的运营团队，通过建设“善满朝阳残疾人创孵示范园”，为残疾人工作的社会化参与提供了样板。“创孵示范园”自2017年5月10日运营开始，不断为朝阳区辖区内残疾人提供创业孵化、培训、

九台区善满家园残障人综合服务中心。

实训、就业、辅助性就业指导、文体活动普及和惠残政策宣传。

至2019年，“创孵示范园”成功孵化9家入驻企业，打造了以手工皮具、串珠项目为主的“企业+残疾人”新型就业模式，先后开展理论教学、实践培训等，为爱心企业和残疾人搭建沟通桥梁，为数百名残疾人提供了就业服务。参加培训的残疾人不仅增加了职业、生活技能，更多的是传播正能量，改变了学员的观念，丰富了他们的精神文化生活，实现了良好的社会效应，达到了残疾人满意、残联满意、党委政府满意的效果。

成立爱心企业联盟，接力助残发挥功效

胡艳苹经商出身，通过多年积累，结识了很多商业人士，依托商界人脉资源，引导更多企业关注社会公益和残疾人事业。“善满家园智障人康复托养中心”融合社会企业成立了爱心企业联盟，联盟成员共同约定，要为残疾人不断提供就业岗位。

每次胡艳苹出现在“善满家园”，孩子们都会蜂拥而上将她包围，大喊：“妈！你来啦！”

阿甘餐厅是一家以火锅为主题的餐厅，店内的服务员绝大部分都是“善满家园”收养的智力障碍残疾人。

成 效

1992 年至 2019 年底，胡艳苹先后救助收养了 100 多名智障人，他们中有 50 多人已经被家里接回或康复重返社会，还有 50 多个智障人无忧无虑地生活在“善满家园”。

全国首家智障支持性就业实训基地——阿甘餐厅，有 12 位智力障碍残疾人通过岗前专业培训成为餐厅的员工，负责传菜、清理、搬运等各种工作。

2017 年，“善满家园”创建的专门为残疾人提供服务的“创孵示范园”对残疾人进行精准定位、精准培训、精准对接、精准服务，截至 2019 年底，有实训项目 13 个，创孵企业 8 家，累计培训 255 人次。九台区“善满家园残障人综合服务中心”年计划培训残疾人学员 500 人次，这些人中，最小的只有 12 岁，最大的 53 岁。中心在为学员提供免费食宿、接送等服务的同时，还形成“一园多点、统分结合”的农村残疾人就业模式。截至 2020 年初，已设土门岭等 6 个实训就业点，扩大了残疾人参与面。

“善满家园”一系列助残扶贫模式得到了当地政府与社会各界的高度认可。“善满家园”先后被授予“全国首家支持性就业基地”“全国人道主义教育基地”等称号。2019 年 5 月，胡艳苹荣获“第六次全国扶残助残先进个人”称号。

案例 38

打造园区平台 推进就业扶贫

——河北省行唐县残疾人“双创园”助残扶贫工作实践

做 法

河北省行唐县地处太行山区，2012 年被国务院确定为国家扶贫开发重点县，行唐县有残疾人口 3.2 万（其中持证残疾人 11984 人），占全县总人口的 6.96%。为解决残疾人和贫困户无业可扶、无力脱贫等问题，行唐县委县政府通过对当地助残爱心企业行唐县昊腾服饰有限公司进行扶持，依托原行唐县第二民政事业服务中心，创办行唐县残疾人“双创

行唐县残疾人“双创园”通过推广“政府 + 企业 + 社会 + 贫困户（残疾人）”的扶贫模式，解决残疾人和贫困户无业可扶、无力脱贫等问题。图为行唐县残疾人“双创园”负责人贾茹（中）了解职工的工作情况。

园”，并于2018年5月19日正式投入使用。所谓“双创”，即帮扶模范创新和“以残带健，以弱带强”的理念创新，“双创园”通过推广“政府+企业+社会+贫困户（残疾人）”的扶贫模式，辐射带动全县贫困残疾人及家属就业增收。

在建设运营上，行唐县残疾人“双创园”由行唐县委、县政府免费提供运营场所，“双创园”分内园区、外园区两大部分，占地共计20亩，其中内园区为原县民政局第二事业服务中心，占地9亩；外园区位于该中心西侧，占地11亩。园区共设工疗区、就业培训区、线上运营中心+红娘平台、康复锻炼卫生服务功能区、职业康复生活区、励志教育功能区、娱疗区、农疗区、扶贫项目对接区等9大版块，是集就业、培训、创业、康复、托养、励志、工疗、娱疗、农疗等多重功能于一体的残疾人家园。

加大支持力度 强化辐射带动

“双创园”创建之初，企业在人力、资金等方面都存在很大缺口。为帮助企业尽快度过初创期，行唐县政府把原第二民政事业服务中心与县民政事业服务中心整合，腾出场地免费提供给昊腾服饰有限公司作为“双创园”运营场所，并投入500万元产业扶持资金，争取省残联12万元补贴，选派优秀干部帮助工作。

为确保建设工作顺利实施，行唐县委、县政府将“双创园”建设作为“一把手”工程来抓，县乡村三级干部现场对接，统一思想、转变观念，层层摸底数、层层做动员、层层抓落实，推动“双创园”扶贫助残延伸到“最后一公里”。与此同时，行唐县出台《关于进一步支持残疾人“双创园”健康发展的实施方案》，将业务拓展、项目谋划等10项支持措施细化分解到有关部门和乡镇，营造了尊重关爱残疾人的浓厚氛围，凝聚起全县上下支持“双创园”发展的强大合力。

行唐县出台了《行唐县残疾人“双创园”辐射带动乡村贫困残疾人

等特殊群体脱贫增收的实施方案》，以“双创园”为中心，设立 70 个辐射全县 330 个行政村的扶贫助残“巧手坊”，累计兑现设立奖补资金 35 万元、技能培训奖补资金 1019.28 万元，切实提升其就业吸纳和辐射带动能力。

注重企业带动　增强造血功能

在“双创园”运营过程中，行唐县坚持以“对接市场、融入市场、开拓市场”为第一生命力，着力强化“政府 + 企业 + 市场 + 加工点 + 残疾人（贫困户）”的利益联结机制，不断增强残疾人“双创园”的生存能力和可持续发展活力。

行唐县残疾人“双创园”共设工疗区、就业培训区、线上运营中心 + 红娘平台、康复锻炼卫生服务功能区、职业康复生活区、励志教育功能区、娱疗区、农疗区、扶贫项目对接区等 9 个园区。残疾人在园区中可享受就业、培训、创业、康复、托养、工疗等多种服务。

运营前期，“双创园”对自身业务进行明确定位，主要对接引进手工制作、服装来料加工、互联网数据外包等市场风险小、技术门槛低、易上手、收益快的项目，保证残疾人和贫困户稳定就业、持续增收。为提升产品档次，行唐县委、县政府多次与北京市科学技术委员会沟通协商，帮助“双创园”引进前沿专利技术，开发防护型褥疮垫、防雾霾口罩、抑菌防辐射内衣等10余种高科技产品，注册多个独立服装品牌，切实增强市场竞争能力。在产品研发的同时，行唐县还持续加大宣传推广力度，推动防雾霾口罩等产品列入河北省、石家庄市有关部门政府采购范围，同时帮助“双创园”组建营销团队，建立电商销售平台，设立直营库和直销店，大力开拓市场销售渠道。

关注现实需求　借势借力发展

在“双创园”发展过程中，行唐县聚焦“两不愁三保障”，针对贫困残疾人的特殊需求，坚持扶贫政策优先覆盖残疾人，完善兜底保障措施，建立防贫长效机制。

“双创园”在园区内设立职业康复生活区，为建档立卡贫困残疾人提供职业康复机会，通过免费吃住、免费康复诊疗、参与计价劳动，每人每月可节支增收600余元。同时设立工疗区，以满足有就业意愿和就业能力的各类残疾人及符合条件的贫困群众就业或辅助性就业需求，激发他们的内生动力，帮助他们实现稳定增收。“双创园”还建立就业培训中心，设置13个培训教室，对不同类型的残疾人和建档立卡贫困户开展有针对性的就业培训，让其掌握更多的就业创业本领，切实增强就业创业的竞争力和成功率。

“双创园”积极与多家爱心企业和社会组织加强对接，开展支教助学、爱心捐赠、文艺指导等志愿活动，让残疾人充分感受社会关爱。同时，“双创园”也与多家高校展开合作，如与清华大学合作建立残疾人

“双创园”新媒体运营中心，依托抖音、快手等平台，开展以“励志”为主题的网络直播，每年为3000余名残疾人提供直播培训，让更多残疾群众乐观生活、安心就业、快乐工作。与北京师范大学合作，创建行唐县残疾人“双创园”研学基地，谋划包装文化旅游项目，打造残疾人励志文旅小镇，带动周边发展，实现更宽领域、更高层次的“以残带健、以弱带强”新局面。

成 效

“双创园”启动运行以来，逐渐形成了“以残带健、以弱助强、兼顾日间照料”的良好格局，取得了“五个一批”扶贫助残成效。

——康复托养一批。“双创园”以“弱有所养、弱有所医、弱有所乐”为目的，为符合条件的残疾人提供职业康复托养服务。目前，已有87名建档立卡贫困残疾人入住，且人数在逐年增加。

——园区就业一批。“双创园”以精准为基础，以园区为依托，让残疾人在合适的岗位稳定增收。目前，“双创园”手工包装车间已安置88人就业（建档立卡贫困残疾人77人，其他残疾人6人，建档立卡贫困户1人）；线上运营车间安置18人（其中建档立卡贫困残疾人5人，其他残疾人11人）；缝纫制作车间安置49人（其中建档立卡贫困残疾人5人，其他残疾人4人，建档立卡贫困户15人）；后勤保障用工6人。

——辐射带动一批。由“双创园”延伸建立的70家扶贫助残“巧手坊”，让贫困残疾人及其家属，通过劳动增加收入，激发出靠自己双手创造美好生活的内生动力。“巧手坊”可辐射全县330个行政村，带动了4247名贫困残疾人和一般贫困户（其中已脱贫享受政策4035名，未脱212名；残疾人938名）就业增收，树立了以残带健、以弱带强典

2018 年 11 月 14 日，在石家庄市行唐县残疾人双创园内，残疾人员工在修整菜园。

型示范。

——居家安置一批。园区依托“巧手坊”为残疾人设立了“三上门”服务（上门培训、上门送活、上门收货），为不想离家、不能离家且具有一定劳动能力和就业意愿的残疾人提供了就业渠道，目前已帮助 850 名残疾人在家实现就业。

——解放松绑一批。通过“双创园”的集中安置和辐射带动就业，不仅让残疾人有所养、有所扶、有所得，同时也减轻了残疾人家属的负担。通过集中供养 87 名没有劳动能力的残疾人，让 161 名家属放心外出务工；并通过辐射带动 600 多名残疾人就业，人均月收入达到 800 元以上，使他们实现了自给自足，并为家庭创收。

案例 39

让残疾人成为合格的商业客服人才

——阿里巴巴“云客服”创新残疾人就业方式

做 法

以“特云”立项，紧靠残联广建基地

除了开网店，阿里巴巴集团还为残疾朋友提供了就业选择机会及发展空间，包括“云客服”、字幕翻译、编程、美编等在线工作岗位。其中，阿里巴巴“云客服”诞生于2010年，初衷是依托网络力量将闲置的社会劳动力资源充分调动起来，提供灵活就业机会，工作内容为围绕远程为阿里巴巴会员提供在线咨询服务。“云客服”到今天已经成为残疾人就业的新模板，因为残疾人的特殊性，成为“云客服”的残疾人又被称为“特云”（特殊云客服）。

2011年6月，注意到残疾人群就业困难的阿里巴巴集团，也将机

2018年6月，广东省清远市残疾人阿里巴巴“云客服”培训在英德县开班。

成为一名“云客服”前，残疾人需要完成打字等诸多培训，最终通过测试的应试者才有资格获得代表上岗的“客服账号”。“云客服”要负责回答淘宝会员的各类咨询，从如何退款到如何开店都要了解。

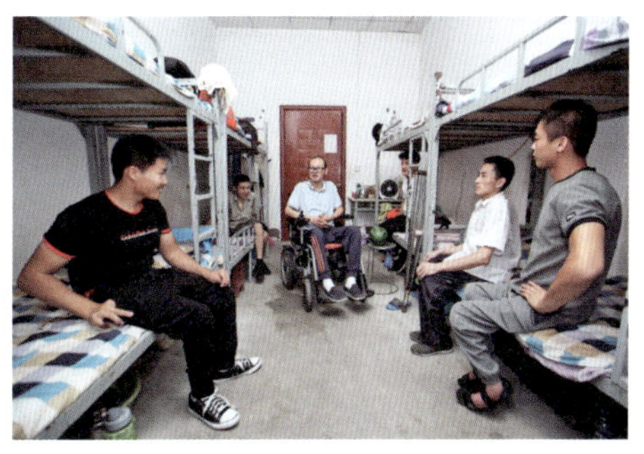

河南省郑州市中牟县的残疾人培训基地，可以受到系统的上岗培训。基地的创建者王绍军（中）也是位残疾人，17 岁时患上腓骨肌肉萎缩症。成年后做生意发了家，决心做点“有意义的事”。就这样，他将自己在中牟县的 108 亩生态园改造成了残疾人培训基地，免费培训残疾人“云客服”。

会提供给了他们，由此设立“特云”项目。同年，阿里巴巴淘宝网与其公司所在地的杭州市残联举办首期残疾人“云客服”定向培训，对 175 位报名的残疾人进行测试，测试他们的打字速度和对淘宝网的了解程度，60 名通过测试的残疾人参加了培训课程，最终有 42 人成为“云客服”。

这引起了更高级别残疾人组织的关注。2015 年，中国残联全国残疾人就业创业网络服务平台宣布与阿里巴巴集团合作，到 2020 年共投入了 3 亿元资金，为残疾人提供 5 万个“云客服”就业机会、10 万人次的在线培训。截止到 2019 年底，1 万多名残疾人“云客服”为淘宝用户提供了多达 80 万小时的在线服务。2019 年下半年起，首批视障“云客服”已经正式加入阿里巴巴“云客服”队伍。而在此之前，参与“云客服”的大多是肢残人。

为激励这些“云客服”，淘宝设置了晋升通道，根据“云客服”的业绩评价（如满意率、服务时长等）来晋升或降级。没有达到相应的业绩，则面临着降级，需重新培训考试。这些考核指标，是按照淘宝“云客服”

2019年9月，28名残疾人走进位于顺义的北京工业大学耿丹学院，作为一批特殊的“大学生”，他们将在这里进行为期两个月的阿里“云客服”技能培训。

的标准来制定的，与大学生“云客服”没有太大的差别。晋升等级由低到高分别是：初学弟子、初入江湖、江湖小将、江湖新秀、初学少侠。

“特云”成立后，阿里巴巴和中国残联及各地残联、公益组织合作，为残疾人定向提供培训和上岗就业机会。现在，在河南中牟、广东英德、山东日照、北京、云南西双版纳等地，都建起了“云客服”就业培训基地。残疾人可通过各地方残联就近选择基地，在基地集中吃住，从打字学起，经过培训并获得认证后，他们会获得一个客服账号，代表着他们获得了阿里巴巴提供的“云客服”工作岗位。而一些优秀的学员则会继续留在各基地，成为专职辅导员。

成 效

“云客服”根据服务人数、服务时间、好评率、流转率等数据，提升级别，晋级后加权高了，收入也就提升了。根据统计，培训合格的全职“云客服”，月均收入都可以超过3000元，赶上“双11”等全国性网络购物节，甚至有机会月入万元。

商丘人郭辉在一次液化气罐爆炸中全身95%重度烧伤，右手被炸飞，左手仅剩两根手指能动。通过加入河南中牟基地成为“云客服”后，他找到了人生的新起点，工作时只用两根手指打字，成了基地收入最高纪录的保持者，目前月工资税后最高达到13900多元。

由于先天性白内障，“90后”冯家亮在2019年成为全国首位视障“云客服”，仅两个月的时间冯家亮就能同时服务4个客户。

2020年央视出品纪录片《人生第一次》，其中一集用来讲述河南中牟残疾人“云客服”基地里的故事，几百位原本不相干的残疾人被命运牵引着，交织在这个地方，又通过这个地方，他们的工作、爱情、友谊就此重叠在这一张网络之中。因为车祸而丧失高考机会的王燕钊在这里遇到了同样坐着轮椅的女孩周奕好，两人在培训中互相接触并产生感情，在基地数百人的见证下，最终两人走到了一起。这些美好的故事是“云客服”工作带来的暖心“副产品”。

2018年11月16日，阿里巴巴创始人马云更新微博，为参与“双11”的残疾人“云客服”工作人员点赞。“他们遭遇的灾难和挫折超出我们的想象，但是他们的自强自立、绝不放弃也超出了我们的想象……在这个充满抱怨的世界里，他们活得有尊严、有希望，他们活出了自己的价值。他们身体有不完美，但是心灵美好而坚强！为他们加油，为他们骄傲！”对这个助残脱贫的方式，马云有过更精准的表达——“永远以公益的心态、商业的手法去做事。”用他自己的话说，就是“商业是一定要有结果、一定要有效率、一定要公平，但是如果是仅怀着公益的心态，不计成本，反而会拖垮更多的人。”

案例 40

专项扶持残疾人热线外呼 创新公益助残模式

——“中移在线”开展肢残人线上平台就业服务项目实践

做 法

中国移动作为央企的一员，充分履行社会责任，以其子公司——中移在线服务有限公司（简称“中移在线”）的在线众包外呼平台优势，将企业核心能力与残疾人就业问题相结合，2017 年 5 月，与中国肢残人协会、北京新生命养老助残服务中心签订《关于开展肢残人线上平台就业创业服务项目的战略合作协议书》，达成战略合作，结合其经营领域和业务特点，以“远程支撑，居家化工作”的模式，为肢体残疾人员提供热线服务的工作机会，实现灵活就业增收。截至 2020 年底已安置近千位重度肢体残疾人居家就业，就业人群覆盖全国 26 个省、市、自治区。

明确业务范围 专人负责项目落地

在三方合作的整体项目规划上，“中移在线”提供平台系统支撑和业务支撑；中国肢残人协会提供政策支持；北京新生命养老助残服务中心负责组织残疾人参与平台外呼工作、协助“中移在线”组织残疾人培训。项目具体执行过程中，“中移在线”还在规范制定和系统支撑层面给予了充分支持，并指定专门负责人进行对接。

合作三方确定热线服务人员为 20-60 岁的贫困重度肢体残疾人，面向全社会招募和培训，残疾人借助电脑、耳机、麦克风等设备，以互联网方式接入平台，在安静的环境下执行平台热线外呼任务，在家就可以上岗办公。

中国移动在线众包平台项目的残疾人外呼热线服务人员达到900余人，农村贫困残疾人约占50%，人均5000元/月收入，单人最高可达8000元/月以上。

热线业务的范围为调研通知类外呼项目，“中移在线”结合残疾人刚开始外呼经验不足、自信心不强等特点，先挑选话术简单、成功率高的业务作为其入门业务，随着其业务熟练度的增强，再逐步增加业务难度。

注重团队建设 提高管理效能

北京新生命养老助残服务中心通过微信公众号等方式发布招募热线外呼残疾人的信息，并进行视频电话面试初选，通过初选的残疾人参加6天集中线上培训。通过“中移在线”测试合格后取得正式工号即可工作。

北京新生命养老助残服务中心一对一帮扶新入职的残疾人，管理团队每天通过QQ群实时帮助残疾人解决外呼工作中遇到的问题，保障残疾人稳定顺畅工作。质检工作人员在后台实时监听座席录音，随时指出外呼中存在的问题，保证服务质量。每天例会，强调当天工作中的问题，回答疑问并给出解决方案，当天的问题当天解决，保证工作效率。每周五组织残疾人进行“生命故事分享”，促进残疾人相互了解，增加团队凝聚力。针对工作中的普遍性问题，每周六组织专题培训，提升座席工

项目管理团队通过微信群，为其招募的热线外呼残疾人提供业务分析、心理支持和团队建设服务，促进残疾人提高业务水平，融入集体生活。

作能力。

管理团队还聘请清华大学心理学系具有团队培训辅导经验的讲师团，在就业残疾人工作中出现心理压力大、抗挫能力差、职业倦怠时提供心理支撑。每年组织线上年会，设立业绩冠军奖、进步奖、才艺奖等，帮助伤友认识自我，建立信心，提高幸福感。

优化考评标准 专项孵化扶持

由于残疾人居家办公的分散化、灵活化、碎片化特点，执行的业务主要为外呼调研类项目，中移在线服务有限公司常态化的“优胜劣汰”评定标准不适用于侧重公益性的肢残人线上平台就业创业服务热线外呼项目。

为更好地孵化该项目，“中移在线”充分考虑项目的公益性，未将北京新生命养老助残服务中心纳入常态化支撑方的月度评定，而作为战略合作支撑方给予独立支撑、专项孵化扶持。

成 效

近一年，肢残人线上平台就业创业服务热线外呼项目累计结算金额近500万元，平均每月结算金额近45万元。这一试点公益项目获得成功，“中移在线”将之作为可持续性发展的公益项目，着手推广复制。

截至2020年10月，中国移动在线众包外呼平台项目的残疾人外呼热线服务人员达到900余人，农村贫困残疾人约占50%，人员覆盖26个省；每天固定工作的残疾人约80人，人均通话量达到250-300通，人均5000元/月收入，单人最高可达8000元/月以上。

来自贵州威宁草海湖畔的陈忠是中国移动在线众包外呼平台的一员。他患有脊髓肌萎缩，常年与轮椅为伴。幼年时，曾因身体的“特殊”被嘲笑，但他勤奋好学，天资聪慧，小学、初中均以优秀成绩毕业，获得周围人的尊重和帮助。高中毕业后，他考入大学，经过家人的帮助顺利毕业；但在应聘过程中，因身体原因被多家单位拒绝聘用，他的生活陷入消极状态，对未来充满迷茫。几年后，在朋友的提醒与“责备”中，他尝试通过网络寻找工作机会。2019年，陈忠通过北京新生命与外呼平台结缘。在这里，他认识了新的朋友，凭努力领取到了每月超4000元的薪水。陈忠说，“我会怀着感恩之心，且行且珍惜，好好维护平台，爱护这份工作”。

甘肃省定西市漳县的徐玲玲临近高考前一个月，出了交通事故，导致脊髓损伤。寸步难行的人生，使徐玲玲感到痛苦、迷惘、彷徨。后来，她在网上认识了脊髓损伤的病友们，渐渐开朗起来，也慢慢融入了社会。2017年，在伤友的介绍下，她接触到了北京新生命平台，逐渐学会自理，并开始在中国移动在线众包外呼平台工作。玲玲勤奋学习、努力工作，从一个月200余元到每月5000-8000元收入，她的付出获得了回报。她开心地说道：“我喜欢这份工作，觉得每天跟形形色色的人进行沟通，感觉特别好，甚至觉得有更多的挑战性，每天过得特别充实。”

点评

吉林省长春市九台区的“善满家园”经过近30年的经营，走出了一条以教育为引领、培训为手段、就业为目的、康复为保障、托养做兜底的残疾人扶贫助残模式。当地区委、区政府高度重视，将其纳入当地发展大局。相关部门协同推进，汇集政策、资金、项目合力，依托九台区特教学校，2019年5月正式启动“善满家园”扶贫助残全链条融合发展项目，建成了占地8900平方米的“善满家园残障人综合服

图文标注工作使部分行动不便的残疾人足不出户就可实现稳定就业。

务中心”。河北省行唐县以残疾人脱贫为重点，坚持把扶贫与扶志相结合，通过“政府+企业+社会+贫困户（残疾人）”的模式，创办了残疾人“双创园”，根据致残原因和劳动力强弱，因人制宜、因人服务，创立了6种扶贫运作模式，着力解决残疾人和贫困户无业可扶、无力脱贫问题。

随着互联网的发展，各地加速发展网络经济，打造电商基地，实施“互联网+创业就业服务”。阿里巴巴的“特殊云客服”、吉林省的残疾人“网红”培训也都走出了自己的特色之路。

在脱贫攻坚的道路上，各方参与聚合力，进一步为“助残脱贫，决胜小康”营造了正向和谐的外部环境，形成政企协作、克难攻坚的良好氛围。

第30次全国助残日
2020.05.17

第十章

自强脱贫 示范带动

残疾人是社会大家庭的平等成员，也是人类文明发展的一支重要力量。古今中外，残疾人身残志不残、自尊自立、奉献社会的奋斗事迹不胜枚举。残疾人完全有志向、有能力为人类社会作出重大贡献。在当代中国，在改革开放进程中，我国残疾人中涌现出一大批像张海迪那样的自强模范，他们是改革开放大潮的弄潮儿，他们的事迹感人至深、催人泪下，激励了全社会的奋发自立精神。他们身上的精神就是自强不息精神，就是我们的民族精神、时代精神，也是社会主义核心价值观的应有之义。

——习近平会见第五次全国自强模范暨助残先进集体和个人表彰大会受表彰代表时发表的重要讲话。（新华社北京 2014 年 5 月 16 日电）

贫困群众既是脱贫攻坚的对象，更是脱贫致富的主体。要加强扶贫同扶志、扶智相结合，激发贫困群众积极性和主动性，激励和引导他们靠自己的努力改变命运，使脱贫具有可持续的内生动力。

——2018 年 2 月 12 日习近平在打好精准脱贫攻坚战座谈会上的讲话（《习近平谈治国理政》第三卷，外文出版社 2020 年版，第 158 页）

如何发挥残疾人自强脱贫典型的示范作用

背 景

残疾人是社会大家庭的平等成员，是人类文明发展的一支重要力量，是坚持和发展中国特色社会主义的一支重要力量。

自强不息、厚德载物的思想，长期以来支撑着中华民族生生不息、薪火相传，今天依然是我们推进改革开放和社会主义现代化建设的强大精神力量。残疾人自强脱贫典型的个人事迹，平凡中蕴含着伟大，展现出新时代残疾人自强不息、顽强拼搏的时代精神，为社会主义核心价值体系建设注入了强大的正能量。

由此，“十三五”脱贫攻坚期间，国务院扶贫开发领导小组每年开展一次全国脱贫攻坚奖表彰活动。2016 年 9 月 21 日，全国脱贫攻坚奖正式设立，这一奖项的设立标志着国家扶贫荣誉制度的建立。“全国脱贫攻坚奖”设奋进奖、贡献奖、奉献奖、创新奖四个奖项，其中奋进奖从脱贫主体中产生，表彰光荣脱贫和带领群众脱贫的先进典型。

自 2016 年至 2019 年，共有 12 位残疾人荣获“全国脱贫攻坚奖”奋进奖。全国各地也涌现出了一大批全国自强脱贫和助残扶贫先进人物。

案例 41

王秀芝：戈壁滩上闯出一条脱贫增收“鹿”

2016 年全国脱贫攻坚奖奋进奖获得者，新疆生产建设兵团石河子市西营镇农民，马鹿养殖脱贫增收带头人。

“我的人生在风华正茂的年纪跌入了谷底，有很长一段时间我明明睁着眼睛，却觉得看什么都是黑色的。”1983 年的那个秋天，26 岁的王秀芝因一次工伤，人生发生了改变。

断手之殇 毅然创业养殖马鹿

“到现在，我也不知道当时究竟发生了什么，我只记得我正在操作台上工作，突然我的右手整个被卷进了高速运转的机器，顿时，骨断筋离，我整个人都蒙了，耳边听到的是其他工友的惊叫和哭喊声……”王秀芝记不清后来是怎么被送到医院接受治疗的，只记得过了很久，还在医院接受治疗的她有一天像往常一样，准备梳头的时候才恍然发现，自己的右手早已变成了一个光秃秃的肉棍子，再也拿不起梳子了。那一瞬间，缓过神来的她彻底崩溃了，瘫软在地上号啕大哭起来。

有好几年，她在外人面前都不开口说话，走路时更是小心翼翼地把

王秀芝每天穿梭于鹿场和鹿产品销售店之间，虽然忙碌，但是充实的生活让她觉得很快乐。

断臂缩到袖子里，生怕有人多瞅她几眼。

“但是我没有权利放弃自己，我还有年迈的父母，还有刚满 3 岁的女儿。”记不清多少次从睡梦中醒来，王秀芝发现自己的枕巾早已被泪水打湿，再转头看看躺在身边睡得正酣的可爱的女儿，她告诉自己必须接受现实，重新面对生活。

1997 年，下定决心创业的王秀芝，听出差回来的丈夫说起了马鹿。马鹿是鹿的一个品种，因体形健硕似马，故得名马鹿。马鹿养殖成本较低，但鹿产品价格高昂。王秀芝决定开始养殖马鹿。但是当时一没钱，二没有圈舍，王秀芝的想法一说出来，便遭到了众多亲戚的反对。倔强的王秀芝却不肯放弃，她哭着求父亲把家里养了好多年的羊都卖了，东拼西凑攒够了钱，从南疆买回了三头马鹿；没有圈舍，王秀芝就和丈夫一起动手，打土块在自家院子里盖。试养了一年，鹿产品销售额可喜，尝到甜头的王秀芝产生了扩大养殖规模的念头。

不惧挫折 逆行者成为人生赢家

这一次王秀芝扩大养殖规模的想法，得到了家人的支持，还得到了兵团团场的肯定。缺少资金，王秀芝和丈夫就串亲戚找朋友四处借钱，最终筹集到了15万元，在148团的戈壁滩上建起了鹿圈。为了节省开支，王秀芝只雇了两个大工，自家人当起了小工。那段时间，王秀芝每天6点就起床，泡灰浆、背红砖，提前做好准备工作。等大工上班后，她用左手抓住铁锹的上部，右手臂扶着铁锹的下部，往桶里铲灰浆，再用单手提灰浆，来回跑。王秀芝的残疾，并没有影响她的体力劳动，哪里有需要，哪里就有她的身影。

7月的新疆，骄阳似火。干一天活，王秀芝感觉自己浑身酸胀疼痛，胳膊腿就像散架了一样，10多天下来，她不仅晒黑了，体重骤降了6公斤，但是她从未说过一句苦，喊过一声累。终于在大干了50天以后，建起了两栋600平方米砖混结构的鹿舍。随后，王秀芝和丈夫从南疆又买回了12头马鹿，看着马鹿一个个摇着小尾巴蹦蹦跳跳地进了圈，王秀芝兴奋得像个孩子，“我终于有自己的养鹿场了！”

马鹿以吃草为主，要想养好，必须要有自己的饲草地。于是，王秀芝找到团领导，团场党委又一次伸出了援助之手，划拨了40亩碱滩地作为牧草地。王秀芝在父亲的指点下，借来了拖拉机犁地坪地、引水泡碱，经过几年的辛苦劳作，原本寸草不长的盐碱地，终于长出绿油油的苜蓿。鹿圈建好了，马鹿买回来了，草料地也有了，养殖马鹿的三道难关算是有惊无险，最终一一渡过了。这一年，王秀芝将鹿圈面积又扩大到了1000平方米，存栏马鹿40头。看着满圈的马鹿，王秀芝似乎看到了胜利的曙光。

谁知，刚想喘口气的她，又遇到了新问题。一天，王秀芝发现一头公鹿拉肚子。由于对马鹿的习性不了解，从当地请来的兽医治了两天也不见效。情急之下，她只好从南疆请来了兽医，但最终还是因治疗不及时，马鹿死了。家里遭受了经济受损，父母有些埋怨她，一些人背地里也笑她傻，认为她白忙活了。

王秀芝没有动摇，反而暗下决心，要自己学会给马鹿治病。2003年，王秀芝报名参加了石河子广播电视大学畜牧兽医管理大专班的学习。脱产学习的她，在校刻苦学习，在家常常拿着书对着马鹿一站几个小时地观察、记录。王秀芝以优异的成绩顺利地取得了毕业证，并掌握了一套养殖马鹿的知识和技能。此后，鹿场的马鹿生病，王秀芝再也不犯怵了，很多常见病她都能快速诊断，并打针输液。

2010年，王秀芝又向八师石河子市残联申请贴息贷款100万元，将养殖场面积扩大到2000平方米，年存栏马鹿240头。她还以提供种鹿入股方式，在八师152团和六师新湖农场与人合作办起了养殖分场。随后，她还在石河子将军山下开办了特色养殖观光和鹿产品餐饮农家乐。养殖规模的扩大和经营品种的不断增加，使鹿场的经济效益越来越好，注册的“九千岁”绿色鹿产品一经销售，就获得了好评，产品销往韩国和大连、广州、青岛等十几座城市，年利润达到120万元。靠着坚强和执着，只有一只手的王秀芝赢得了双倍的人生。

饮水思源 帮助更多残疾人脱贫增收

富裕起来的王秀芝并没有关起门来只顾自己过安逸日子，她想到了曾经帮助过她的人，还有仍在温饱线上苦苦挣扎的残疾人。

2011年1月的一天，王秀芝在石河子市人民医院护理病重的父亲时，听说八师唯一健在的老红军不慎摔伤了腿。王秀芝立刻赶回家，拿上新鲜的鹿肉和鹿茸送给老人。2013年7月，王秀芝参加了八师残联举办的残疾人职业技能培训班，她拿出3公斤鹿茸胶囊，赠送给15位身体比较差的残疾人，让他们滋补身体，鼓励他们走自强之路。

健全人找工作难，残疾人找工作更难。为了帮助团场残疾人解决就业难题，王秀芝的养殖场所用的 12 名工人，全部是残疾人，除了管吃管住外，每人每月还有 1500 元的工资。考虑到残疾人行动不便，体力有限，王秀芝就安排他们在鹿场里从事一些力所能及的工作："无论干多干少，都是一份付出和辛苦。残疾人通过自己的劳动能够自食其力，人也变得自信快乐了，这才是最重要的。"2013 年，王秀芝的鹿场被兵团残联命名为"扶贫助残基地"，并投入 50 万元的扶持资金，由此带动和服务更多的当地残疾人。

扶贫助残基地建起来后，王秀芝积极动员身边的残疾人来基地学习养殖马鹿技术。148 团 19 连的李国珍夫妇都是残疾人，家庭经济困难，听说他们有养殖马鹿的想法后，王秀芝亲自邀请他们到鹿场参观，实地学习马鹿的饲养技术和管理方法。同时，王秀芝又与他们签订了"提供优质鹿种、传授养殖技术、帮助设计鹿圈、包销全部产品"的协议。2013 年 5 月，在王秀芝的帮助下，李国珍夫妇盖起了 80 平方米的鹿圈，扶贫助残基地又以每头低于市场价 4000 元的价格为他们提供了 10 头成年马鹿。第二年，李国珍夫妇就获得了不错的收益，重新翻盖了自家的房子，添置了新家具，日子过得红红火火。

在新疆建设兵团和师、团残联的帮助支持下，王秀芝的特色养殖基地已经成为"公司 + 农户 + 市场"的产供销一体的特色养鹿专业合作社。2014 年王秀芝获得了第五次全国自强模范荣誉称号，2016 年又荣获全国脱贫攻坚奋进奖，聚光灯下，她不再遮掩自己光秃秃的右臂，她的眼神闪耀着光芒。

案例 42

李娟：心坚强，断翅的小鸟也能飞

1985 年出生，因脊髓空洞症导致高位瘫痪，安徽省宿州市砀山县唐寨镇唐寨村农民，她用嘴控制手机实现网上销售，带领全县果农脱贫增收，2017 年获得全国脱贫攻坚奋进奖。

“我叫李娟，是安徽省砀山县农民。由于脊髓空洞症，全身只有头能动。”躺在床上的李娟，这么自我介绍。可就是这么一位重度残疾人，却成了家里脱贫的“顶梁柱”，还成了带动邻里共同脱贫的电商“领头雁”。

从“头”学着活

1985 年，李娟出生在安徽省宿州市砀山县唐寨镇唐寨村，父母为她取名“李消”，“消”字意取“消灾消难”，但她从小平衡性差，经常摔倒，时常发生磕碰。2008 年，已上初中的李娟在上体育课时突然失去知觉，直挺挺地摔倒在地，四肢渐渐地失去知觉，肌肉快速退化，瘫痪在床，生活不能自理。父母辗转多地为李娟看病，2012 年在南京一家医院终于确诊为“脊髓空洞症”，7 节脊髓已空，完全没有康复的可能。李娟并不知道什么是脊髓空洞，但她听懂的是，她再也站不起来了。

李娟躺在床上，生活起居全靠母亲照料，度日如年，她看着自己身上慢慢生疮发臭，看着母亲帮她用刀片刮掉腐肉，露出骨头。李娟受不了身体的折磨，找不到活着的意义，泪水中，想得最多的就是怎么自杀，但是全身上下只有嘴能动的李娟，连自杀的能力都没有。备受折磨，生无可恋，李娟一再央求母亲在饭里拌上老鼠药，结束自己的生命，别再拖累家人。

有一次，李娟真的差点就死过去。“我反复发高烧，喘不过气，输了 8 天氧。”李娟从昏迷中醒过来，迷蒙中看到一屋子亲戚朋友。“我知道他们是来送我的，寿衣、棺材都准备好了。”

“那一瞬间，我忽然产生了很强的求生欲。”李娟说，“我还有太多想做的事没有做，太多想去的地方没有去。父母照顾我很不容易，我亏欠他们太多了。”

“鬼门关”走了一遭，李娟对人生有了新的理解：一辈子很短，既然来到世上，就不能白活。她让妈妈拿来一根筷子，咬在嘴里，试着“点”遥控器，筷子咬断了，嘴磨破了，但嘴里的筷子却成了她的另一只手。慢慢地，她不仅能这样选台看电视，还能在电话机上拨号打电话。

2013 年，命运向李娟投射出了一丝微光。家里安装网线，安装方送了一部触屏手机，在筷子头上用胶布绑上触控笔，她居然可以上网了。

从此，李娟的人生多了不少色彩。浏览新闻、和朋友聊天，残疾人朋友们丰富多彩的生活、积极乐观的态度，让李娟羡慕，也让李娟去思考，一个重度残疾人该怎么去活？

卖的是水果不是怜悯

从此，李娟每天都会通过手机与外界接触，也知道了越来越热的“互联网 +”。2015 年砀山县被评为“国家电子商务进农村综合示范县”，政府大力发展农产品电子商务产业。朋友圈里的很多年轻人抓住机遇，成了“创业达人”，也有一大批贫困群众通过做电商、微商实现了脱贫增收。

真正让李娟“触网”做电商的，是2015年冬天的那几场大雪。砀山连续几天的大雪，让水果收购商进不了门，家里摘了2万斤苹果等待出售，父母一筹莫展。李娟说，让我试试吧。她让父母用手机给苹果拍照，然后上传到自己的朋友圈卖苹果。顾客咨询水果的信息，李娟就用嘴咬住触控笔，一个字母一个字母地拼，回复顾客的询问信息。

这样的沟通，对于长期卧床身体虚弱的李娟来说，并不容易。别人用手指操作几秒钟就完成的句子，她常常需要几分钟甚至更久，可即便如此，也常常不能及时回复顾客。有人说:“李娟，你跟他们说你是残疾人，大家肯定特别能体谅，还能提高销量。”李娟却很少主动对顾客说自己的情况。她觉得自己卖的是苹果，不是怜悯，不希望顾客购买水果时夹杂着对残疾人的同情。李娟相信，只要水果口味好、水分足、斤两够、服务好，就一定能卖得好。

不到两个月，李娟就把家里滞销的苹果全部卖了出去，这一次微商试水，李娟打开了网络创业之路，她终于意识到，瘫痪在床不会妨碍自我价值的实现，人只要活着，总有机会实现活着的意义。

小山村里的“CEO”

砀山被誉为“水果之乡”，拥有百万亩连片果园，然而一直戴着国家级贫困县的帽子。每到初秋时节，黄澄澄的大酥梨挂满枝头，砀山农村处处生机盎然，这时候，也是砀山梨农们最繁忙最紧张的时候，一年劳作的收入多少，就看这时候的销售成果了。

李娟帮着自家解决了水果销售问题，便张罗着帮邻里乡亲一起卖水果。砀山县委主要负责同志在得知李娟的事迹后，被她自强不息的精神深深感动，立即安排对她帮扶指导。砀山县电商协会帮李娟注册了“祥澳娟”品牌，重点辅导她怎么开好网店，指导她规范产品包装、建立销售体系。

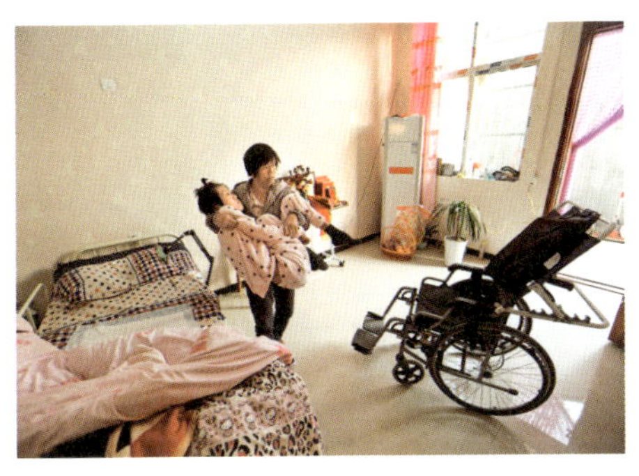

瘫痪在床的李娟如果想出门，只能由母亲抱到轮椅上，母亲说：“才60多斤，抱得动。”

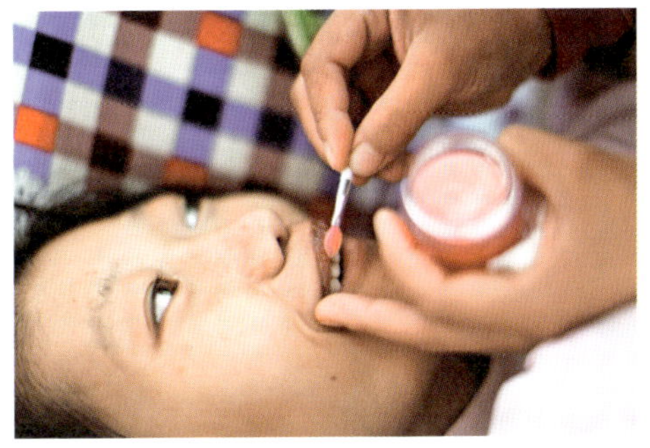

李娟的生活由妹妹和妈妈照料，为了减少家人照顾的负担，李娟尽量少喝水，这也让她嘴唇干裂起皮，妹妹拿来护唇霜为李娟擦拭。

在县委、县政府的大力帮助下，李娟的电商之路越走越宽：成立了砀山娟秀电商公司，成功入驻了京东砀山馆，“桃如意”“带澳飞”等砀山十大电商企业均成为李娟的代理商，李娟也成了远近闻名的“电商CEO”。

凭着多年的好口碑和自身的影响力，越来越多的乡邻和贫困户找到李娟，请这个“好闺女”帮忙在网上卖水果。2016年，在李娟的帮助下，附近贫困户销售酥梨8万余斤，收益5万余元，带动了街坊邻里共同实现稳定脱贫。

在李娟的激励下，砀山县越来越多的残疾人积极投入电商创业的大潮。唐寨镇土楼村唐怀志的偶像就是李娟，他说“过去我的偶像是马云，现在，李娟姐成为我的精神偶像。她躺在床上都可以自己养活自己，我的双手可以活动、双脚可以四处走动，为啥要靠政府和别人来救济呢？”在李娟的感召下，唐怀志加入电商创业大军中，做起了微商，开起了淘宝店。

现在的李娟俨然成了很多贫困户特别是残疾人的“知心姐姐”，她每天都抽出时间帮助、鼓励同是残疾人的朋友重新燃起生活的信心，重拾对未来的希望。李娟的感人事迹赢得了社会各界的广泛称赞。2017年6月、8月，李娟先后获评“宿州好人”“安徽好人”；2017年9月，李娟候选“中国好人”，同时获得了“全国脱贫攻坚奋进奖”。

案例 43

刘洪霞：残缺的手掌托起“五味”人生

1984 年出生，四级肢体残疾，丈夫三级肢体残疾，黑龙江省鹤岗市萝北县太平沟乡石虎沟村村民，2018 年荣获全国脱贫攻坚奖奋进奖。

2014 年，刘洪霞的丈夫因车祸致残。2017 年，刘洪霞的右手被粉碎机轧伤，成了四级肢体残疾人。沉重的经济负担，加上家中有年迈的公婆和年幼的孩子，残酷的现实令刘洪霞一度失去生活的信心。后来，在乡村干部的积极帮扶下，刘洪霞重拾自信和干劲，她通过养殖肉牛和种植五味子，最终打了一场漂亮的脱贫翻身仗，迎来了属于她的“五味”人生。

丈夫突遇车祸 精准帮扶重拾希望

2014 年春天，正在饭店做零活的刘洪霞突然接到医院打来的电话，说丈夫郑广才遇到车祸，情况非常危急，随时有生命危险。等赶到医院，看到全身都被纱布包裹着的丈夫，刘洪霞瞬间瘫软在地，号啕大哭起来。郑广才整整昏迷了 28 天。这期间，刘洪霞一共收到过三次病危通知书，每一次她的手都忍不住地颤抖，而她的眼泪就一直没有干过。最后，经过一个多月的治疗，郑广才总算化险为夷，捡回了一条命，但从此也成了一个只能躺在床上，吃喝拉撒都需要人照顾的重度肢体残疾人。

为了照顾丈夫，刘洪霞不再外出打零工，家里彻底失去了经济来源。家中年迈的公婆、上学的孩子也需要人照顾，为丈夫治疗又欠下了10多万元的外债，沉重的生活负担压得刘洪霞几乎喘不过气来。那段时间，原本就内向的刘洪霞，话更少了，每天除了里里外外不停地忙碌，就是以泪洗面。

就在刘洪霞痛苦绝望的时候，由村支书赵秋波牵头组建的扶贫帮扶小组主动找到了她，他们不仅鼓励刘洪霞"只要人活着就有希望""怕什么，还有党和政府做你的靠山，好日子肯定会来的"，还积极组织村民大会，将她家纳入建档立卡贫困户。太平沟乡乡干部和民政部门工作人员上门为郑广才办理了残疾人"两项补贴"，解了燃眉之急。为了保证孩子上学，2015年初，村干部还帮助刘洪霞申请了低保。

村支书赵秋波更是有事没事就到刘洪霞家里坐一坐，询问是否需要帮助，同时安慰和鼓励她："有困难随时找我们，我们一定帮你想办法。"村扶贫帮扶小组的热情和关注，让刘洪霞备感温暖，原本觉得坠入谷底的她，渐渐地重新燃起面对现实、克服困难的希望。

发展双产业 脱贫干劲足

刘洪霞所在的石虎沟村，是一个有着丰富黄牛养殖经验的专业村。村里不少农户靠养牛走上了脱贫增收的道路，刘洪霞也萌生了养黄牛的想法。此时，丈夫郑广才的病情缓解了不少，公婆对她养牛也表示要大力支持，主动承担起照顾郑广才的重任。

没有了后顾之忧的刘洪霞，主动找到村支书赵秋波。得知刘洪霞有养殖黄牛的想法，村扶贫帮扶小组主动帮助她筹措资金，又协调了1万元贷款，并帮忙购买了3头育成母牛（断奶后到性成熟配种前的牛），还帮助她储备了越冬的饲草。

2016 年初，乡村干部又主动找到刘洪霞，为她进一步加快脱贫增收的步伐出谋划策。了解到刘洪霞家里有两处宅基地，共有 4 亩左右的园子时，建议她积极发展庭院经济。石虎沟村从 2005 年开始就种植五味子，有着成功的种植经验、成型的管理技术和销售渠道。村里农户种植 1 亩五味子，每年纯利润就有 2 万多元，同时种植五味子是一次性投入，有 15~20 年的长期收益项目。如果刘洪霞在自家地里种植五味子，不仅可以利用早晚时间管理五味子，白天与公婆换班放牛，还能照顾丈夫。有了养殖黄牛和种植五味子这两套长、短效相结合的脱贫发展方案，以后刘洪霞一家的生活也就没有了后顾之忧。

但是，种植一亩五味子一次性就得投入 5000 多元，这又让刘洪霞犯了难。“当年看病欠下的债还没有还，上哪儿去借那么多钱啊？”正在愁眉不展的时候，乡村干部又主动帮助她协调了 2 万元贷款，这让刘洪霞一次性就种植了4亩地的五味子。种养殖成功与否的关键，在于技术。每周驻村工作队、帮扶责任人和村干部都会到刘洪霞家里解决实际困难，不仅带来了种养殖技术，还不断为一家人加油打气。就这样，刘洪霞的双产业经济风风火火地运转起来了。

虽然每天像陀螺一样不停地忙碌着，但是看着身体渐渐康复的丈夫、公婆脸上重现了久违的笑容，还有家中的 3 头牛有两头已经生了小牛犊，五味子也在茁壮生长，刘红霞浑身都好像有使不完的劲儿。

再遇劫难险断肢 重整旗鼓打赢翻身仗

就在刘洪霞觉得苦日子快熬到头的时候，意外再次发生了。2017 年 9 月的一天，刘洪霞喂牛铡草的时候，不小心右手被带入了正在高速旋转的碎草机里，“当时机器都被憋停了。手拽出来的时候，大拇指已经被机器绞烂糊了。我已经不是哭了，是嘶喊，是哀号……”

在医院接受治疗期间，每一天刘洪霞都度日如年，她恨自己怎么那么不小心，心疼女儿没有妈妈照顾，担心丈夫和公婆的身体，还惦记着家里的黄牛和五味子……太多的事情需要她去做，太多的人离不开她的照顾。“以后的日子该怎么继续呢？”刘洪霞一想到这些就泪如雨下。

得知刘洪霞发生意外后，村干部和帮扶责任人第一时间赶到了医院，并安排人帮助她打理好了家里的一切，鼓励她：“尽快好起来，没有迈不过去的坎儿，咱们大家一起努力扛过去！”康复后的刘洪霞，被鉴定为四级肢体残疾。虽然再次经历了磨难，但是这一次刘洪霞不再像第一次一样消沉彷徨，因为她真切地感受到了来自党和政府的关怀和支持，她下定决心，以更加饱满的热情和勇气面对一切未知的困难和挑战。

2018 年初，萝北县为全县贫困户制定了多项扶贫产业政策，村里

即便再忙，刘洪霞觉得只要一家人整整齐齐，坐在一起吃饭就是很幸福的事情。

的帮扶单位萝北县林业局，为刘洪霞家免费提供了3300棵五味子苗木，县扶贫办也为她提供了200根水泥桩，同时又帮她协调了5万元贷款，扩大了3亩地，购买了4头黄牛。到了2019年6月，刘红霞最初种植的4亩五味子有三分之一到了丰果期，出产鲜果800斤。当收购的人上门，把近1万元现金放到刘洪霞面前时，她激动得哭了。

2020年，刘洪霞家共有五味子7亩、黄牛14头，通过精准发力、精准帮扶，仅此两项就可以使刘洪霞家实现稳定脱贫。刘洪霞家的7亩五味子，可结果的五味子有4亩左右，收益能达到2万多元，再加上自家养殖的14头黄牛，到2020年底还能再繁育2头小牛，这样算下来，一家人全年的收入就能达到近10万元。

2020年刘洪霞所在的石虎沟村成立养牛合作社，刘洪霞的黄牛也在合作社集中饲养。这样既减轻了她的负担又增加了收入，而她种植的7亩五味子，有近三分之二都到了丰果期，到时候预计能卖到8万多元。“如果顺利的话，我打算以后再多种几亩五味子。”钱包一天天鼓起来的刘红霞，对未来充满信心。

怀着一颗感恩的心，2018年刘洪霞庄严地向党组织递交了入党申请书，现在的她已经成了一名入党积极分子。刘洪霞说，她时刻准备着尽一己之力帮助更多像她一样需要帮助的人：“我只是个普通的农民，希望我的故事可以带动更多像我一样的残疾人自强自立，我想告诉大家，‘只要我们不低头，任何困难都难不倒我们！’”

案例 44

郑岗：敢闯肯拼让脱贫增收路更宽

1981 年出生，海南省文昌市东郊镇椰林村村民，二级肢体残疾，2019 年全国脱贫攻坚奖奋进奖获得者。

郑岗从小患有骨质疏松症，哪怕摔一跤都会有骨折的风险，无法从事重体力劳动，加上父亲有高血压、痛风，母亲有心脏病，家庭的重担压在郑岗一个人身上。虽然经济条件困难，但是他并没有向困难低头。他主动谋发展，从养猪到佛珠加工，再到椰青加工，郑岗践行着自我的承诺："穷并不可怕，只要自己有志气、肯努力，就一定能摆脱贫困。"

幼小患病 创业不停

虽然身体不好，郑岗自小却有着一颗"不安分"的心。21 岁那年，他开始外出打工学习技术，先后到过广东、上海、江苏等地从事过模具生产等工种。

2013 年，他和朋友合伙在广东东莞创业，从事刀具模具行业，因市场原因，创业失败，背负债款 20 多万。在那段时间里，他陷入了困惑，不知道今后的生活该怎么办？

2013 年，郑岗拖着疲惫的心回到文昌。2014 年，他被纳入了建档

椰子加工是当地经济的重要产业，郑岗开办的文昌东郊鼎椰农民合作社，以产业的形式帮扶一些贫困户脱贫增收。

立卡贫困户，得到了政府的各项帮扶，基本生活也有了保障。同时，在帮扶责任人的指导和鼓励下，他又重新鼓起生活的勇气，找到了发展增收的信心。

脱贫增收 靠椰吃椰

2016 年，郑岗运用政府提供的生产帮扶资金，再加上自己又筹集的一部分资金，开始了养猪事业，当起了“猪司令”。仅仅过了一年的时间，在政府贴息的扶贫贷款政策扶持下，郑岗的养猪实现了规模化养殖，存栏数目近百头，年底首批出栏生猪 16 头，赚了 2 万多元，他在 2017 年就顺利脱贫。

“缺什么也不能缺了志气，少什么也不能少了勤奋和勇气。”这是郑岗经常对村民说的一句话。

2017 年底，由于猪肉市场不景气，在帮扶责任人及椰林“第一书记”的鼓励和支持下，郑岗开始另谋出路，准备做椰壳佛珠加工。

2018 年初，郑岗利用积累下来的资金，开始佛珠加工创业。在文昌市工商局及东郊镇等政府部门大力帮助和支持下，同年 5 月，郑岗与人合伙成立了文昌椰城灵珠工艺品有限公司，主要经营范围包括工艺品加工、椰壳工艺品生产、销售等多个方面。

为了进一步打开销路，他还利用网络直播进行产品宣传，提高知名度。由于产品质量过硬，郑岗的产品获得市场好评，到 2018 年底，产品销往全国各地，甚至韩国等亚洲国家亦有销售，月销售额达20多万元。

2018年9月，郑岗加入了文昌市农村致富带头人协会，并参加了共青团文昌市委举办的农村致富带头人培训班，学习了创业理论知识并了解了相关政策。在此基础上，他又开始谋划新的增收途径，和朋友一同创立文昌东郊鼎椰农民合作社，从事椰青加工行业，进行浅加工（削皮打包）销售，到当年年底，就销售椰子7000箱，销售额31.5万元。

深加工 打造“奶香椰”

虽然取得了很好的效果，但郑岗发现，如今的椰子产品只是简单的加工，要想做大做强还面临着“销售渠道打开难”“竞争力小”“新品种开发难”等问题。但是他认为，只要自己敢闯敢拼，在政府部门及帮扶责任人的帮助下，努力加强产品创新力度，参加各类展销活动，肯定能扩大公司经营规模，拓展销售渠道。同时，郑岗进一步吸纳建档立卡贫困户共同创业，带领东郊镇的乡亲父老共同增收。

2018年，经过一番调研和思考后，郑岗开始着手生产“奶香椰”。采用独家传统椰青加工工艺，分别把椰青和老椰子放在火上烤一遍，让椰子里面的大部分椰肉在高温下融化到椰汁里面，让原本就清甜甘润的清椰汁更加甜香，而老椰子也增加了一股醇厚的香味。据介绍，青椰具有清热解毒的功效，而老椰子香气更加浓郁近似奶茶的味道，其营养更加丰富，同时，产品使用真空包装，延长保质期，便于储存——这就是郑岗和其团队为之骄傲的“奶香椰”，带着这一产品，郑岗参加了2019年海南青年电子商务创业大赛。

郑岗在打造产业的同时，也带动了当地经济的发展，以产业的形式帮扶一些贫困户脱贫增收。“虽然我是残疾人，但我并不比别人差！‘我并不比别人差’这句话一直激励着我去打工，去创业！”郑岗自信地说。他希望，通过自己的脱贫故事，激励更多的贫困户不等不靠，艰苦奋斗，让他们知道脱贫增收是要靠自己的双手来创造的。

案例 45

杨淑亭：心存善，行致远

1991 年出生，苗族，胸部以下高位瘫痪，湖南省邵阳市城步苗族自治县白毛坪乡下坪村村民、湖南七七科技股份有限公司总经理，2019 年全国脱贫攻坚奖奋进奖获得者。

杨淑亭从做游戏代练挣了 7.7 元，到在淘宝上销售人造花，一年赚了 40 多万；再从成立城步万红花卉种植专业合作社，到湖南七七科技股份有限公司，几年间，杨淑亭共帮助 704 人增收，其中 205 人为建档立卡贫困人口，59 人为残疾人。

人生低谷

2011 年 4 月，杨淑亭在骑电动摩托车下班回家途中，因车灯突然熄灭，不幸翻出弯道，导致胸椎 5、6、7 爆裂性骨折，引发高位截瘫。

出院后，母亲和嫂子专门在家照料杨淑亭，父亲也放弃了原来经营的木材生意，每天早晚两次给她做两小时的按摩康复。在广州和苏州打工的哥哥姐姐省吃俭用，每月将大部分收入寄给她治病。

关心她的还有朋友，朋友住到杨舒亭家里，每天除了和她聊天、谈心外，还会经常带她出门，一起到县城剪头发、买新衣服和护肤品，还

2017 年，杨淑亭公司开展的业务首次走出了国门，至今出口额已经达到了 690 万美元。

教她学会了用电脑上网，帮她办理了网银、支付宝等。网上缤纷多彩的世界，不仅打开了杨淑亭的视野，还让她找到了实现人生价值的方法。

创业是人生的磨砺

杨淑亭的创业之路是从做淘宝客服和游戏代练开始的。第一个月，她赚了 7.7 元钱，钱虽不多，却让杨淑亭欣喜难忘。“原来自己还可以赚钱，不是一个废人！”她重拾了生活的希望。

后来，朋友又把她介绍给一家网店做淘宝客服。积累一段时间的经验后，朋友与她合伙开了一家卖衣服的网店，杨淑亭在家里接单，朋友在邵阳发货。赚到的钱，朋友全给了杨淑亭，第一个月就挣到了 1000 多元。那时杨淑亭还兼顾着游戏代练的生意，通过网络在全国各地招人。

因为自己身体的原因，她格外关照残疾人，加上招收的淘宝客服，麾下招揽的残疾人竟有100多人。

为了减轻朋友白天上班，晚上发货的负担，杨淑亭关掉了网店。不久，从小喜欢花花草草的杨淑亭又独自开了一家仿真花工艺品淘宝店，已经积攒了经验的她，生意很快就上了路，店面经营得很红火。

看到仿真花市场好、利润高，已经打开视野和思路的杨淑亭觉得从工厂进仿真花成本太高，如果自己生产也许能赚更多的钱，村里不缺劳动力，办一家工厂，既能增加自己和乡亲的收入，还不耽误他们平时照顾家庭。

她把自己的想法和在河北一家工艺品企业当主管的堂兄交流，得到了堂兄的认可，也得到了朋友和家人的全力支持。2014年6月，堂兄放弃高薪，回到家乡帮她。7月，城步万红花卉种植专业合作社正式诞生。厂房就设在自家庭院，杨淑亭家投资了40多万元购买了生产蝴蝶兰、百合、绣球三种塑胶仿真花的机器设备，并从当地聘请了员工，由具有生产技术的堂兄培训指导。在外面打工的哥哥，在世界五百强企业任职的叔叔，都辞工回来帮她，舅舅也加入了这支刚刚成立的团队。

从创立“城步万红花卉种植专业合作社”之初，杨淑亭便产生了带乡亲们一起脱贫增收的想法。她将自己工厂生产的半成品送至乡亲们家中，让他们按件计酬，多劳多得。2015年城步县残联连同宣传部门和妇联、团县委等单位对她自强创业的故事进行了广泛宣传，并安排了5万元资金，扶持杨淑亭扩大了城步万红花卉种植专业合作社的生产规模，并对厂房、办公室、展示厅和无障碍设施进行了改造。现在城步万红花卉种植专业合作社已发展成为一个年产值500万，拥有固定员工43人，其中5个为残疾人的仿真花卉生产基地，产品发往天津、义乌、乌鲁木齐、广州，乃至马来西亚、韩国等国家。随着产值不断扩大，利润不断增加，杨淑亭还对仿真花进行了科研创新，并注册了自己的专利。

随着生意逐渐走上正轨，杨淑亭又把目光放到如何扩大生产，帮助更多村民和残疾人共同增收上。2016 年 11 月，她在城步县城开办了“湖南省七七科技股份有限公司”，开办工厂生产制作箱包和足球。她利用国家金融扶贫贷款政策，筹集了 200 万元的扶贫贷款，扩大了生产规模。现在公司共有员工 45 人，其中残疾人员工 7 人，月工资保底 1500 至 4000 元，贫困户每年分红已经达 5000 余元。

除了公司的日常业务，每晚杨淑亭还会在快手视频直播，她的昵称是“小四轮子上的花仙子”，2020 年 4 月，她已经拥有了 32 万粉丝，在网络上杨淑亭会分享她的生活和工作小视频，帮乡亲们推销家乡土特产，畅谈她创立公司的艰难历程。

从以前的半成品组装，到现在的实体生产制造；从在淘宝上等客户上门，到外出寻找客户；从没有订单着急，到有了订单，资金短缺，生产安排不过来还着急……杨淑亭自嘲从爱笑的“花仙子”，变成了总着急的“花婆婆”。

2018 年和 2019 年，杨淑亭带领着销售团队前后四次参加了在广州举办的中国进出口商品交易会，向来自五大洲的客户和合作伙伴介绍他们的产品。在世界友人的眼中，杨淑亭不再是一个弱小的女孩，而是一名信心坚定的创业者。

直播间里的网友感叹：以前自己总是把残疾人看成是弱者，听了杨淑亭的故事，才知道自己错了，一个坐在轮椅上的女孩都能如此坚强，自己又有什么理由虚度光阴呢！

公益让我活得更精彩

2017 年 7 月，城步县发生了百年一遇的特大洪灾。洪水袭来时，杨淑亭正在长沙参加共青团湖南省第十五次代表大会，得知消息后，她把因灾难遭受重大损失的公司放在一边，带着公司员工冒雨驱车，以最快的速度赶往灾区，将价值近 2 万元的被褥、衣物和食品送到需要帮助

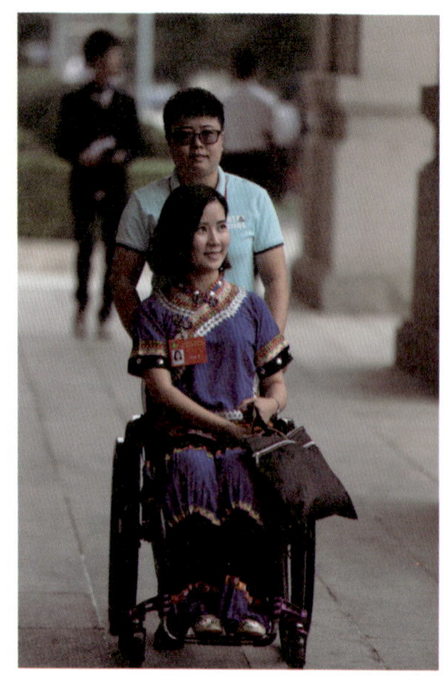

杨淑亭作为代表参加中国残联第七次全国代表大会。

的灾民手中。

2018年2月，杨淑亭开始资助4名家住偏远山村的特困学生。2019年春节过后，她顶着严寒，在崎岖的山路间颠簸了一整天，来到白毛坪、大阳、清源等地，看望这几个特困家庭的学生。有一个学生因为刚刚失去母亲，还沉浸在悲痛中，当看到已经累得说不出话，轮椅和衣服也已满是泥泞的杨淑亭时，愣了半晌，冲上前紧紧抱住了杨淑亭，在杨淑亭的耳边说："姐姐，我爱你！"杨淑亭一路的劳顿和疲乏，瞬间消失得无影无踪。

2020年1月，杨淑亭与西班牙一家公司签订了1.5万个挎包的生产订单。此时新冠肺炎疫情开始蔓延全国，公司刚接到的订单生产也因此受到了影响。杨淑亭把更多的精力都投入到县里的防疫抗疫工作中，她多方筹措，给奋战在疫情防控一线的工作人员捐献了5000个口罩和一批预防疫情的中草药。晚上，在快手直播平台上，杨淑亭还延长了直播时间，为因为恐慌而导致心情焦虑的武汉网友们进行心理疏导，并用自己的故事，鼓励他们坚定信心，战胜疫情。

扶贫的步子不能停

杨淑亭的家乡，位于城步县的偏远山区，受地理条件和交通限制，村民除了种粮和外出务工，基本无其他收入来源。经历过贫穷和灾难的杨淑亭，更能体会贫穷的可怕。

合作社成立之初，杨淑亭与周边200多户贫困家庭签订合作协议，由合作社统一派发材料，并回收销售。2016年初，杨淑亭又在县城周边和白毛坪乡设置了22个花卉组装代理点，帮助400多人通过居家就业，月人均收入在2000至4000元之间。成立“湖南省七七科技股份有限公司”后，杨淑亭又用入股分红的方式，继续帮助贫困残疾人。

51岁的肖明辉，是城步县儒林镇人，6岁时因发高烧导致小儿麻痹症。2017年7月，他听说杨淑亭的公司可以帮助残疾人就业，便抱着试一试的心态参加了招工面试。考虑到肖明辉身体的原因，杨淑亭为他安排了相对轻松的手工活，如今他每月工资能有2000多元。

为了能够让残疾人更好地发挥自己的能力，公司还会不定期对他们进行技能培训，根据每个人的实际条件，有针对性地制订培训计划和内容。双腿不便的就学习手工制花；智力残疾的就学习货物搬运；听力残疾的就用手语布置一般的日常工作；行动不便的，还可以在家里制作产品……

2019年5月，杨淑亭荣获全国自强模范荣誉称号，9月她又获得2019年全国脱贫攻坚奖奋进奖。杨淑亭坦言：“有幸获奖，我很兴奋，但这样的荣誉意味着我身上又多了一份责任。”为此，她给自己定了一个阶段性的小目标，“公司外贸出口额突破1000万美元，建好新厂房，带领1000户以上的贫困户脱贫。”杨淑亭在那个与她朝夕相处的小四轮上，实现了自己的梦想，同时她也像花仙子一样，靠自己的努力，帮助别人找到了生活的意义和方向。

案例 46

廖竹生：不负青春不负心

1997 年生，肢体残疾，江西省赣州市宁都县对坊乡半迳村村民，江西省宁都县章坤设计工作室的创始人。2019 年 5 月获得全国自强模范荣誉称号，2019 年 10 月获全国脱贫攻坚奖奋进奖。

别人能做的，我也能做

“你能做的，我也能做，或许速度没有你快，但一定不比你差。”从生活到学习，从打工到创业，从一个双手拿不起重物的残疾人，到成为江西省宁都县章坤设计工作室的创始人，廖竹生通过网络把宁都县深山小村的特产和全国大市场紧密连接，用“电商创业 + 贫困户”“电子商务 + 特色产业 + 贫困户”等模式，引领一批又一批贫困户及残疾人走上了小康路。

1997 年，天生双手手腕无法伸直的廖竹生出生在宁都县对坊乡的一个偏僻小山村。“小学阶段是我最快乐的时光，我不服输的性格，就是在那个时候培养出来的。”回忆起年幼时的情景，廖竹生不禁露出了微笑。他说，小学就在村里，他每天不用出村，就可以和村里的小孩一起学习，一起玩耍，每天抬头不见低头见，也许是太熟了，大家都习惯了他的残疾，所以没有人会把他当作特殊一员去刻意照顾，一起游戏时，

一间不大的办公室，承载了廖竹生（右二）靠电商脱贫增收的梦想。

村里的小孩不会让着他，而他也从来不会把残疾作为自己输了游戏的借口，在哪儿输的，就要在哪儿爬起来。

上中专学习平面设计时，因为他只能用两个手指敲击键盘，速度自然比别的同学慢上很多。为了能够追上大家，不服输的廖竹生就利用一切业余时间练习打字，仅仅一个学期，他不仅学会了用两个手指进行盲打，学习成绩也从最后一名上升到了第一名，当年他还被评选为赣州市三好学生。

2015 年，中专毕业前，廖竹生报名参加了宁都县电商园举办的第一期免费电商培训班。培训结束后，他便在当地政府的帮扶下开了一家名为“布潮行专柜”的布鞋分销网店，成为宁都电商园的一名“店小二”。“电商让我真正看到了自己的价值和未来努力的方向。”靠自己的力量，赚到了人生第一笔钱后，廖竹生深有感触地说。

年轻就是可以承受失败

初涉电商行业便尝到了甜头，廖竹生也因此信心大涨。很快，他便和伙伴一起创建了主营平面设计及脐橙和小家电销售的宁都励志园电子商务有限公司。但在电商销售的初始阶段，他却经历过两次惨痛的失败，这也让他真正认识到了电商行业的残酷性。

第一次是他没有充分准备就参加了淘宝组织的小家电促销活动，在淘宝强大的宣传下，促销活动开展得非常红火，廖竹生的店铺一天就销售了 8000 多单，销售额将近 20 万。面对这样的业绩，廖竹生高兴得连觉都睡不着，但当他从极度兴奋中冷静下来后，突然发现，对于如此庞大的发货量，自己所准备的那点进货资金无异于杯水车薪。没有资金如何进货，进不了货又如何发货？无奈之下，他只能忍痛选择了给购买者退货。活动结束后，廖竹生只成交了 1000 多单，扣除因大量违约而导致淘宝方面的罚款，几天的不眠不休，廖竹生反倒赔了 1 万多元。

第二次是刚开始尝试销售脐橙的时候，一般有经验的销售商都会在销售前对脐橙进行保鲜处理，这样可以保存时间更长一些。然而没有经验的廖竹生根本不知道这一步骤，大量的脐橙因为没有进行保鲜处理，很快便腐烂了，最终结果自然又是亏损。

“两次失败，损失确实很大，但我还年轻，我有足够的资本去承受失败。”廖竹生把失败当作他继续前进的动力。在总结了失败教训，重新整理了思路后，廖竹生把营销重点放在了他最擅长的平面设计上，先从线上店铺设计开始，逐渐扩展到与线下实体店合作，每一笔生意，不管金额多少，廖竹生都会投入十二分的热情，真诚而细致的服务让他积累了越来越多线上、线下的客户，网上沟通不顺畅时，有些人还会驱车上百公里来到公司，与廖竹生面对面地商谈细节。

靠着平面设计生意的成功，廖竹生和他的电商生意终于走上了正轨。

廖竹生和他的创业伙伴在原有公司的基础上，成立了宁都县航远电子商务有限公司，并将公司的经营范围分成了平面设计室、天猫优品和服装加工三个业务上相对独立、销售上紧密合作的团体。

从“家里面”到“网络上”

2018 年，廖竹生和他的创业伙伴在原有公司的基础上，成立了宁都县航远电子商务有限公司，并将公司的经营范围分成了平面设计室、天猫优品和服装加工三个业务上相对独立、销售上紧密合作的团体，通过这样的方式，不仅公司的每个合作伙伴都可以在各自擅长的领域快速成长，整个公司的架构也更加趋于合理。

随着公司电商事业的蒸蒸日上，廖竹生开始思考，如何在增强公司整体实力的基础上，帮助更多的残疾人从“家里面”走到“网络上”，靠电商脱贫增收。对于残疾人在创业、就业过程中，因为身体原因可能会遇到的种种困难，廖竹生的体会比任何人都深，走出家门，融入社会是他从小到大一直努力的目标，如今虽然他靠电商走出了家门，但还有那么多和他一样的人，依然困在家中，帮助他们通过网络步入社会，廖竹生觉得自己责无旁贷。

年轻的廖竹生在扶残助残方面有着自己的做法与见解。在他看来，

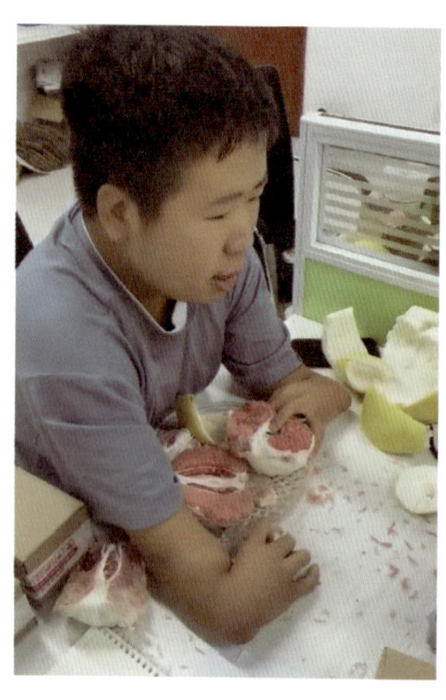

电商在农村落地生根，廖竹生开始尝试以抖音带货的方式，将深山小村与全国的大市场对接，“电商创业 + 贫困户”“电子商务 + 特色产业 + 贫困户”，引领贫困对象脱贫走上小康路。

残疾人在家从事电商事业，最大的问题是缺少有效的渠道，必须帮助他们解决渠道的问题，他们才能销售出更多的产品，脱贫增收才有可能。对此，廖竹生先从电商培训入手，为了能够让残疾人少走弯路，廖竹生把这些年来自己在电商行业中积累的各种经验教训倾囊相授，在为残疾人进行培训的同时，廖竹生还会提供如何看懂销售大数据、如何精准设计商品布局、如何排名竞价、如何出单等后期的跟踪服务与指导。

2019 年上半年，进入业务淡季，廖竹生公司的订单急剧减少。他开始尝试以抖音带货的方式，拓展业务。一家公司看中了廖竹生抖音带货的潜力，邀请他加盟。2020 年，他公司的业务范围拓展到：网店的页面装修设计、电商产品主图详情页制作、广告印刷、电商代运营管理等多个项目……运营的几家淘宝、阿里巴巴店铺，分别销售小电器、美妆工具、印刷制品，还有宁都当地的土特产赣南脐橙、地瓜、白莲等。

“我想通过自己的努力，运用电商孵化这个平台，虽然目前我们公司起步慢，也面临诸多困难，但我相信，在政府扶贫政策的帮助下，我一定能让自己发光发亮，并且让更多残疾人能够创业就业！”

点评

来自多地的残疾人脱贫先进典型的经历，呈现了身残志坚、顽强奋斗的故事和脱贫经验。安徽省宿州市砀山县唐寨村残疾人李娟高位截瘫，嘴衔一支笔控制手机，实现网上销售，带着全县果农一起脱贫；黑龙江省鹤岗市石虎沟村残疾人刘红霞家庭遭受多次不幸，也没有丧失生活的信心，一次次从人生的谷底站起来；湖南省邵阳市城步苗族自治县乡下坪村残疾人杨淑亭从运营一家网店到开公司；新疆生产建设兵团残疾人王秀芝，创办马鹿养殖、加工、观光和餐饮等一体化产业，安置多名残疾人就业。他们每个人的故事都感人至深、催人奋进，生动诠释了习近平总书记“幸福都是奋斗出来的”的重要论述，展现了新时代残疾人自强不息的精神。残疾人对美好生活的向往是我们的奋斗目标，能从先进典型身上汲取精神力量，是做好脱贫攻坚与乡村振兴有效衔接的宝贵财富。广大残疾人兄弟姐妹也能从全国残疾人脱贫典型的榜样示范中，学会用自强不息的精神和勤劳的双手摆脱贫困，创造幸福美好的生活。

后 记

按照党中央的决策部署，中国残联和全国各级残联把服务残疾人脱贫攻坚工作放在重要位置，积极配合各级党委、政府开展工作，发挥“代表、服务、管理”职能，有效推动残疾人脱贫工作，取得了丰硕的成果，同时，积累了宝贵的工作经验，根据中国残联贫困残疾人脱贫攻坚领导小组的工作安排，我们组织编写了《破解因残致贫的中国方案——残疾人扶贫典型案例》一书。

本书汇集了党的十八大以来，中央对残疾人脱贫攻坚工作的指导思想和策略，围绕贫困残疾人脱贫攻坚的重点工作，坚持问题导向，从基层党组织助残扶贫、康复扶贫、家庭无障碍改造扶贫、教育扶贫、就业扶贫、产业扶贫、东西协作扶贫、兜底保障扶贫、社会参与扶贫、树立脱贫先进典型十个方面，关注残疾人脱贫攻坚实践中普遍遇到的共性问题，总结提炼出各地实践中的工作经验，以务实管用为准则，选编了 46 个成效明显的残疾人扶贫典型案例。书中既介绍相关政策背景，又总结提炼经验，既有对工作成效的梳理，又有对举措方法的评析，力图深入展现在精准扶贫精准脱贫过程中各地在残疾人扶贫工作中的典型做法和创新实践，可以说，这个案例集既为各地残疾人工作者、扶贫工作者及社会工作者助力脱贫攻坚、做好助残扶贫工作提供了有益的参考，也为破解因残致贫问题提供了鲜活的教材。

本书策划、编选和出版得到了中国残联的高度重视和相关部门的大力支持，同时，也得到了全国残联系统的积极配合。中国残疾人杂志社组织人员进行编写，中国残联领导和教就部、宣文部、扶贫办、国际部等相关人员参加审阅工作，并由华夏出版社出版。李樱、杨乐、白帆、魏红、黄婷、禹玲玲、王雨萌、闫双燕具体参与编写和设计工作，冯欢参与了部分稿件的审读工作，张和勇承担起全书的组织与统稿任务。在此，表示衷心感谢！

由于水平有限，书中难免有疏漏和不足之处，敬请提出宝贵意见。

2020 年 10 月